实践与应用系列

创业经济学

CHUANGYE JINGJIXUE

杨霄　张颖　主编

徐珊珊　副主编

东北财经大学出版社　大连

Dongbei University of Finance & Economics Press

图书在版编目（CIP）数据

创业经济学 / 杨霄，张颖主编 . —大连 ： 东北财经大学出版社，
2023.10

（实践与应用系列）

ISBN 978-7-5654-4988-8

Ⅰ . 创… Ⅱ . ①杨… ②张… Ⅲ . 创业-经济学 Ⅳ . F272.2

中国国家版本馆CIP数据核字（2023）第202235号

东北财经大学出版社出版

（大连市黑石礁尖山街217号 邮政编码 116025）

网 址：http：//www.dufep.cn

读者信箱：dufep@dufe.edu.cn

大连图腾彩色印刷有限公司印刷 东北财经大学出版社发行

幅面尺寸：185mm×260mm 字数：311千字 印张：14.5

2023年10月第1版 2023年10月第1次印刷

责任编辑：张晓鹏 吉 扬 责任校对：石建华 郭海雷

封面设计：原 皓 版式设计：原 皓

定价：48.00元

前　言

"大众创业、万众创新"已经成为我国全面深化改革、推动经济发展的国家战略，举国上下正掀起新一轮的创业浪潮。深化高校创业教育改革是国家实施创新驱动发展战略、促进经济转型升级的重要举措。

目前，创业类课程已经成为面向全体高校学生开设的一门必修课。该课程不仅应该教授学生如何设立公司，还应该让学生学会像创业者那样思考，掌握创业行动背后的逻辑，并形成自己的创业思维和创业能力，使有志创业者用自己的行动实现创业成功，也可以让就业者在工作岗位上能像创业者一样用自己的行动和智慧去发现和解决问题，提高个人的业务能力，创造经济价值和社会价值，进而实现人生价值。

"创业经济学"是一门研究创业组织的建立与成长、创业价值生成、创业资源配置、创业经济现象与规律的学科，也是创业学与经济学相互融合的交叉学科。本教材注重创业活动的实践性、操作性等特点，将经济学、管理学理论与创业中的实际问题结合起来，或重点剖析，或例证讲解，力求学以致用。此外，本教材对创业、经营实践中经常遇到的经济学问题和管理学问题，以通俗易懂的表述方式，深入浅出地进行了讲解。

本教材根据创业过程的实践主线，把整个内容分为理论篇和实践篇两部分，共11章内容。其中，理论篇包括创业的内涵，创业的经济学研究流派，创业经济的载体，创业与经济发展的关系，创业团队的组建、管理与股权分配，创业融资；实践篇包括创业企业的设立与注册，创业机会的识别、评价与选择，商业模式设计，编制商业计划书和精益创业。全书理论与实践相结合，旨在帮助学生将知识转化为能力和行动，做到知行合一，让学生像创业者一样思考和行动，勇敢地面对不确定的未来。

在教学的全过程中，教师一定要深入贯彻党的二十大精神，尤其要落实党的二十大报告中提出的"深入实施科教兴国战略、人才强国战略、创新驱动发展战略""培育创新文化，弘扬科学家精神，涵养优良学风，营造创新氛围"等要求，积极探索创新创业教育的实践模式和有效途径，努力构建集理论教育、实践训练、指导服务等内容于一体的创新创业教育体系，为培养社会适应力、创造力、团队意识、创新精神、执行力、组织力等多方面能力兼具的创新创业型人才贡献力量。

本书由杨霄、张颖主编，徐珊珊担任副主编。其具体编写分工如下：杨霄编写第1、2、6章，张颖编写第3、4、7章，徐珊珊编写第5、11章，吴岩编写第8章，郭琪编写第9章，程芳编写第10章，张颖、韩培花、马晓旭、孙佳鑫和奚茜五位老师负责案例部分的编写。全书最后由杨霄负责统稿。

本书是黑龙江省教育科学规划重点课题"5C模型视域下高校大学生合作素养培育的实践研究"（项目编号：GJB1421384）、黑龙江省高等教育教学改革项目"新文科背景下'三轨'融合的新媒体专业类课程教学模式创新研究"（项目编号：SJ-GY20210511）的阶段性成果之一。

创业学是一门比较新的学科，人们对它的认识还在不断深化中，"创业经济学"课程体系和教学内容的完善还需要经过长期的努力。由于时间以及编者自身的理论功底和实践经验有限，认识还有不到位的地方，书中难免会有疏漏，敬请各位专家和读者批评指正。

编　者

2023 年 5 月

目 录

第二部分　实践篇

第一部分 理论篇

第1章

创业的内涵

■ 知识目标

（1）理解什么是创业；什么是创业经济学。

（2）创业经济学产生的经济背景与学科背景。

（3）怎样构建创业经济学。

■ 素养目标

培养学生的爱国情怀和文化、科技自信。

案例导入　　　　张茵：白手起家的中国女首富

张茵祖籍黑龙江省鸡西市，1957年出生于广东。幼时家境清贫，她很晚才有机会进入大学深造，之后在深圳一家企业工作。1985年，27岁的张茵放弃了深圳一家合资企业待遇优厚的财会工作和住房，带了3万元人民币只身到香港地区闯荡。

谈起成功张茵只是淡淡一句："是我运气好，占了天时地利人和。"张茵说自己最大的优点就是埋头做事，量力而为。此外，由于学过财会专业，因此她在管理上有独到的见解。

中国森林资源相对贫乏，特别是造纸用速生林建设严重滞后，因此大部分高档纸的原料都是进口的废纸和木浆，发达国家和地区的废纸再利用成为突破我国造纸原料瓶颈的重要途径。这个门槛不高、被称为"收破烂"的行当吸引了不少客商，中国香港则成为最重要的集散地。

由于之前曾受中国内地一家造纸厂委托去香港收购废纸，张茵开始涉足环保造纸这个领域，她很快了解到内地纸张短缺的情况和巨大的市场潜力。1985年，张茵独自闯港创业，做起了废纸回收生意。

回忆当年，张茵说："在香港从事废纸回收的虽然是些文化程度较低的人，但他们特别讲信义，与我特别投缘，再加上我坚持废纸的品质，又恰好赶上香港经济蓬勃发展时期，因此6年内我就完成了资本积累，建立了自己的纸行和打包厂。"

为拓展废纸回收业务，1990年2月，张茵夫妇来到了全世界造纸业最发达的国家——美国，在那里成立了美国中南有限公司，开始了新的创业。在美国，不仅废纸资源丰富，而且废纸回收系统极为高效、科学。另外，细心的张茵也利用了别人没有发现的机遇——大量运送出口货物的集装箱回到中国时都是空返，张茵只用极低的运费就把美国的废纸运到了中国。

如果说张茵在中国香港的创业是靠勤奋和勇气获得成功的话，那么到美国后更多的是靠智慧和多年积累的专业知识。1996年，在全美各行业集装箱出口用量排行榜上，美国中南有限公司名列第四，此后一年上一个台阶，近几年一直名列前茅。10年间，美国中南有限公司先后在美建起了7家打包厂和运输企业，成为美国废纸回收大王。

就这样，张茵夫妇以其独到的商业模式开创了日进斗金的生意，也为中国造纸行业种下了一片广袤的"森林"。

张茵从原料市场看到造纸市场，当时中国包装纸行业是一片空白，尤其是高级牛卡纸，几乎全部从国外进口。既然原料在握，为什么不自己动手造纸？

1995年，张茵在东莞投下1.1亿美元，决定在中国对包装纸需求量最大的地方珠江三角洲建立玖龙纸业有限公司，主要生产替代进口的高档牛卡纸。1998年7月，第一条生产线建成投产，每年可生产20万吨高档牛卡纸。"当时，玖龙纸业一开工就生产高档牛卡纸。非常火，很多接货车排着队在厂门口等货。"张茵的合作伙伴王红培如是说。

2000年以来，张茵又先后斥巨资在东莞基地安装了新生产线，同时又挥师北上江苏太仓，几乎是再造了一个玖龙。到2005年年底，玖龙产能达到330万吨，在中国市场的占有率为17%，成为全国第一、亚洲第二、世界第八的造纸巨头。

玖龙纸业于2006年3月在香港主板上市，总市值达375亿元，张茵及其家族成员拥有这家上市企业72%的股份。2006年10月11日，《2006胡润百富榜》揭晓，张茵以270亿元问鼎中国内地首富，也是世界上最富有的女性白手起家者。2009年张茵家族以财富330亿元排名第一，张茵再次荣登《胡润百富榜》女富豪榜榜首。2020年2月26日，张茵家族以财富420亿元名列《2020世茂深港国际中心·胡润全球富豪榜》第368位。2020年3月16日，胡润研究院发布《2020胡润全球白手起家女富豪榜》，张茵排名第10位。

资料来源 佚名. 广东废纸女王张茵：27岁辞职创业，白手起家赚得440亿元的商业传奇[EB/OL]. [2022-06-05]. https://www.163.com/dy/article/H93RVCGK0553275S.html. 有改动.

【思考与讨论】玖龙纸业的商业模式是如何为中国造纸行业种下广袤的"森林"的？

1.1 创业与创业特征、创业的要素、创业的类型

1.1.1 创业与创业特征

1) 创业

每个地方对创业这个词理解不同，所以每个地方的创业意识和创业文化也不同。那么创业到底是什么？有些人认为创业就是做好自己的工作，而有些人却认为外出打工也是一种创业，这样的认识无疑是消极的和被动的。创业其实就是自己当老板，它不是我们简单说的工作，也不是外出打工。创业的绩效很大程度上决定了一个地方的区域经济发展，创业者的多少也会决定这个地方的发达程度。因此，如果一个地方创业者多，这个地方的经济就发达一些；如果一个地方外出打工者比较多，这个地方就相对落后，创业不仅可以向国家缴纳税费，还能吸引一部分人就业。

现在学术界对创业的定义没有一个统一的标准，不同的学者有不同的说法。比如有人认为创业就是创建新组织的过程（Cartner，1985）；有人认为创业的过程是"创业机会的识别、开发与利用"（Shane 和 Venkataraman，2000）；而创业教育领域的经典教科书《创业创造》中对创业给出的定义是：创业是一种思考、推理和行为方式，创业者为机会所驱动，需要在方法上全盘考虑并拥有和谐的领导能力（Jeffry A. Timmons）；还有人认为创业的定义是创建和发展以利润为导向的企业的有目的性的行为（Cole，1965）。创业是一个人追踪和捕捉机会的过程，无论这个人是独立的，还是存在于一个组织内部的，也不管这个人当时能够控制的资源有多少（Stevenson、Roberts 和 Grousbeck）。创业的过程是通过奉献必要的时间和必要的努力，承担相应的风险，其中包括经济风险、心理风险和社会风险等，最终得到货币报酬、个人满足，以及在过程中实现的创造性价值或者有价值的新东西（Amar V.Bhide）。创业网中对创业也有一个定义，指接管和组织一个经济体的某个部分，并且以自己可以承受的经济风险通过交易来满足人们的需求，目的是创造价值。

复旦大学博士李志能指出，创业是一个过程，在这个过程中，创业者首先要发现和获得机会，然后由此创造出新的产品、服务并实现潜在的价值；南开大学教授张玉利认为，创业是在可控资源匮乏的基础上，在创业机会市场驱动下的机会追求和管理过程，是一种高度综合的管理行为，主要是指创业者感知创业机会、识别可以为市场带来新价值的产品和服务，在这样的基础上，创业者可以抓住创业机会，并完成新的企业生存和不断发展的过程。

1997 年 Venkataraman 提出了创业者关注于个人财富的观点，创业者总是为了补偿他们做出的努力而寻求个人财富，但是在这一过程当中往往会创造出额外的财富。因此在这一过程中，创业者通过创造财富满足了个人的欲望，也通过创造额外的财富提供新的市场、新的工作机会，产生了积极的社会效益。但是个人财富的创造并非对社会绝对有利。Baumol 在 1990 年提到了组织犯罪或寻租现象，并将其称为社会非生产性创业。大部分创业文献都是从创业的经济效益入手，去分析关于利润、财务和就

业的方面，而对创业的非经济收入的研究是比较少的。其中，Gimeno、Folta、Cooper 和 Woo1997 年的著作比较有代表性，他们认为除了经济效益外，企业的精神收益，包括个人满足和创业享受，也是一个企业生存重要的预警器。有些研究把失败视为执行不力的结果。而 Singh 认为，本可获得盈利的创业机会最终失败不一定是有一个错误的前提，或者是在过程当中过于乐观，更有可能是这个机会被错误地执行。

创业过程中的核心要素是个体创业者，创业过程会受到社会因素和环境因素的影响，并且创业可以是创建新企业，也可以是在已经存在的企业中进行。1991 年，Bygrave 和 Hofer 描述了创业过程的特征：创业行为是由创业者主观意识驱动的。这个观点肯定了作为创业基本要素的个体创业者的重要性，但又不能保证个体创业者一定创业成功。其实创业是一个动态和整体的过程，这是因为新创建的企业会随着时间不断演进，并且新创建的企业在演进的过程当中会受到很多相关因素的影响，而这些影响具有系统性。

1990 年，哈佛大学商学院教授 Stevenson 指出，有关创业领域的研究主要围绕三个问题展开：第一，创业的动因。这类研究主要是从创业者的角度考虑环境因素来审视创业的动因，通常采用心理学或社会学方法。第二，创业活动的结果。这类研究主要把重心放在创业活动的结果而不是创业行为上。第三，创业管理。其主要分析的是创业过程，这类研究不需要考虑创业行为的动机和创业结果，主要分析企业从初期到最终成熟的演进过程。此后，Vesper 发现了另一个研究领域，即公司内的创业精神，也就是在现有的企业内部建立新的业务或者是建立新的企业。

综上所述，创业其实就是创业者利用自己现有的资源或者是通过努力而拥有的资源创造出更多的经济效益和更大的社会价值的过程。因此，创业需要创业者拥有组织、推理、判断的能力和运用服务、技术、器物作业的思维，它本身也是一种劳动方式。

2）创业的特征

创业是一个旨在创造出新的产品、新的服务或者是实现创业者潜在价值的过程，它的核心是追求机会。创业是一种经营活动，它的特征是为了促进事业的产生和快速成长，创业也是一种社会实践，它的目标是组织的创立和规模化的拓展，因此它和就业的职业岗位工作不同。

创业的前提是要付出时间和努力，并且承担相应的财务风险、社会风险和精神风险，创业的结果是获得金钱上的回报、个人的满足以及独立自主。它的特点如下：第一，创业是创造出拥有更多价值的新鲜事物的过程；第二，必须要贡献出一定的时间，并且付出极大的努力；第三，需要承担一定的风险，包括财务风险、精神风险、社会风险、家庭风险等；第四，可以通过获利而实现独立自主和满足个人欲望。

从一个真正创业者的角度来讲，创业的过程充满着激情、艰难和辛苦，创业者会遇到挫折，也会徘徊，还要坚持不懈地努力，但一旦成功就会带来无穷的欢乐和幸福。

从商业领域来讲，创业是特定个体发现和创造新的事物，比如，新产品、新市场、新生产过程或者原材料、新技术、新方法，然后开发和利用它们，最终产生不同的结果。

创业一般分四个阶段：第一，生存阶段。利用产品技术和各种渠道的比较优势，使创建的企业生存下去，这一阶段需要创业者有想法、肯努力、会销售，因此这一阶段是简单地做生意阶段。第二，稳定阶段。这一阶段企业不再依赖于创业者的个人能力和背景，而是要建立一套持续稳定的运行机制和稳定的现金流，通过规范的运行、稳定的系统增加企业的效益。因此这个阶段需要的是创业者提升思考高度，这也就是我们所说的创办企业或成就事业，而不是简单地做生意。这些行为靠创业者一个人很难完成，因此需要建立一个创业团队。第三，发展阶段。这个阶段已经形成了系统性的公司治理，靠的完全是产业化的核心竞争力，这个阶段的企业已经形成了系统的行业机构平台，企业的不同团队通过系统平台来完成管理，产品的销售通过地区性的系统网络来完成，这已经超越销售而变成了营销。这时的创业者不需要自己去管理企业具体事务，这时的企业就像一个赚钱机器，它会24小时为你工作，此时已经达到了许多创业者梦想的状态。第四，成熟扩张阶段。这一阶段是创业者创业的最高境界，创业者可以拓展国际市场，这时的企业跨越了国界，俗称跨国公司。集团总部依靠可以跨越行业或者是跨越边界的核心竞争力，即我们称为的硬实力，来与各子集团形成一种运营体系。只有通过这种方式，各子集团才能取得超出它们单独经营而取得的业绩和发展速度，此时创业者的思考维度是多方面的，这也是企业发展所要追求和达到的最高境界。

1.1.2　创业的要素

创业的要素包括四个方面：创业者，商业机会，创业资源和团队、商机、资源之间的关系。

1）创业者

创业者是创业的主体，在创业中处于核心地位，创业者不一定是个人，也可能是团队。在创业过程中创业者起着至关重要的作用，可以抓住商业机会，建立新的企业组织，寻找资金，开发新产品，获得资源，使资源得到有效利用，因此创业者是促进创业成功的第一要素，对创业起着关键的推动和领导作用。

创业团队必须具有的素质包括强大的凝聚力、一致的长远目标和长期的合作精神与敬业精神，团队之间要能够相互平衡、相互促进、相互补充，能够起到降低企业的管理风险、提高企业管理水平的作用，这样在企业遇到难关和成长阻碍的时候，才能够互相协作帮助企业顺利渡过难关，从而促进企业快速成长。

创业者以及创业团队的能力和经验是创业是否能够成功的决定性因素，创业过程当中最重要的是能否将创意转化为机会，能否将机会有效地变为现实，能否使现有资源得到有效的利用，并且充分实现其价值，这些都是由创业者和创业团队的能力和经验决定的，因此，比创意、机会、资源利用更加重要的创业因素是创业者。

美国风险投资家多里特，被誉为"全球风险投资之父"，他曾经说过："我更喜欢拥有二流创意的一流创业者和团队，而不是拥有一流创意的二流创业团队。"这个观念正印证了我们上面所说，投资家在选择投资项目的时候，他评价项目的首要要素是创业者和创业团队，然后再去评价这个项目的技术是否先进，产品是否具有特殊性，是否具有市场潜力和投资前景，如今风险投资界在选择投资项目时都会遵循这个原则。

2）商业机会

商业机会是创业过程的核心要素，创业者只有在发现好的商业机会之后才开始选择创业。商业机会是指现存的企业在市场中留下的空缺，也就是现存的企业满足不了的市场需求。而商业机会就是在这种情况下被创造出来的，我们也把它称为创业机会，它能够使得顾客得到比现在更能满足其需求的产品及服务。

商业机会是企业创建的起始点，新企业能否得以成功创建取决于商业机会而不是资金、实施战略、工作团队、关系网或者商业计划等其他因素。而商业机会设想的新产品和新服务只有是市场中顾客所需求的，才是商业机会最重要的特征。那么什么样的产品和服务才是具有潜在需求的？它们要能够给顾客或者客户创造出新的价值，具有增值特征，并且市场份额足够大，能够吸引具有成长潜力的客户。新产品能够在上市初期很长一段时间内创造高额的利润，并且具有相当好的现金流，如产品预期的增长率可以达到20%以上，上市第1年或更长的时间内，毛利率能够达到40%以上。

好的商机不代表创业的好思路，通常情况下投资者在收到商业计划或者商业建议后，最终选定的对象只有4%～5%，而接近80%的思路在投资者打开商业计划书之前就已经被否定了，剩余的思路则是在投资者经过几个小时的仔细阅读和思考之后被否定的。只有极少数的思路能够初步吸引投资者，而经过几个星期甚至几个月的仔细审查和研究之后，投资者才会选定最终的投资对象。成功的投资者或创业者会花更多的时间去寻找创业思路，但这些创业思路也有可能都是毫无商机的。因此对创业者来说，最重要的一个技能便是要学会快速地预估投资思路是否具有真正的商业潜力，并且正确预测在某一项商业机会上要付出多少时间和精力。

商机存在于市场变化之中。创业者的商机越大，企业的成长越快，所创造的利润和现金流越大。就像摩尔定律和德鲁克假说所揭示的那样，变化程度越大，创业者商机越多。目前市场中存在的服务和质量相差越大，商机就越大，然而在这样的创业环境中，创业者所面临的风险也比较大。

3）创业资源

创业资源是创业成功的必备要素，为了使创业成功，创业过程中要投入人力、物力、财力等各种资源，这些都叫作创业资源。资源包括有形资产、无形资产、人力资源和网络资源。其中有形资产包括厂房和机械设备；无形资产包括专利、商标和品牌等；人力资源包括经营才能和个人技能等；网络资源包括金融资本、情感支持、权力影响和信息等。其中人力资源是创业中最重要的资源要素。创业者要懂得知人善任，具备识人、用人和留住人的能力，这是创业成功的关键。创业者建立人力资源的核心是制定有效的政策制度，建立合理的组织结构，形成良好的企业文化，拥有核心的创业团队。无论企业处在哪一个发展阶段，资金都是其继续发展的重要因素。在企业创立之初，资金来源主要靠自筹的方式，还有一些创业者符合政府扶持条件，可以获得一部分政府扶持资金；而在企业快速发展阶段，如果存在资金缺口，会直接阻碍企业继续发展壮大。企业创建过程中最重要的基础是技术，随着我国经济的快速发展，技术是体现一个企业核心竞争力最重要的因素。对一个企业来讲，其产品和服务中技术含量越高，就越能够得到社会和市场的支持和保障，因此技术是创建企业最重要的资源投入。产品服务是创业者成功的必要条件，创业者不仅可以通过产品服务为社会创造价值，同时也可以通过产品服务为社会做贡献。一批批的创业者成为世人皆知的亿万富豪，他们通过创建新企业和产品开发为社会提供更好更多的产品服务，使人们的生活变得越来越丰富多彩，同时使得社会财富日益增多。创业的载体是组织，组织是帮助资源整合的平台，完成创业活动的系统。创业型组织具有两个显著的特征：一是缺乏规范的结构和制度，二是具有强领导力的创业者。创业型组织从广义上来讲，包括新设立组织内部的员工，外部的顾客、供应商和投资人，他们以创业者为核心形成巨大的关系网络，完成各自在创业活动中的行为。

4）团队、商机、资源之间的关系

关于团队、商机、资源之间的关系，是在1999年美国著名的创业学家蒂蒙斯教授创建的一个创业过程模型中被提出的，这个模型被广泛应用于创业过程，如图1-1所示。

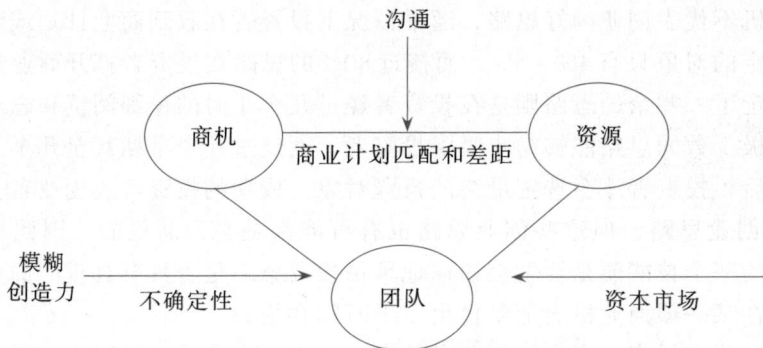

图1-1 蒂蒙斯创业过程模型

蒂蒙斯创业过程模型的含义包含以下三个方面的解释：

（1）创业过程的核心驱动力是商业机会，创业过程的主导者是创始人和工作团队，创业过程的必要保障是创业资源。

创业者如果有足够的资金、优质的创业团队、良好的商业计划、缜密的创业战略以及丰富的网络资源，就可以创业了吗？并不是，创业能否顺利开始最重要的因素是创业者是否发现了商业机会。创业初期商业机会远比资金、创业团队以及其他资源更加重要。

创业机会并不是单纯的创意，而是创业者发现的新产品、新技术、新服务以及新方法是否具有强大的市场需求。一般情况下，如果市场并不成熟，存在较大的变化性，服务、质量和技术有较大的差距，信息和知识有较大的不对称性，市场整体处于模糊和跳跃状态，那么此时市场上会涌现出很多机遇。

这种情况需要创业者在创业过程中实现产品质量和服务价值大幅度提升，形成较大的市场规模，具有强大的增长潜力，形成比较明显的规模经济效应。此外，创业成功还有两个比较重要的特征：一是要具有充足的自由现金流，二是具有丰厚的利润，毛利率至少达到40%。

而创始人和创业团队的主要作用是运用自身的知识、技术和能力，在这个模糊和跳跃的市场中发现商业机会，并且利用企业的关系网络和现有的社会资本重新整合资源和建立组织，使企业能够利用商业机会以及现有资源创造价值。这个过程是一个动态的过程，首先资源要和商业机会相匹配，在匹配的过程中会发现资源与商业机会存在一定的差距，然后创业者和创业团队会对现有资源和新发现的资源进行重新整合，最后资源和商业机会得以相互适应。在这个动态过程中，商业计划提供了规则、制度等方式，是促进创业者和资源相互匹配和平衡的催化剂。

（2）创业过程是商业机会、创业团队和资源之间相互顺应和平衡的结果。首先，创业团队必须完成的工作是理性分析和把握商业机会，能够正确地认识风险，并且能够采取有效的措施规避风险。其次，创业团队要对现有资源进行最优配置，使其得到最合理的利用，并且能够对整个工作团队进行分析和把握，确定好团队的适应性。创始人和创业团队的配置和平衡的能力，是推进整个创业过程的重要基础。

（3）创业过程是一个"打破平衡—寻求平衡—再打破平衡—再寻求平衡"的动态行为组合。企业要发展，必须首先要在市场中寻求商机以打破现有的平衡，商业机会得以实现的过程必定会迎来新的平衡，企业如果要继续成长，在下一个阶段，必定要发现新的商机并打破新的平衡才能成功地面对未来的阻碍和陷阱，那么企业在成长的过程中，必定会再一次寻求平衡。因此，创建企业的过程就是追求一种动态平衡的过程，这也是一个企业能够可持续发展的过程。

总而言之，创业就是创始人和创业团队在不断变化的环境中将商业机会、创业者资源进行匹配和平衡的过程，也是创始人和创业团队协调资源配置、规避风险、解决困难、创造利润的过程。

1.1.3 创业的类型

1）依据创业动机的不同，创业可分为机会型创业和就业型创业

（1）机会型创业。它是指利用所发现的市场机遇进行创业，而不是单纯谋生的商业行为。机会型创业的目标是抓住市场机会，创业者能够在市场中发现新的潜在需求。机会型创业给市场带来的不是竞争而是一个新产业的发展。迄今为止世界多数国家的创业大都属于机会型创业，但是中国的机会型创业相对比较少。

（2）就业型创业。它是指为了寻求生计而被迫走上创业之路的创业行为。就业型创业大多数都是模仿和尾随现有的企业行为，创业者并没有在市场中发现商业机会，也并不能够创造出新的需求，这种创业行为，很难使企业变成促进整个社会发展的大企业，只能维持现状赚取小利润。

虽然商业机会是创业者和创业团队主观选择的，但是创业者和创业团队所在的环境对于创业类型的选择具有很大的决定性作用。因此要想增加机会型创业的数量，必须要通过教育和培训等方法来提高具有创业可能性的人群的创业能力，从而不断地开

拓新市场，减少低水平的竞争。

2）依据创业起点的不同，创业可分为创建新企业和企业内创业

（1）创建新企业。它是指创业者个人或团队创建一个新的企业组织。创建新企业是一个既有挑战性又有风险性的过程。虽然在建立新企业的过程中，创业者个人的想象力和创造力能够得到极大的实现，但是他所面临的风险和困难也是难以预测和想象的，因为创业者没有足够的经验和资源。

（2）企业内创业。它是指已经存在的公司重新创建的过程，由于现存公司的产品、营销策略或者管理体制等方面出现问题导致公司很难继续发展，因此需要重新整合资源。我们也可以把这个过程称为企业的再造行为，这也是一种创业行为。企业内创业是一个动态的过程，企业就是通过不断进行内部创业来实现企业生命周期的不断延续，进而得以长期持续稳定发展。

3）依据创业项目性质的不同，创业可分为传统技能型创业、高新技术型创业和知识服务型创业

（1）传统技能型创业。它是指把传统技术和传统工艺作为创业项目，这种创业项目可以持续稳定发展下去，具有永恒的生命力，经常出现在与人们生活紧密相关的行业，比如酿酒业、饮料业、服装业、食品加工业、工艺美术业、中药业等。传统技术最主要的特征是具有独特性，独特的传统技能具有长久的竞争力，无论是在国内还是国外，很多传统技能都是现代技术所无法比拟的。

（2）高新技术型创业。它是指企业创办的项目是具有较高技术含量和知识含量的新项目，一般是指具备高知识密度、带有行业前沿性、具有较高研究开发性质的项目。

（3）知识服务型创业。它是指能够为人们带来知识信息的创业项目。现今社会，由于知识更新不断加快，信息量不断增多，很多知识型咨询服务机构之间的竞争越来越激烈，它们需要不断地将知识类型进行细化，并且不断地增加新知识。比如律师事务所、会计师事务所、广告公司、管理咨询公司等。有些公司的投资成本较低，利润较高，比如剪报公司，主要的工作就是把每天与某一个企业有关的信息收集起来，并且进行装订和复印，有的剪报公司的年收入达到100万元左右，并且市场波动不大。

4）依据创业方向或风险的不同，创业可分为依附型创业、尾随型创业、独创型创业和对抗型创业

（1）依附型创业。它主要依附的因素有两个方面：一方面依附大企业的产业链而生存，为大企业提供某项专门服务，比如专门为大企业提供其生产需要的零配件，或者为其提供某个商品的包装或包装材料；另一方面依附特许经营权的使用，有很多大企业具有良好的品牌效应和成熟的经营管理模式，比如肯德基、麦当劳等。这种创业方式可以减少很多的经营风险。

（2）尾随型创业。它是指通过模仿他人的创业项目来创业。这种创业方式短期内很难得到快速的发展，只能通过不断地加强业务的成熟度使得企业变得更加强大。这种创业类型不是在市场上寻找需求缺口，而是同已经存在的企业共同分享市场上现有

的利益。

（3）独创型创业。它是指开发具有一定独创性的创业项目，比如能够发现市场的需求缺口，能够创造出新产品，能够发现新技术等，也可以是以新的形式来推销旧的产品，比如扩大服务范围使得产品更具有竞争力。但是一般情况下消费者会对新产生的事物有一个接受的过程，因此这种创业类型具有一定的风险。

（4）对抗型创业。它是指进入到垄断市场创业，力求打破垄断市场的平衡，与垄断企业较量。这种创业方式风险是最大的，因此需要创业者具有丰厚的知识储备和科学的决策能力，能够在最好的时机抓住商业机会，顺势而上，将自己的能力和优势发挥到极致。比如，20世纪90年代初期，很多外国企业将合成饲料大量销售到中国，使得中国饲料厂商受到巨大的威胁，但是中国饲料厂商迎难而上建立了自己的饲料研究所，专门针对外国饲料进行研究，生产出比外国饲料成本更低、质量更好的饲料，取得了创业成功。

1.2 创业经济学的背景

1.2.1 创业经济学的宏观经济背景

1985年，彼得·F.德鲁克（Peter F.Drucker）最早发现，传统的500强企业已经不再是经济的支撑力量，当时市值比较大的顶尖公司有很多都是十几年或者二十几年前名不见经传的中小企业，大多为创业型企业。随着经济的不断发展，这些中小企业逐渐成为现代经济的动力之源，并创造出很多新的工作岗位。

针对以上观点有很多实证研究，在经济发展过程当中，大企业的影响力在逐渐下降，而小企业则逐渐变成经济增长的主要动力，这种现象在工业发达的国家中表现得更为明显。从20世纪80年代以来，西方很多国家都出现了经济结构的重组现象，如荷兰的创业率在第二次世界大战后的一段时间里逐渐下降，1984年降到了8.1%，这是史无前例的；而1998年创业比例上升到了10.4%，才使这种下降趋势得到扭转。创业经济在逐渐发展，随着经济时代中知识的不断更新，创业行为对经济的革新、复兴和增长作出了越来越多的贡献，比如荷兰小型制造企业雇用工人的比例从1978年的68.3%上升到1986年的71.8%，英国从1979年的30.1%上升到1986年的39.9%，德国从1970年的54.8%上升到1987年的57.9%，葡萄牙从1982年的68.3%上升到1986年的71.8%，意大利北部地区从1981年的44.3%上升到1987年的55.2%，南部地区从1981年的61.4%上升到1987年的68%。从上述数据可以看出，创业已经成为一个国家或地区繁荣的基础。

经合组织做了一些实际统计，结果表明，那些经济增长率比较高和失业率比较低的国家，一般创业活动比较频繁，并且中小企业比较活跃，而一些经济增长率比较低和失业率比较高的国家，创业活动则比较少，中小企业活跃度比较低。从世界各国经济发展规律来看，经济增长和就业增长之间存在一定的正相关关系。从中国开始实行改革开放到现在，中国经济一直在不断增长，按照经济规律，中国的就业增长速度应该比较快，但事实并不是这样，中国就业增长的速度与经济增长的速度并不是正相关关系。近几年经济增长对就业增长的带动作用呈下降趋势。2000年以前，经济每增长1%，就业会增长0.4%，而2000年以后，经济每增长1%，就业只增长0.1%，所以形成了目前经济高增长就业低增长的一个现象，并且呈现进一步加剧的趋势。

学者们对以上情况作出了不同的解释，也给出了不同的政策建议，其中大众普遍认同的观点是以创业带动就业。由此党中央指出，要把鼓励创业、支持创业摆到就业工作更加突出的位置，实施创业带动就业、扩大就业的发展战略。

社会需要创业者，创业者也需要系统的理论知识、长期的培养。因此要从我国的大学生抓起，我国的大学生必须要接受系统化的创业教育，这样才可以保证国民经济未来具有强大的活力，保障社会的稳定以及经济的快速发展，这也是中华民族长期要做的事情，也是大学的应有之义。目前在社会中存在的下岗职工、新增城镇就业人口、大学毕业生、农村富余劳动力以及转业军人的群体中，大学毕业生最具潜力，能够承担通过创业来扩大就业的重要使命。因此大学生应该帮助社会减轻压力，而不是变成社会的压力，但是，当前的形势是，教育部门需要价值评价，社会舆论需要"正确"导向，学生和其他家长也有很大的期盼，他们都希望提高学生的就业率而不是创业率。因此受到传统大学价值观的局限，我国高校对创业方面的教育比较薄弱，并没有建立系统的理论知识体系。这就使得大学生对创业和创业教育的研究和学习只是存在于意识上，学生并不了解创业精神、创业知识和创业能力是需要经过系统培养的，他们也不知道创业者应该具备识别和抵御风险、适应环境、全局性思维、系统化管理和战略规划等方面的能力，因此他们知识储备不足，不具有理性创新精神和对创业过程的科学认知。这已经成为我国大学生创业发展的阻碍，未来也会是中国经济快速稳定长期发展的制约因素，我国急切需要大学培养出一批批创业者来提升社会发展竞争力和就业压力。

那么创业到底会对经济增长产生什么样的影响？到底什么是创业经济？为什么一定要用创业来带动就业？如何实现创业带动就业？我们应该如何努力使创业带动就业？进行知识教育，构建"创业经济学"学科体系，创建创业教育实训基地，在高校开设"创业经济学"课程等，都能够使学生直接学习创业知识和拓展创业思维，也可以有效地改变其社会观念，形成全民创业氛围和创业意识。

1.2.2　创业经济学的微观背景

创业与国民经济、社会发展有着紧密的联系，它已经变成一种社会主流经济活动和经济现象。创业在促进经济发展的同时，能够在产业经济领域形成独特的经济体系，我们可以把它叫作"创业经济"。创业经济在产业经济领域不断变化，促进产业经济的发展，从而促进整个经济社会的发展，最终反映一个国家和地区经济发展的总体特征，因此，创业活动应该成为经济发展的重要因素。从另一个方面来讲，经济发展是创业经济发展的基础，它可以保障创业、影响创业和形成创业。青年创业是国家发展的最主要部分，因此，要大力传播创业经济学的研究和教育，使得社会创业中最活跃、最具影响力的青年创业部分能够取得良好的创业预期效果，从而促进整个社会创业环境的形成，促进经济发展和转型升级，促进社会和谐。

从目前来看，创业是优于就业的，因为创业是经济人的一种理性思维。沿海城市经济相对比较发达，中小企业偏多，是很多中部和西部人选择就业的理想地点，我们把它们叫作"创业型城市"，中西部城市外出打工的人比较多，中小企业创业者比较少，我们把它们叫作"打工型城市"。很显然，创业型城市会富裕一些，而打工型城市相对贫穷一些。比如，江苏省太仓市仅有40万的户籍人口，但是有50万的打工人口，湖北省麻城市每年外出打工20多万人，本市就业人口只有5万多人，由此可见，江苏省太仓市是创业型城市，比较富裕，而湖北省麻城市则是打工型城市，相对贫穷。

美国经济学家约瑟夫·E.斯蒂格利茨（Joseph E.Stiglitz）说过："经济学研究我们社会中的个人、厂商、政府和其他组织是如何选择的，这些选择又决定了社会资源如何被利用。就业还是创业是一个人一生中的重要选择，创业选择是一种重要的经济行为，这种行为受到'看不见的手'的引导，表现为'经济人'的理性选择。"亚当·斯密也说过："每个人都在力图应用他的资本使其产品达到最大的价值，一般来说，他并不企图增进公共福利，也不知道他所增进的公共福利为多少。他所追求的仅仅是他个人的安乐，仅仅是他个人的利益。在这样做时，有一只看不见的手引导他去促进一种目标，而这种目标绝不是他所追求的东西。"创业其实就是创业者发现机会，整合资源，为社会提供新产品和新服务的过程，在这个过程当中不断积累个人财富，满足个人欲望，实现自我需求，并且能够奉献社会。中国在改革开放初期财产储备较少，但是穷则思变，这里的"变"指的就是创意。因此那个时期，中国的创业者多为生存型创业者，他们创业是为了挣钱吃饭，是为了生活得更好。随着社会经济的发展，涌现出一批批创业者，他们可能是农民，可能是科研工作者，可能是海外留学生，他们在创造个人财富的过程当中为中国做出了巨大的贡献，使得中国经济飞速发展，社会更加稳定。很多发达国家的创业者多为机会型创业者，他们只有看到创业机会之后才开始行动，他们的家庭富有，他们创业不是为了解决吃饭问题，而是为了创造更大的社会价值来成就自己，实现自己的人生价值。比如比尔·盖茨，他在上大学期间发现了巨大的商机，也就是软件产业，他知道机不可失，因此舍弃了哈佛大学法学院的学业，选择创业，是一个典型的机会型创业者。如他所愿，软件产业飞速发展，给他的企业带来了巨大的财富，也使他本人获益颇丰。

理性创业者具有经济人的特点，他们知道创业要冒险，但是也要尽力规避风险，以追求自身利益的最大化。他们在享受创业成功带来的欢乐的同时，也要承担创业失败的风险，并且他们所创造的个人财富和价值与他们因为创业给社会提供的新产品和新服务的价值成正比。这和哈耶克提出的观点相吻合："假如答应个人自由地选择，那么他必然要承担选择的风险，并且，他因此所得的报酬肯定也不取决于他们目的的好与坏，而仅仅取决于对其他人的价值。"

怎样能够使个人所拥有的知识和技能得到最有效的利用，怎样使自己的社会资源和网络资源得到最大化的利用，是我们每个人都面临的问题。可以解决这两个问题的方法无非是创业和就业。经济学家Frank H.Knight认为，创造企业的主要风险是不确定性，现实中不同的人会对不同的经济行为做出不同的预测，并为其选择的经济行为承担风险，但是由于不对称的信息和有限的理性分析，人们的预测常常出现错误。而不同的人有不同的承担风险的能力，那些不愿意承担风险或者承担风险能力较弱的人会选择做上班族，获得稳定的薪水，经济风险和心理压力相对较小；而那些愿意承担风险的人会选择自己创办企业，自己做老板，给员工发薪水，承受巨大的心理压力和经济风险，以换取更大的利益和自由。选择做上班族还是创办企业和预期收益相关，可以用公式表示：

$$Pr（e）=f（r-w）$$

其中，$Pr（e）$是指独立创业的可能性；r表示独自创办企业可能获得的收入；w表示从事现在工作获得的报酬。

可见，个人创业的可能性与$r-w$正相关。$r-w$越大，创业的可能性就越大，创业动机在很大程度上由$r-w$所决定。

综上所述，理性的创业者一般都会趋利避害，追求自身利益的最大化。因此创业者在创业之前，一定要客观估计自己的创业能力，客观地评价创业环境和创业机会，准确进行市场调查，切实考虑现在的利益和未来的收益，正确预测未来能够遇到的事业风险和创业失败风险，然后对创业行为做出科学和系统的经济分析，这样才能得到令人满意的预期成果和收益。

1.2.3 创业经济学的学科背景

在新古典经济学的影响下，学者们简单地把市场当中的行为个体叫作厂商，把经济当中所有的资源配置活动简单地归于市场，而把资源配置当中所有的信息变化称作价格，这样的结果导致创业活动被人们忽视。在创业活动中，那些愿意承担不确定风险的人变成了创业者，不愿意承担风险的人成为雇员。但是，1921年Knight提出：经济活动的不确定性是由市场环境的不确定性导致的，而承担市场环境不确定性所带来风险的人便是创业者。还有一些学者认为，创业者是把所有的生产资料集中在一起，然后对其进行重新分配的人，这是从组织和协调者的角度分析的。1937年，Coase指出创业者就是"在竞争性体制中代替价格机制而指挥资源配置的人"，从企业的本质和企业的边界角度进行分析；1973年，奥地利学派的代表人物Kirzner指出，创业者是一直保持普通人所不具备的敏感机警的人，他们会时刻关注变化着的环境。1934年，Schumpeter提出，创业者是利用新发明、新技术生产新产品，或者用新方法生产老产品的人，也是通过开发新材料和新销路，或者发现新的工业结构改变生产模式的人。

创业者会对资源配置起什么样的作用？创业者会对经济发展起什么样的作用？这两个问题我们应该从经济学视角进行分析。1921年，经济学家Knight提出，创业者是不确定风险的承担者；1937年，经济学家Coase提出，创业者是资源的组织和协调者。经济学家们认为，创业者是可以破坏市场平衡的创造性破坏者，他们可以促进技术革新和取得革命式的生产进步。从宏观角度看，创业者的破坏性创新行为是可以促进经济发展的，因此创业者在经济发展过程当中对经济发展起到了巨大的促进作用。从微观角度看，创业者的企业家精神在企业内部起到了有效协调劳动力资源等作用。

目前国内很多高校都开设了经管类的相关课程，包括西方经济学、宏观经济学和微观经济学等，但开设创业经济学课程的高校比较少。2008年北京交通大学刘成璧教授编写了国内第一本《创业经济学》教材，但这本教材相对来说比较简单，学科之间理论框架并不完整。本书以西方经济学为基础，对创业经济学学科做出了独立的学科建设，与其他经济学方面的知识一起构成完整的知识框架。

1.3 创业经济学的研究意义和内容

1.3.1 创业经济学的研究意义

创业领域由于能产生高收益而显得引人注目，同时又很复杂，这是因为创业具有跨学科多层面的特点。随着经济的发展，许多国内外的学者开始关注创业领域，也在创业领域取得了许多研究成果。但是大部分学者对于创业的研究只局限于某一个方面，比如创业者或创业环境，而对创业经济学的系统则研究得比较少，因此我们迫切需要这方面的研究成果。

创业经济学是创业学和经济学相互融合的一门学科，它不仅是研究资源配置和经济规律的一门学科，也是研究创业价值、创业现象和创业组织的建立和成长的一门综合学科。

创业经济学不仅是一门研究基础的经济发展规律的学科，也是研究以经济规律为核心的社会发展规律的学科。它的主线关系是创业主体和创业客体，它的核心是创造、运用和把握机会，它的目的是提高创业者的素质。因此创业经济学也是一种经济学，但是它比经济学的层次更高且更加系统，我们也可以说创业经济学是以经济学为核心，融入了社会学、管理学、行为科学和哲学等学科的范畴体系。

创业经济学的范畴体系，明确了创业经济学的逻辑和历史必然性。创业经济学使得经济学学科更加规范，构建了从创业角度来分析宏观经济学和微观经济学，静态经济学和动态经济学，结构经济学和发展经济学，物质经济学和知识经济学等的框架，提供了将经济学与管理学、行为学、哲学和社会学融合进行分析的方法，使得经济领域的主体性原则更加明确，创业实践能够快速发展，具有一定的理论和现实意义。

1）理论意义

首先，创业经济学是在经济学相关理论的基础之上对创业问题进行研究，从经济学角度对创业经济进行了解释。从目前来看，学者和企业家们对创业问题关注较多，那是因为创业逐渐变成推动各国经济发展的动力。各界人士也对创业问题进行了研究和探讨，他们从不同角度分析创业现象、介绍创业活动和创业过程，形成了大量的文献。18世纪中期，外国很多学者就对创业现象进行了分析，到了20世纪80年代，创业研究得以迅速发展，一直到现在学者们对创业的探讨越来越热烈。但是"创业"这个词比较笼统，各个领域都存在创业理论，如经济学领域、管理学领域、金融学领域和商业伦理学领域等。而国内的学者目前对于创业的研究主要集中在对创业活动和创业现象的描述上，从经济学角度去对创业经济理论进行的研究还很少。

其次，我们迫切需要解决的问题是如何让创业带动就业，如何在经济学的基础之上厘清创业带动就业的运行机制。党中央也提出，积极促进创业带动就业，实现扩大就业的发展战略。这一观点的提出，是因为创业可以迅速增加就业机会。但是从目前的研究结果来看，对创业现象和创业经验的描述性研究比较多，实证研究主要是从影响结果的角度来分析，而创业如何带动就业的相关研究比较少，本书则是以经济学理论为基础，来分析创业是如何影响就业的。

2）现实意义

40多年来，中国经济得到了飞速发展，中国已成为最大的发展中国家。但中国经济发展结构仍然存在一定的问题，主要投资集中在资本、土地等要素上，因此随着经济的增长，资源消耗量巨大。随着资源的不断减少，中国要想继续维持现有的经济增长速度，必须要转变经济发展方式。创业经济变成了一种有效的途径，创业经济的发展主要的投入要素是创业者的能力，因此创业经济会变成整个经济发展的新动力。同时中国要想快速发展就一定要不断地推动第三产业的发展，创业经济的发展也可以促进第三产业结构的提升，因为创业需要更大的经济附加值和更高的技术含量。由于生产方式更加科学，资源消耗量相对较低，创新产业逐渐取代传统产业和生产方式，使得资源投入拉动经济逐渐转变为效益和创新拉动经济，以此来刺激新的需求，从而促进经济的全面发展。

目前我国正处在转型发展阶段，我国经济整体的转型在实现了经济持续快速增长的同时，也带来了前所未有的挑战，其中之一就是日益严重的就业问题。目前我国正面临着来自四个方面的就业挑战：第一，随着我国改革开放的不断深化，很多国有企业已经彻底转型，这使得社会中涌现出几百万名下岗职工，很多下岗职工选择去大城镇打工，这又使得城镇涌现出很多新增的就业人员。第二，从统计数据上来看，2022年我国高等院校毕业生数量已达到1 076万人，较2021年904万人增长了19%，近两年国内双一流高校毕业生规模为85万～90.3万人，而同期的就业岗位却减少了10%。第三，随着农业产业化的推进，以及大量农民向城镇涌入，农村每年转向城市的富余劳动力有近1 000万人。第四，目前社会对就业人才的素质和个人能力的要求越来越高，大部分企业更喜欢选择本科毕业生，这导致每年部队转业人员就业越来越困难。随着技术的不断进步和发展，"挤出效应"越来越明显，这使得就业机会增加的比例低于GDP增长的比例，每年增加的就业岗位数不超过1 000万。扩大就业已经成为目前经济社会发展最重要的课题，这也是各级政府亟待解决的问题。因此研究创业带动就业的运行机制问题将对就业问题提供一定的理论参考，创业也是一种高层次的灵活就业，可以使更多的从业人员实现体面就业，减少社会摩擦，有利于社会和谐。

1.3.2 创业经济学的内容

创业经济学学科体系的建设包括创业经济学的研究内容、研究方法、研究对象以及和其他学科之间的关系，旨在形成独立的创业经济学学科范畴。

创业经济学的主要研究内容包括：创业的定义是什么？创业的原因是什么？如何创业？为了谁而创业？这些都是本书要解决的关键问题。

创业经济学的研究方法，首先是要运用经济学的相关理论对创业经济系统地进行分析，从经济学角度解释创业经济。管理学家德鲁克最先对创业经济的概念进行了定义，因此后来人们普遍会从管理学方向对创业经济进行系统的分析。到目前为止，从经济学角度对创业经济进行分析的理论成果还是比较零散和不成系统的，学者们仅是从某个因素出发来分析创业经济的相关问题，他们都忽略了对创业经济从经济学角度分析的重要性。本书则是结合经济学理论，从创业经济的产生开始深入地研究创业经济的特点，进而概括出创业经济的经济学属性。

其次，以经济学理论为基础对创业带动经济与就业的运行机制进行研究。党的十九大报告指出，要激发和保护企业家精神，鼓励更多社会主体投身创新创业，从而带动整个经济社会全面就业。国内学者针对创新创业和创业带动就业对策进行了研究，而国外的一些学者对此项研究成果进行了实证分析，但也只是验证了创业可以带动就业的结论，并没有对创业如何带动就业进行深入的研究。本书会运用经济学理论和方法针对创业如何带动就业进行深入的研究，并得出相应的分析结果。

1.4 构建创业经济学的方案与方法

1.4.1 构建创业经济学的方案

每一个学科都要有学科体系，一个知识系统体系必须满足的基本条件是逻辑性、协调性和完备性。科学研究结果表明：每一个学科发展到一定阶段都需要用到其他学科的研究方法和研究成果来解决本学科难以解决的问题。这就要求研究者不仅要熟悉本学科的知识内容和结构，还要不断学习与本学科相关的其他学科的知识。因此每一个学科发展的过程都是知识增长的过程，也是知识创新的过程，逻辑学上称之为新概念的生成。

本书大面积突破了学科边界，利用创业这个基本概念和经济学学科的相关概念进行交叉研究，形成一系列新的概念，把它们当作逻辑起点，建立创业体系，最终建立创业经济学学科体系。

第一，我们以马克思主义理论为指导，运用科学抽象法，以从具体到抽象和从抽象到具体相结合的方法来进行研究。按照方法论原则，逻辑要反映历史，历史要呈现逻辑，对创业时间先后顺序进行梳理，首先要形成理念，然后充实认知，最后外化行动。根据这样的时间序列演化结果，我们得出创业的时间序列为"精神—求知—践行"。一方面，以已经产生的理论和具体的创业行为为基础，对创业型经济的概念和内涵进行抽象的描述，找到创业型经济的经济属性；另一方面，再以创业型经济的经济属性为基础，对国内经济环境进行分析，针对创业带动就业的过程进行实证检验，以此来实现从具体到抽象和从抽象到具体的方法的演绎。

第二，规范研究和实证检验相结合。历史上对创业经济学相关问题系统研究的成果比较少，一些重要的概念和原理在相关研究中并没有明确的界定，因此我们需要对创业经济学中相关的原理和概念以及创业经济中创业带动就业的机理进行规范性的研究和定性分析，然后对创业经济发展过程当中的一些数据进行收集和整理，在相关原理和概念以及影响机理的基础上进行实证分析，保证本学科的科学性。

第三，以相关理论为基础进行体系构建。根据波普尔著名的"观察渗透理论"，创业经济学应该首先将理论选择作为重点，正如爱因斯坦所说："它决定了我们所看到的东西。"在这个过程中，首先发生的是创业行为，然后是创业经济，最后是创业经济学，根据这样的逻辑，每一个过程都涉及宽广的理论知识。构建的每一个体系都包含众多的理论知识，体系构建是将体系中每一个理论知识进行科学、严肃和学术的选择，体现创业经济系统的协调性和完善性。本书会对构建体系过程当中涉及的理论知识的相关性进行描述，然后通过一些案例和数据进行完善和分析。

1.4.2 构建创业经济学的方法

1）文献普查与分类归纳

每一项研究进行之前都会进行文献普查，主要是为了了解国内外研究者对此类问题研究的历史成果和现状，掌握最新研究动态，同时避免重复研究。通过对国内外数据库、期刊、著作等渠道，对创业、创业经济、创业学等相关文献进行分类，然后查阅、了解、分析和掌握，通过归纳和总结创业活动、创业教育和创业学的历史研究成果、研究现状和未来的发展方向，实现对创业经济的认识。分类是归纳的前提，归纳是分类的深入，通过对相关文献的分类，然后进行归纳总结，可以快速形成条理清晰的知识库，方便随时查阅与调取，这是最有效的一种研究方法。

2）实地调查与案例研究

分类归纳方法不可能完全总结出理论知识，必须要进行广泛的实地调查和案例分析。因此本书在了解文献资料的基础上对国内外大学所开展的创业教育活动相关经验、教训和创业理念进行调查，分析这些案例的操作路径和行为模式，为相关理论提供支撑。

3）系统分析的研究方法

创业经济的相关问题涉及多个学科，包括经济学、管理学、社会学等，因此，本书在研究创业经济学的过程中主要以经济学基本理论为基础，结合管理学、社会学等其他学科的相关研究成果和研究方法，除了要研究创业经济学的经济学属性外，还要对创业者的管理能力、创业经济的宏观环境和微观环境进行分析研究。

■ 复习与思考

1. 创业是什么？创业有哪些特征？
2. 构建创业经济学的方法有哪些？
3. 创业经济学的内容有哪些？
4. 构建创业经济学的意义有哪些？

第 2 章

创业的经济学研究流派

知识目标

（1）了解创业家的利润问题。
（2）了解创业家的个性心理和行为特征。
（3）社会文化环境对形成创业家个性与行为特征的影响。

素养目标

培养学生敢于打破常规、勇于开拓进取的创新精神。

案例导入　　　　　　　不安分者眼中的商机

高中毕业后干起家电维修的小胡和小姜，每天都以修电脑、电视机为生，但前者是一个经营上的不安分者，后者则是一个循规蹈矩的老实人。不久前，小胡又突发奇想，寻找到新的商机：他发现当地的农民用上了自来水后，将来就有可能使用洗衣机，有洗衣机便会有维修洗衣机的业务。于是，他买回本地市场上常见品牌的洗衣机供周围的人使用，目的之一是让人们尝尝洗衣机的甜头，目的之二是学习洗衣机的结构、保养和维修。果不其然，一年后，一台台洗衣机进入农村，维修业务几乎全被小胡包揽了，而小姜只能眼睁睁看着自己失去一次扩大维修范围的机会。

一般人总是等机会从天而降，而不是通过努力工作来创造机会。殊不知，人们遇到的问题和未满足的需要总是不断提供新的商机。优秀创业者的一个基本素质，就是善于从他人的问题中发现机会，主动把握机会。对照一下你自己，又作何感想？

【思考与讨论】该案例给了你哪些启示？

在目前的经济发展过程中，新创企业和创新企业是促进经济发展的主体，能够反映一个国家或者地区经济活跃程度的因素是创业活动。现在，创业不仅仅是创办一个新企业，有些现存的公司越来越多地采用创业战略，比如通过重组结构、再造流程和移动互联网等方式使得已经存在的企业具有更大的灵活性和创新性。这使得创业研究也逐渐从只研究小企业和新企业转变为将大企业也包括在内。但是，学者们至今还没有得到一个清晰的创业理论框架，也没有总结出创业领域真正意义上的创业理论。随着《管理科学》开辟创业研究专题，很多研究者开始越来越多地关注创业领域的研究。学者们来自不同的领域，因此涌现出了不同领域、不同学科的创业研究成果。

创业经济是跨越多领域的学科，从总体上可以分成两个学派：供给学派和需求学派。供给学派认为：在社会中，存在着一部分特定类型的人，他们具有特定的个体和文化特征，拥有特殊的社会特征和种族特征。需求学派认为：在特定的社会环境和制度下，会有特定的创业家的供给。供给学派和需求学派都具有前提假设，就是社会的信息完全透明并且供求处于静态均衡，因此这两种学派都是建立在均衡理论的基础上的，这些研究成果虽然可以在一定程度上解释创业现象，但是有时候也会自相矛盾，这种情况导致的结果就是无法建立一个科学统一的创业理论。在这种情况下，很多研究者开始将兴趣转移到非均衡理论下创业的研究上。在不完全信息条件下，创业活动反而更容易开展起来，因为创业活动的本质是创业家发现机会和利用机会的过程，研究者们可能在这个过程中得到更多的信息，从这个角度对创业家和创业活动的研究不仅仅是考察个体差异，更重要的是发现创业者怎样收集信息和完成资源整合，这对于研究创业现象本质具有很大的帮助。Low 和 MacMillan 曾经说过："偶尔停下来盘点一下已有的文献，对发现新研究方向和面临的挑战非常有益。"因此，应该对之前主要的研究焦点和研究理论进行一次比较全面、深入的"盘点"，回顾之前的研究，期望可以为创业经济的未来发展带来好处。

2.1 均衡与非均衡观

很多理论研究都把创业的现象叫作"困扰经济学模型的幽灵"。正如 Corley 所说，在建立创业现象模型时，很难在经济学模型中找到表达创业现象假设条件的术语，这是经济学没有得出创业理论的一个根本原因。Qussam 认为，在经济学研究中是不考虑创业家这个影响因素的，主流经济学家们通常认为经济系统才是影响经济发展的重要因素，因此在研究过程当中，他们会将个性因素剔除掉。主流经济学家的研究中，交易者只是通过市场机制或者一般均衡进行相互联系的没有个性的主体。Alvarez 和 Barney 提出，传统新古典经济学理论认为，企业的形成是由创业这个神秘的因素推动的，而创业家创新会对新古典经济学产生很大的外部冲击，导致经济外部平衡受到威胁，给新古典经济学观点制造了麻烦，这才是经济学观点没能很好地解释创业现象的根本原因。

但是创业的研究一直没有停止，仍然有很多学者对创业经济进行不断研究，如 Cantillon、Say、Knight 和 Marshall 等学者，他们就对创业现象做出了很多讨论，虽然有一些难以理解，但是仍然具有很大的启迪意义。奥地利经济学派也曾经在非均衡理论的基础上对创业环境的影响因素进行研究，他们认为信息不对称导致的价格差异是人们获得创业利润或者遭受损失的原因，只有这样才能使得经济从非均衡状态逐渐转向均衡状态。这种观点把创业者当作非均衡市场中创造和利用机会的媒介，不仅将信息不完全因素考虑了进去，还分析了创业者的机会敏感程度，由此看来，奥地利经济学理论在推动创业研究方面是具有非常大的潜力的。但是奥地利学派的观点很难创造出合适的模型去进一步实证研究，因此这项理论研究很难进行下去。对未来创业如何可持续创新没有进一步的讨论，也没有使得企业快速成长的研究成果。

Knight和Schumpeter是早期非主流经济学领域学派的学者中对创业经济贡献最大的，Knight提出创业家存在的原因是不可确定性，而这种不可确定性又是不可测量的，他认为创业家在经济活动中具有重要的地位。在他的论述中，经济领域中的创业家和其他生产要素不同，因为劳动力、土地和资本等生产要素的报酬是事先确定好的，或者在预算时可以预估出来，而创业家的报酬是剩余部分，剩余部分报酬的多少取决于创业家的能力。按照这个思路，管理学和行为学领域的学者做了很多创业家特殊个性和特殊能力的深入研究。Schumpeter建立了经济模型，假设在创业家创建企业之前经济一直处于均衡状态，而在创业家创建企业之后经济均衡被打破，这一模型的建立对创业研究具有重要的意义。创业家要将市场均衡打破，因为人们利用冒险精神和知识技术储备创建企业来追求利润的行为原本就是破坏性的创新行为。而创新方式包括生产方式创新、产品创新、市场创新等。Qussam的观点是，创业是创业家将稀有资源重新组合来产生更高效率的行为，他认为创业家是经济变革的发起者。综上所述，创业研究过程中创业家能力和创业精神的核心是创新。

创新作为创业经济研究领域最重要的核心要素，与均衡假设相冲突，因此要想取得创业研究突破性的进展，必须放弃均衡假设条件，将创新、改变、异质性等因素考虑进来。但是在经济学领域，创业是很难用模型和学术用语描述和分析的，因此创业成了经济学领域研究的缺失部分，在经济理论模型构建的过程当中创业家因素也是缺失的，同样，企业理论研究过程中创业问题也被忽视了。虽然在经济学领域，研究者们对创业现象做过一些探讨，但是他们的主要兴趣点还是放在创业和经济环境的关系上，而不是针对创业家本身的研究和理解。

2.2 资源观

在早期的资源观研究中，研究者们承认创业在资源观研究框架中是比较复杂的一个部分。Conner将资源观和Schumpeter的研究观点进行了比较，他认为这两种观点的前提假设有相同的地方，即源于新竞争方式下的回报是超常规的，企业的核心竞争力是企业家的洞察力，潜在模仿者是一直存在的。但是，在研究企业战略管理的时候，将资源观作为主要范式供研究者进行实证分析，这只是创业研究的一个平台。很多针对资源的研究中，研究者并没有关注到创业，因此，在资源观的研究框架中并没有将创业家行为和创新结合起来。

Alvarez和Barney两位学者曾经在研究创业能力的时候，把创业融入到资源观的企业理论和经济理论模型中研究。他们认为，具有灵敏的嗅觉和灵活的决策能力、拥有创造力和独特远见的创业家的创业能力和创业战略是无迹可寻的，并且无论经过多少次都是没有办法模仿的，它们本质上就是不可模仿的资源资产。这就是我们所说的企业竞争优势，这种竞争优势是可以一直持续的。我们把上面所说的创业家的洞察力和创业能力称为无形的创业资产，如果一个企业拥有这些资产，它会一直保持不断的创新能力，这样企业就会一直拥有持续稳定的竞争优势。Alvarez 和 Barney 也强调，创新的动机是能够发现并且赚取创业利润，这一观点是与资源观和创业观一致的。从这个角度，Alvarez 和 Barney 进一步修正了资源观。他们借鉴了 Schumpeter 的观点：创业创新可以打破现有均衡。传统的资源观认为竞争优势都是受均衡条件约束的，但是如果在 Schumpeter 观点的基础上去讨论资源观，我们不难发现，企业之所以能够突破当前受到的冲击获得竞争优势，是通过不断打破现有的均衡来实现的。这就可以将资源观和 Schumpeter 的均衡观点融合起来了。Alvarez 和 Barney 也比较了奥地利学派理论的观点，他们认为，企业是可以保持均衡的，企业可以通过不断更新知识来提高自身的创造力和创业家的洞察力等创业能力，然后再通过这些创业能力激发创新能力，从而带来企业的竞争优势，这样企业在发展过程中就会不断地保持竞争优势不被完全取代。

Alvarez 和 Barney 认为，可以把创业能力融入资源观中。从这个角度引入均衡，是一个很有独到见解的观点。这种观点虽然可以把创业能力、资源观和均衡联系起来，却很难建立模型来分析创新融入动态均衡的观点。资源观可以对企业如何获得竞争优势的问题进行解释，并且很有说服力，但是 Kirzner 提出了"如何解释创业家更具动员资源的能力"，也就是我们所说的"创业灵敏性"，资源观对这个问题很难解释。同时，Alvarez 和 Barney 以及之后的 Alvarez 和 Busenitz 提出的假设是创业家具有发现商业机会并且能够有效利用资源的特殊能力，资源观对于这种先验性假设也是很难解释清楚的。因此，综合上面的观点，我们发现，资源观在创业研究方面很难对创业机会和创业家的异质性做出合理系统的解释。

2.3 机会观

Venkataraman 指出，以前的研究者在研究创业现象时运用的理论是均衡理论，这种方法是错误的，因此很难对创业现象做出合理的解释。均衡理论把当前的价格当作传递资源流动所必不可少的相关信息，实际结果是，如果给定一个时间，一定要保证所有的相关信息都变成价格标的，价格机制才能完成资源配置，因此，我们可以看到，价格在整个的资源配置过程中是不能对所有相关信息完成传递的。在均衡理论中，假定所有的市场参与者对未来的期望和相关信息都能够换算成对资源的价格进行当前出价，这就相当于对所有的产品和服务存在的市场做了假设，在这个市场中，不存在创新的空间，也不存在好运气和坏运气，这是与实际存在很大差别的。我们再来分析均衡理论，均衡理论中的所有决策都是最优的决策，但在现实中，创业者在资源配置过程中做重要决策的时候，很难在给定的约束条件下做出最优决策，通常情况下，创业者会在自己决定的约束条件中进行最优决策，而创业者自己决定的约束条件就是创新的过程。另外，从创业者创业机敏的角度来分析，均衡理论认为，能够对生产性资源流动起到准确引导作用的是价格，但是当价格机制暂时失灵时，人们会选择不同的交易方式，他们会对新组合的潜在利润有不同的看法，也会受到别人推测的影响而判断失误，这些都是不可控因素，而且也是均衡理论所忽视的。针对上面的说法，我们可以看到，价格机制决定的市场经济是很难达到均衡状态的，而追求利润最大化的个体行为与能够发现机会和利用机会赢得利润的创业行为都会打破市场现有的均衡，因此我们可以从这个角度对创业进行研究。

之前很多研究者在研究创业现象的过程中，都会从创业家的角度出发，先认识创业家然后分析创业家成为企业家之后的行为，以此来定义创业。但是我们认为，创业家识别和捕捉商业机会的行为是对创业研究更有效和更有意义的。Venkataraman 在分析了 Mises 对人类行为的描述并研究了 Kirzner 的"洞察机会"的观点后，得到了启发，他认为，创业研究的是什么人通过什么样的方式发现、评价和利用机会去创造未来商品和服务。Shane 和 Venkataraman 总结出关于创业研究的三个问题。首先，为什么会存在创造商品和服务的机会？什么时候才能存在？是怎样存在的？其次，为什么是这些人利用这些机会而不是其他人？这些人又是在什么情况下通过哪种方式发现和利用这些机会的？最后，为什么会采取不同的行为模式来利用创业机会？什么时候采用？怎样采用？他们认为，创业机会和创业个体是创业研究概念框架构成的核心要素。他们之所以通过这样的方式对创业研究进行界定，是因为可以在非均衡条件下对特定的人在特定的环境下对于商业机会表现出的创业意向进行描述，而不需要对所有环境下和其他人不同的稳定特征进行描述。Amit 和 Qussam 说过，创业也可以发生在已经存在的组织机构内，因此，我们可以将公司型创业融入到机会观中。根据以上观点我们进一步发现，商机是可以进行交易的，拥有商机的人可以从产业的相关特质、未来的商业机会、先前的知识储备和创业的时间等方面进行分析，从而决定是否自己创业。

创业研究机会观是 Shane 等人提出的，这对创业理论的发展和指导创业实践都产生了很大的影响。AMR 针对 Shane 和 Venkataraman 提出的机会观创业研究观点专门开设了一个专栏进行深入研究。另外，Dess 和 Zahra，Singh 和 Son，Venkataraman 和 Shane 等研究者也都对创业机会定义、创业概念框架和创业研究维度等进行了辩论。但是我们认为仍然有很多亟待解决的问题，包括创业机会怎样测量，创业个体在识别和获得机会的时候受到哪些因素的影响，这些因素是怎样影响创业个体的，还包括 Shane 和 Venkataraman 自己提出的问题，也需要进一步进行讨论研究。

2.4　社会资本观

很多研究者对研究社会网络现象有很大的兴趣，并且得到了研究成果，社会资本观就是在这些研究成果的基础上发展起来的，它主要研究的是网络结构与内嵌相关性资源是怎样对经济活动造成影响的。Pierre Bourdieu 对社会资本主义进行研究后认为，社会中存在着由相互默认或相互承认的关系组成的持久网络，这些关系或多或少是制度化的，他认为与这些关系相关的资源的真实的或虚拟的集合就是社会资本。Putnam 指出："社会资本指的是社会组织的特征，例如信任、规范和网络，它们能够通过推动协调的行动来提高社会效率。社会资本提高了物质资本和人力资本的收益。"

从社会资本角度对创业研究进行分析，由于价格机制的失灵造成了市场的不确定性和信息的不完全性，在这样的情况下创业家才拥有了创业的空间，所以创业家接下来，就可以把自己的关系网络和他在不确定性市场中获得的相关信息利用起来，去发现创业机会，并且把握创业机会。Qussam 在研究创业家行为的时候发现，创业家最重要的能力是知道如何协调稀缺资源，并且创业家的这种能力要高于其他人，他认为原因是创业家们具有获得更多信息的渠道和能力。Brown 和 Rose 特别指出创业网络是非常重要的，在众多研究中，他们发现最重要一点是在创业过程中，影响创业战略的因素是信息网络、财务网络和信任网络等的作用，财务和管理的外部化通过利用这些网络也可以帮助企业正常运作。从这个角度来说，我们也可以认为创业行为是我们通常说的网络行为。

我们基本上可以将社会资本观对创业的研究分成两个学派，即组织社会学学派和社会经济学学派。组织社会学学派注重的是网络分析，重点研究网络结构是怎样对创业机会和创业行为造成影响的。社会经济学学派注重的是网络结构性资源和关系性资源，重点研究信任和规范等网络结构性资源和关系性资源对创业家的创业活动具有的影响。组织社会学学派中对创业研究比较有代表性的学者包括社会学家、芝加哥大学教授 Burt、Eisen-hardt、Aldrich 和 Francis 等。Burt 提出："对大多数创业者来说，他们最重要的资源是错综复杂的个人网络。"他从结构洞理论的角度对创业研究提出三个假设：首先，从连接着创业结构的创业个体的横向看，创业家具有联系性较强的社会资本越多，说明创业家具有较强的能力并且能够在初期接近各种广泛的观点、获得更多的技能和资源，创业的可能性越大。其次，创业家拥有越多的社会资本，他在创业过程中得到的利润就越多，企业摆脱困境的能力就越大。最后，创业家能够利用的具有较强联系的社会资本越多，最终创业获得成功的可能性就越大。但是我们认为，网络资本结构不只包括具有较强联系的社会资本，也包括具有较弱联系的社会资本，并且从某些方面来讲，有较弱联系的社会资本获得的信息很可能更加重要，关键还是创业过程和创业环境以及相关信息内容等因素的影响。

Coleman、Ghoshal 和 Putnam 等人在他们的研究中将社会交往和联系等网络结构性资源考虑到其中，同时，也将信任和规范等内嵌于网络中的关系性资本考虑到了其中，因此即便社会经济学学派的社会资本观研究者们还没有开始对创业领域进行研究，Coleman、Ghoshal 和 Putnam 的研究将来也会对创业研究产生更加深远的影响。实践证明，关系型社会资本和结构型社会资本对创业家来说是非常重要的资源，他们可以借此来识别和利用创业机会。通常情况下，新创办的企业具有很多薄弱的地方，如缺乏财务资源，缺少人力资源，没有足够的经营信息和社会支持，甚至创业必备的创业能力也是相对较低的，交往和联系只是为了信息传递和帮助各类资源流动，但是不能确定信息和资源的数量、质量和扩散效率，这些要受到人和人之间的信任和相处规范等因素的制约。

当然，创业家应该认识到，他们在利用社会资本创业时需要建立和维护网络，并且也会存在成本和收益的问题，同时我们还应该关注到，创业家们在建立和维护网络的同时，也会面临网络外部性的问题。因此，上面所述情况可以让我们从某些方面了解网络有时候不能促进企业成长的原因，但对创业来说网络到底具有什么样的作用还没有明确的解释。

2.5 创业研究的非经济学观

2.5.1 创业研究的社会心理观

创业现象中会涉及一些在经济学中找不到答案的因素，比如创业家具有的远见、创业家的创业机敏性，以及创业家对相关信息的直觉等，我们将这些因素叫作创业家特质，因此在社会心理学家研究创业的过程中，会把创业家特质的先验性假设当作研究的重点。社会心理学研究者认为，创业属于创业家特有的行为和个性特征。在社会心理学研究领域，一些学者认为，创业家具有的内控能力、高风险偏好、高模糊容忍度和成功需求是一种特定的心理特征和个性，而另一些学者则认为，创业家的创业决策与他的心理特征和个性没有因果关系，这是截然不同的观点。Sexton 和 Bowman 对此进行了实证检验，实证检验的结果是创业决策和成就需要之间没有必然的关系；Gartner 将创业家详细地分成了八大类并进行比较分析，结果表明，创业家和创业家之间差异和创业家与非创业家之间差异的数量是一样多的。从这些研究结果看，社会心理学家对创业研究得出的结论大多是令人失望的，甚至相较于经济学领域对创业的研究成果更令人失望。社会心理学领域对创业学的研究大多是对创业家个性和特有的行为进行描述，Baker 和 Obstfeld 对此也深感失望，他们总结，20 世纪 90 年代以前，心理学家们对创业家的个性和心理特质的研究并没有得出有见地的观点。在这个基础上，很多研究者将研究重心放在了创业家的社会特征上，他们开始研究创业家的教育水平、家庭背景和对创业的经验等，但是得出的结果和之前相同，大部分都是自相矛盾的。这些学者在研究创业家特定的个性特征的时候，忽略了创业家出生和成长的环境，所以他们对创业家个性心理特征的描述大多都是片面的，在这种情况下，又有很多学者试着将创业家与动态环境相结合进行研究，考察在动态环境之下创业家的特征和个性。

2.5.2 创业研究的社会文化观

社会文化理论在研究创业时，将创业的产生和影响因素放在一定的社会文化环境中，这和社会心理学领域对于创业家个性心理特征的研究以及后来对创业家社会特征的研究是不同的。Weber 是利用社会文化理论对创业进行研究的开山鼻祖，最早在他的《新教伦理与资本主义精神》一书中将创业和社会环境相联系进行研究，他认为新教主义的兴起鼓励了能够促进资本主义发展的精神的出现，包括勤劳勇敢的精神、勤俭节约的精神和为了积累物质财富而不断奋斗的精神。很多学者在 Weber 研究的影响下发现，创业家很可能在某种特定的文化下产生，他们认为是某种特定的文化培育出了某种特定的创业行为和创业方式，所以他们认为创业的决定因素是文化。在这个观念的基础上，社会文化观认为，不同创业家的行为活动肯定会存在很大的差别，因为他们会受到不同的文化价值和文化信仰的影响。处在不同文化环境中的创业家由于拥有不同的个性特征，因此会采取不一样的创业行为。由此我们可以知道，特定文化、特定创业家的个性特征和创业过程之间的特定关系是社会文化观对于创业研究的主要部分。从社会文化的角度分析，不同国家和地区拥有不同的文化视角，培养不同的创业家，产生不同的创业家活动。比如，Ohe 和 Suzuki 将美国和日本的社会文化和商业环境进行比较，得出不同的创业活动特征。从中国来看，北京、上海、广东、浙江、天津、江苏、陕西等省市具有比较活跃的创业活动，那么它们之间的区域文化是否会对创业家和创业方式产生不同的影响？还有我们常说的"岭南文化"和"海派文化"对创业家和创业活动会产生特殊的影响吗？社会文化理论能否对相同文化背景下创业家和创业方式产生的差异给出一个合理的解释？

随着经济的发展、国家对就业的要求增加，创新创业在经济活动中也变得越来越重要，因此越来越多的学者开始关注创业研究。在早期的创业研究中，学者们更注重的是对于创业家职能、创业家的行为特征、创业家的个性心理和创业家所处的社会文化背景的研究，随着对创业研究不同角度的深入，创业研究领域也逐渐吸引了很多其他学科的学者加入，对创业家所处的动态环境和创业家创业过程的研究也越来越受到人们的重视。但是各个学科所得到的创业研究成果对创业理论的发展所带来的效果各有不同，研究者们所采用的理论观点以及关注的创业问题也存在很大差别。

创业从外部打破均衡状态，这是传统的新古典经济学一直无法解决的现象，奥地利学派所持有的观点是动态系统和非均衡假设，这对创业理论提供了很多帮助，但是这种动态系统和非均衡假设难以模型化，因此其观点很难实证检验，这就缺少了创建具有预测能力的理论所需要的必要条件。另外，奥地利学派没有针对可持续性创新问题进行深入的探讨，而微观经济学中研究创业企业的成长，最重要的方面就是可持续性创新问题，因此从微观经济学角度来讲，这项研究没有多少价值。Knight 研究的角度是不可测量和不可确定性，Schumpeter 研究的角度是创新，他们分别探讨了创业家的利润问题，这对未来创业的研究起了很好的基础作用。社会心理学研究者从社会心理学角度对创业家的特定行为和个性心理进行了研究，但最终得到的研究成果存在很多矛盾的地方，因此对创业研究的价值并不大。社会文化学研究者从社会文化环境在创业家个性和行为特征的影响方面对创业进行了研究，但是研究成果仍然存在矛盾性，因此也没有取得什么突破性的进展。资源观注重研究创业家的创业能力、资源观和均衡的相互关系，但是想进一步把创新和动态均衡模型化又是难以实现的；另外，资源观对于创业家具有配置资源的特殊能力进行的解释是难以让人信服的。机会观则抛弃了均衡分析的方法，开始将重心放在创业过程中的机会因素和个体因素上，针对创业家具体创业时间、创业地点和创业方式进行研究，重点分析创业家用什么样的方式发现和利用创业机会；机会观从机会因素和个体因素上为创业研究构建了一个新的框架。从机会网络和非均衡理论角度来分析，我们不难发现，社会资本观是在机会观的基础之上对创业研究的进一步深入。社会资本观探讨的是，在不完全信息和不确定约束条件下，创业家是怎样有效地利用内嵌的社会资本和网络去识别和利用创业机会的。

综上所述，到现在为止，创业经济领域对创业的研究成果很多，但是还没有形成完善的理论，即便如此，机会观和社会资本观利用非均衡理论和机会网络的分析方法，对于创业经济现象和创业本质的分析和解释，已经具有了很强的说服力。

复习与思考

1. 供给学派和需求学派对于创业现象的解释有哪些不同？
2. 均衡理论和非均衡理论对于创业现象的解释有哪些不同？
3. 简述创业资源观、创业机会观和创业社会资本观的主要内容。
4. 对创业的研究中非经济观有哪些？它们的主要内容包括什么？

第 3 章

创业经济的载体

■ **知识目标**

（1）了解创业经济的三种载体。

（2）了解科技企业孵化器兴起并迅速发展的原因。

（3）了解中小企业创业的基本形式。

（4）了解创业在企业集群形成过程中的作用。

■ **素养目标**

培养学生积极自信的人生态度、良好的职业道德和心理素质。

案例导入　　　　　　　　　**上海创业孵化器**

在当今这个鼓励大众创业的时代，对资金不多、刚开始创业的团队来说，它们走向成功的最直接途径是找一个合适的创业孵化器。创业孵化器的功能是为企业设计实现梦想的道路，为企业寻求项目资金，为创业者的项目提供专业指导和咨询。创业孵化器如此重要，因此创业者在选择的时候，要慎重地选择符合自身情况的孵化器。

上海作为科技企业孵化器体系建设试点城市，已经建立了很多科技企业孵化器，从运营主体的角度来看，可以分为三种类型：第一种是政府机构扶持以及出资建立的，由下属机构运营；第二种是由龙头企业出资以及运营的，例如SOHO、万科等；第三种就是完全由民营企业运营的。知名的上海创业孵化器有很多，比如：

1）IC咖啡

2012年IC咖啡创立之初，咖啡馆运营困难，不得不聘请一名媒体运营人员。2015年，上海浦东科委租下了IC咖啡旁300平方米的场地交由IC咖啡运营，成立了浦东创客中心芯家园，能够同时容纳12～15个初创团队入孵，这也进一步提升了IC咖啡的孵化功能，从而让这个创业孵化器顺利发展到今天，为创业团队提供专业的创业指导、广告设计、项目资金筹集等服务。然而IC咖啡的发展还未成熟，依然存在许多问题。

2）上海创业接力投资管理有限公司

2010年10月，上海创业接力投资管理有限公司被上海市科委认定为上海市科技孵化器。孵化器坐落在中国（上海）大学生创业实训基地内，拥有浓厚的创业氛围和环境。但是，上海创业接力投资管理有限公司的实力还有待观察，背景和概念还需发展。

3）浦软孵化器

浦软孵化器位于上海自由贸易试验区、张江国家自主创新示范区核心区，2008年7月成立，由上海浦东软件园创业投资管理有限公司运营管理。浦软孵化器是专门服务软件与信息服务行业的创业孵化器，而且是由科技部火炬中心认定的"国家级科技企业孵化器"。浦软孵化器已形成"创业苗圃—孵化器—加速器"的阶梯式孵化服务体系，有针对性地帮助创业团队实现目标，为创业提供专业性指导和资金支持。虽然成立很早，但是好评度却不是很高，还需要沉淀和积累。

上海创业孵化器还有很多，要选择适合自身团队的孵化器不是一件容易的事情，既要了解孵化器能提供给你的技术支持和指导意见是否迎合创业需要，又要弄清楚自身团队是否满足孵化器的入驻要求。目前上海的孵化器大多都已经向着新兴产业创业项目发展，提供的服务已经不仅限于场地和资金支持，还向着更加专业化的服务、专业的技术指导和执行风险估算服务发展。

上海作为对外开放的窗口，要与时俱进，借鉴外国成功孵化器的经验，同时，也要将成功的经验传授给其他城市，让大众创业的热潮在全国涌现。

资料来源 作者根据网络相关资料整理．

【思考与讨论】

（1）什么是科技企业孵化器？对创业者的重要性体现在哪些方面？

（2）在鼓励大众创业的时代，我国科技企业孵化器应如何发展？

3.1 科技企业孵化器

3.1.1 什么是科技企业孵化器

1）科技企业孵化器的定义

对那些有特殊知识或者技能的人而言，创业并不需要投入大量的资金。只要依靠个人的智力或专长，如所拥有的专利、管理才能、营销才能等，就可以进行低成本创业。这种类型的创业经济载体通常是企业孵化器。

孵化器（Incubator）原本是指专门用于人工孵化禽蛋的设备，后来这一概念被引入经济服务当中，是指一个能够在企业创办的初期阶段，为企业提供资金、管理等方面的便利以及服务，对高科技、创新技术成果、科技型企业，以及创业企业进行孵化，推动企业的交流与合作，从而使企业做大做强的集中空间。世界上第一个科技企业孵化器是1959年在由约瑟夫·曼库索在美国纽约建立的贝特维亚工业中心（Batavia Industrial Center）。自此，科技企业孵化器这一概念被正式提出。

简而言之，科技企业孵化器就是以促进科技成果转化、培养高新技术企业和企业家为宗旨的科技创业服务载体。在我国，科技企业孵化器还有另外一个名字——高新技术创业服务中心。其主要功能就是将科技型中小企业作为服务对象，为那些进入孵化器的中小企业提供研发、生产、经营场地，提供办公方面的共享设施，提供政策、管理、法律、财务、融资、市场推广和培训等方面的服务，以降低企业的创业风险和创业成本，提高企业的成活率和成功率，为社会培养成功的科技企业和企业家。

科技企业孵化器产生之后，便迅速成为催生、催熟高新技术企业的利器，通过企业孵化器催生高新技术企业，也成为新经济时代的创业规则之一，它对于推动高新技术产业发展、完善国家和区域创新体系、繁荣经济，起到相当重要的作用。

2）各国对科技企业孵化器的不同认识

科技企业孵化器产生之后，凭借其独特的运作方式以及定位功能引人注目，但是各国学者对于科技企业孵化器的认识有所不同。

（1）美国。世界上第一个企业孵化器产生在美国，美国是对企业孵化器这一概念最先做出解释的国家。美国著名的孵化器专家拉卡卡认为，企业孵化器实际就是一种工作环境，是为培育新生企业人为设计制造出来的。在这个环境当中，通过创造一些便利的条件来训练、支持并发展一些成功的小企业与盈利企业。它的特点主要包括：挑选那些具有发展潜力的新建或处在发展初期的企业，让企业进驻孵化器，为其提供指定的空间以及办公等方面的公共设施，负责训练、开发并协助新生企业的小规模管理队伍，为企业建立法律以及金融方面专业服务的渠道，向进驻孵化器的企业收取可以接受的房租和服务费，企业进驻孵化器3~4年后将从孵化器毕业离开。

美国的中央政府以及地方政府对企业孵化器这种机构是比较支持的，并且能够在孵化器运营过程当中给予一定的帮助。就企业孵化器本身而言，它实行企业化运作，并经过几年运营后达到经济独立。

（2）欧盟。欧盟所推动的企业创新中心，是与企业孵化器相类似的具有同样职能的综合系统。欧盟委员会认为，必须运用社会及行政的力量，严格按照审慎的步骤创办新的创新型企业，才能够唤起全社会的创业精神。因此，欧盟委员会积极创建企业创新中心，为潜在的创业者提供支持与服务，提供的服务包括创业者基本素质与管理技能培训、企业建立商业计划准备咨询等。按照欧盟委员会的看法，这类企业创新中心的基本特征是，企业创新中心具有一套选择潜在创业者的基本标准和程序，能够以标准化的形式提供一揽子服务，当企业创新中心进入运营中期之后能够自负盈亏。这些企业创新中心为欧洲制造业、小企业复兴做出了很大的贡献。

（3）英国。在英国，科技企业孵化器是以创业中心形式存在的。英国的有关学者认为，创新中心在实体形态上就是一幢或者一组与研究或开发机构相毗邻的建筑，从服务内容上来看，它要为来自研究机构或商业机构的个人以及团体准备可以短期使用的工作、生活空间，从而使其得以进行研究或开发活动，该中心的管理团队为研究机构或商业机构的个人或团体提供以下服务：①提供会议室、洽谈室及办公设备等，配备秘书人员；②就研究成果在本地区工业和商业上应用的可能性进行调研；③为企业在办理税收执照、市场开拓和商业发展等方面提供建议。

（4）德国。在德国，企业孵化器是指能够容纳 10～30 家小企业，并配备行政管理人员和公用设施，包括设施完备的办公室、会议室以及能够为创业者提供服务的综合建筑。其基本特征表现为：创新中心所聚集的企业以新建企业为主。这些新建企业的突出特点是，经营的业务主要是新技术、新产品开发与市场推广，对资金以及外部咨询的需求比较高，但企业自身却没有抵押或担保能力。创新中心是为解决新建企业的这些问题而建立的，能够为这些企业提供一般办公服务设施与公共服务，并且能够提供发展建议、商业信用以及与中介机构的联系渠道等。

创新中心的目标在于打造一个对企业发展有便利条件的人工环境，聚集大量企业，特别是技术型企业，促进新企业快速成长。因此，创新中心往往建在企业较密集、拥有金融机构和咨询与信息服务机构的地点。

创新中心在内生型发展战略当中发挥着重要的作用。内生型发展战略与传统发展战略相比，将关注重点从对企业的财政补贴转向提高企业的创新能力。这种战略，不仅要提高现有企业的活力，还要增加有创新能力的企业数量。创新中心能够在这方面起到积极的作用。

进驻创新中心的企业能够获得许多好处，包括可以通过使用创新中心所提供的公共设施和服务，降低企业运营费用；由于进驻创新中心需要一定的条件，而这些条件往往基于企业自身的发展潜力，作为一种外界对企业发展潜力的认可，进驻创新中心能够使企业获得良好的企业形象；能获得创新中心在信息、咨询等方面的服务，通过创新中心与中介机构建立联系；扩大经营规模，与创新中心内的其他企业交流并建立起商业联系；依托创新中心的良好社会形象而获得金融机构资源。

各国对科技企业孵化器的看法虽然不尽相同，但基本达成一个共识，一般来说，科技企业孵化器就是指在新经济时代，一种侧重为新生企业而设计的创业环境，它可以为科技型、创新型企业提供可租用的场地与服务，其目的是成功地协助创业者创造出充满创新战略的企业，及时地为那些处于成长期的新兴企业提供帮助，促进其有步骤地迅速发展。

3）科技企业孵化器的基本特征

科技企业孵化器的主要功能是为那些经过慎重选拔后入驻孵化器的新建科技型中小企业提供具有丰富资源与服务内容的孵化空间，提供企业所需的相关信息，在产品开发、市场营销、人力资源管理等企业发展计划制订方面提供帮助，为提高创业者的各项技能提供必要的咨询与培训，促进企业快速成长，使孵化企业能在几年内离开企业孵化器，从孵化器"毕业"，独立经营。因此，科技企业孵化器一般应具备四个基本特征：有孵化场地，有公共设施，能提供孵化服务，面向特定的服务对象——新创办的科技型中小企业。

为了向新创办的科技型中小企业提供孵化服务，科技企业孵化器首先要有一个孵化企业进驻的物理空间，即一定面积的孵化基地，这个物理空间应该能够由企业孵化器管理机构进行长期管理，同时要综合考虑孵化企业的不同特点，将孵化基地分成不同规模的孵化单元，每个孵化单元要根据该单元所进驻的不同企业安排基本配置，在公共孵化区域内，设置一定的公共基础设施、设备，例如通信和管理设施。除此之外，孵化器还要拥有一个健全的软服务体系，为孵化企业提供会计、法律、信息、融资、担保、宣传、商业计划、培训计划、培训教育、市场营销、技术创新企业经营管理顾问等方面的服务；同时，孵化器要拥有一支优秀的管理队伍，这一管理队伍应当具备丰富的产品开发、项目管理、市场营销以及企业管理经验，这也是孵化器能够成功运作运营的关键。

4）科技企业孵化器的发展阶段

科技企业孵化器的发展要经过以下4个阶段：

（1）创立准备阶段。在决定建立孵化器并开始进行调研时，准备阶段就已经开始了，当确定好办公地点，并且可以进行企业进驻申请时，准备阶段结束。在这一阶段需要编制详尽的工作计划，包括孵化器可行性论证以及建成后的运营计划等。

（2）创立阶段。创立阶段即孵化器的开办阶段，在这一阶段，孵化器主要以实际经济效益作为经营目标，并不过多考虑创新方面的问题，所吸收的进驻企业主要是租用孵化器的场地，进驻企业与孵化器之间的关系类似于传统租户与房东之间的关系。此时，孵化器也能够为进驻企业提供一定的服务，如后勤及管理咨询等，但以管理咨询服务为主。当进驻企业占满孵化器的场地之后，这一阶段就宣告结束，并能够持续1～3年的时间。

（3）发展阶段。在这一阶段孵化器基本能够保持收支平衡，所收取的房租基本能够与孵化器生存所需费用持平，此时孵化器开始与企业建立业务协作关系，参与企业管理，并逐步完善进驻企业的接收标准步骤以及企业"毕业"的标准与程序。

（4）成熟阶段。成熟阶段的特征有两个：一是能够为进驻企业提供较为完善的后勤服务以及管理咨询服务；二是申请进驻孵化器的企业数量增加，已经超过了孵化器现有的接纳能力。此时孵化器已经形成了比较严格的入驻企业筛选标准，从而能够保证在孵化器所吸收的企业当中，能力较强的企业所占的比重较大。孵化企业的周转程序已经较为明确，孵化器的收入来源也增加了，除了以往所收取的租金，还包括投资利润、孵化企业的产品销售收入提成、管理咨询服务费等。

5）孵化企业的选择标准以及步骤

孵化器的任务就是孵化企业，使企业能够成功独立运营，这也是孵化器运营成功的标志。进驻孵化器的企业具有发展潜力，孵化器能够为其提供相应服务，对孵化器而言是非常重要的。因为只有那些具有发展潜力的企业，才能够通过孵化器的孵化，在市场上立足并长远发展。因此，孵化企业的选择就至关重要，应明确选择孵化企业的标准，规范接纳孵化企业的步骤。一般而言，孵化器选择企业的步骤如下：

（1）基本情况调查。调查了解创业者的基本情况以及其基本商业计划。

（2）技术评估。由评估专家对创业者在创业过程当中所拥有并能够投入的技术、专利以及创业方案进行技术评估。

（3）金融分析。由孵化器委托银行等金融机构对创业者的盈利与亏损情况、资金状况、发展前景进行分析。

（4）商业分析。由孵化器组织相关专家对创业者所提供的商业计划进行可行性分析，对创业者的创业项目进行评估。

（5）创业者综合评估。对创业者的资金、经营历史、会议纪要进行整理和调查并完成综合评估。

（6）确定接纳。经过上述调查评估分析步骤后，符合条件的创业者或者企业就可以进入孵化器，与孵化器签订服务协议，接受孵化器的相关服务。

科技企业孵化器所孵化的企业一般是中小企业，规模较小，但企业的业务领域比较宽泛，通常涉及制造、服务、技术交易等，其中服务型企业所占的比重较高。

3.1.2 科技企业孵化器兴起并迅速发展的原因

科技企业孵化器兴起并迅速发展的原因，表现在以下几个方面：

1）扶持小企业

企业孵化器产生与发展的最主要原因，就是能够为小企业的发展提供帮助和支持。随着科学技术革命的不断深入、经济的迅速发展以及高科技小企业的自发成长，小企业在整个经济中所占的比重不断增加，对于经济发展的影响和作用也越来越大，因此，小企业发展得到了重视，扶持小企业以推动经济发展成为各国加强经济竞争能力的主要决策之一，而企业孵化器就是扶持小企业的一种行之有效的方式。

2）鼓励创业

建立企业孵化器的另一个原因就是鼓励创业，特别是要鼓励那些在科研领域有所成就，拥有科学发明和新技术的人才创办自己的企业，促进科技成果的转化。在建立企业孵化器之前，科研领域与企业之间的技术交流以及技术转让是通过科学园来进行的，科学园作为一种在大学与企业间所建立起的技术交流与转让渠道，在一定程度上促进了科学技术成果的转化，鼓励了创业，吸引了大量的新建小企业。但是从科学园的功能定位上来看，它并不是为小企业提供专门服务的，其工作重点是吸引那些目前已经有所发展的公司，而不是培养扶持小企业。企业孵化器的目标则弥补了科学园的不足，能够鼓励发明家及新技术人才进行创业，培养创新型、技术密集型的新建小企业，为小企业提供基础设施与管理咨询服务，提高小企业创业成功率，培养出一大批科技型创业者。

3）发展高新技术

高新技术的发展，能够提高产品的附加值，加快产业发展速度，提高就业增长率，对于经济增长的贡献比较大，因此，各国政府都非常重视高新技术的发展，以此提高国家技术和经济竞争能力。高新技术的发展对科技小企业发展的重要作用也得到了实践证明，但是，这些小企业在发展过程中还会遇到管理、资金、科技成果转化等影响企业发展的重要问题，这些问题单纯依靠小企业自身的力量并不能得到解决，需要外界的帮助。因此，科技企业孵化器应运而生，科技企业孵化器的目标就是为新兴高科技项目和企业的创业者提供设施及服务，支持和协助被孵化的项目和企业，促进高新技术企业发展。

一般来说，科技企业孵化器对高新技术小企业的支持主要表现在：

（1）为新建高新技术企业提供办公、实验以及生产场地。

（2）为孵化企业提供办公设备、通信、秘书工作、安全保障等方面的后勤服务。

（3）帮助孵化企业制订经营计划。

（4）为孵化企业提供从事高新技术研发所需的实验设备。

（5）通过搭建企业与银行或风险投资公司的联系渠道、建立孵化器自己的投资基金、为企业进行融资担保等方式，帮助孵化企业解决资金问题。

（6）通过孵化器与其他机构的联系，建立地区、全国乃至国际市场支持网络，帮助企业开发市场。

（7）为孵化企业提供会计、律师等专业服务。

（8）通过举办孵化器自己的培训班，推荐专业培训机构等方式，为孵化企业提供创业与管理等方面的培训。

（9）系统地培养经营科技企业的人才。

（10）树立成功创业者榜样，激励创业者创建高新技术企业。

3.1.3 我国科技企业孵化器发展现状及趋势

1）科技企业孵化器的发展现状

世界上第一个科技企业孵化器是1959年由约瑟夫·曼库索在美国纽约建立的贝特维亚工业中心，自此，科技企业孵化器这一概念被正式提出。1987年5月，美国孵化器专家鲁斯坦·拉卡卡将这一概念推向中国，同年6月，中国第一家科技企业孵化器——武汉东湖新技术创业中心正式挂牌成立。目前，我国科技企业孵化器事业已经到了迅猛发展阶段，科技企业孵化器的数量持续增长，孵化能力不断增强。截至2021年，全国创业孵化机构数量达15 253家：其中科技企业孵化器6 227家，含国家级科技企业孵化器1 287家；众创空间9 026家，含国家备案众创空间2 551家。全国创业孵化机构总体运营成效良好，总收入达到801.76亿元，同比增长10.58%。孵化器在孵企业年总收入1.24万亿元，同比增长21.3%。经过30余年的发展，中国科技企业孵化器无论在数量上还是规模上，都已经跃居世界首位。

2）科技企业孵化器的发展趋势

经过30多年的发展，我国的科技企业孵化器已形成自己的特色并且呈现出了新的发展趋势。

（1）形式多样化。除了传统形式的综合性创业中心，近年来我国还发展了一批留学人员创业园、大学科技园和海外创业园等科技企业孵化器形式。例如，依托清华大学、上海交通大学、武汉大学、重庆大学、四川大学、厦门大学等高等院校建立的大学科技园孵化器；北京、上海、苏州等地依托创业中心和高新区建立的留学人员创业园；在美国、俄罗斯、新加坡、英国等国家建立的海外创业园。

（2）功能专业化。依托于孵化器的基础功能，我国的科技企业孵化器功能定位更加细化，可专门针对高新技术行业中的某个高新技术企业进行培育和孵化，且相应的工具及所提供的服务更具专业性。比如建立了以软件开发企业为主的软件园（厦门软件园、北京 863 软件孵化器），以医药生物企业为主的孵化器（上海张江生物医药孵化器、首都医科大学医药孵化器），以农业科技开发为主的孵化器（陕西杨凌农业专业孵化器）。除此之外，还有新材料、新能源、人工智能等其他专业技术孵化器。

（3）投资主体多元化。科技企业孵化器在发展初期，主要是依靠政府政策支持，而现在，除政策性孵化器外，商业性孵化器也取得了良好的发展态势。从管理体制来看，也从事业型为主，向企业型、事业单位企业化管理并重模式转变。民营大中型企业、风险投资机构和跨国公司也创建了企业孵化器。

（4）空间虚拟化。科技企业孵化器由以往的实地入驻孵化逐渐发展为虚拟空间孵化，且在小微企业创业基地的支持下，丰富了科技企业孵化器在实践中的发展形式。

3.2　中小企业

全民创业的一个经济学方面的解释，就是要大力发展中小企业，中小企业是实施大众创业、万众创新的重要载体，对经济发展有重要的作用。中小企业数量比较多的地区，相对来讲其社会发展也比较稳定，贫富差距较小，中小企业在增加就业、促进经济增长、科技创新与社会和谐稳定等方面具有不可替代的作用，对国民经济和社会发展具有重要的战略意义。因此，我们在谈大众创业、转型升级时，除了要关注对大型企业的投入，还要关注中小企业。

中小企业通常可由单个人或少数人组成，其雇用人数与营业额皆不大，对家庭创业以及一些服务性行业，如中介服务、家政服务等比较适合。从创业办企业的形式来看，主要有个人独资企业、非公司制企业法人、私营合伙企业。

3.2.1　个人独资企业

个人独资企业是指由一人进行投资经营的企业。企业的负责人就是投资人，对企业的所有事务具有绝对决策权，享有企业全部经营收益并且对企业债务负无限责任。个人独资企业是最古老、最简单的一种企业组织形式，主要盛行于零售业、手工业、农业、林业、渔业、服务业和家庭作坊等。

1）优势

（1）注册企业手续较为简单，费用较低。与其他形式的企业相比，注册成立个人独资企业的手续是最为简单的，取得相关的注册文件也相对较为容易，费用也比较低。

（2）拥有自主决策权，个人独资企业处理所有的事务都不需要开会，表决也不需要向董事会或股东大会做出说明，都是由企业投资人一人决定，投资人就是企业的负责人，拥有对企业绝对且自主的决策权，这种方式可以用"船小好掉头"来形容，即企业负责人可以随时根据市场的变化来调整企业的经营方向。

（3）企业税负较轻。因为个人独资企业是为个人所有的，企业所得也就是企业负责人的个人所得，因此只对其征收企业所得税，免征个人所得税。

（4）无注册资金要求。《中华人民共和国个人独资企业法》对个人独资企业的注册资金没有规定，因此社会上流行一种较为极端的说法，即一元钱就可以当老板。

2）劣势

（1）融资困难。由于个人独资企业的注册资金比较少，企业的抗风险能力也相对较差，因此在取得银行贷款时存在一定的困难，面向个人的信贷也相对不容易取得。

（2）企业投资人承担无限责任。个人独资企业的负责人就是投资人，他对企业的所有事务具有绝对的决策权，在享受企业全部经营收益的同时对企业的负债承担无限责任，因此当企业经营不善出现亏损时，如果企业本身的财产无法完全清偿债务，企业负责人的财产就要用于清偿债务，从而增加了投资的风险。这也是个人独资企业最大的劣势。

（3）经营可持续性低。由于企业的所有事务都由投资人进行决策，所以对于企业投资人的要求就比较高，也加大了个人的责任，而且个人决策往往具有武断的一面和很强的随意性，一旦投资人的决策有所失误，对企业的影响是非常重大的，甚至可能使企业破产。

（4）财务有限。个人独资企业的全部资产，就是投资人的个人资产，因此企业的财务较为有限，企业较难有大的发展。

（5）企业管理水平较低。个人独资企业一人当家，企业负责人既是企业员工，又是管理者，其他员工又往往来自家庭成员或亲属，因此在管理方面存在一定的问题，这也是个人独资企业的一个大问题。

3.2.2 非公司制企业法人

非公司制企业法人是指经过登记拥有法人资格，但是又不同于公司，不称公司也不按公司法组建的经济组织，从与公司的区别来看，最主要的就是注册资本的不同。非公司制企业法人的最低注册资本是3万元，而公司的注册资本最低要求是10万元。

1）优势

（1）有限责任。非公司制企业法人虽然不同于公司，但是由于其拥有法人资格，所有责任都由法人来承担，股东以其股本为限对公司的债务负责，个人资产并不会受到牵连，从而降低了个人投资的风险。

（2）运行稳定。拥有较为完善的管理制度以及财务制度，并且股东入股后不得撤回资金，这样才可以注册非公司制企业法人。这些要求在法律上保证了非公司制企业法人充裕的资金以及健全的运行机制，从而使得企业经营不会因为个别股东的变故而产生动荡。

2）劣势

（1）注册手续较为复杂，注册费用较高。注册非公司制企业法人的要求相对较高，必须要经过严格的审查并获取相关注册文件，验资所需的费用较高。

（2）企业税负较重。与个人独资企业不同，非公司制企业法人不仅要缴纳企业所得税，还要缴纳个人所得税，因此相对来说，其税收较高，税负较重。

（3）不得撤回资金，转让困难。注册非公司制企业法人，股东一旦出资就不可撤回资金，只能享受收益，不能随便转让股本。

（4）信贷信誉不高，发展空间存在一定的限制。

3.2.3　私营合伙企业

私营合伙企业是指合伙人之间以协议关系为基础的企业组织形式，是合伙人按照协议共同投资、共同经营、共享收益、共担风险的私营企业。设立私营合伙企业必须由合伙人订立书面协议，规定合伙人的权利义务。合伙人对企业债务负连带无限责任。

1）优势

（1）注册手续简单，所需费用较少。私营合伙企业的注册方式与个人独资企业相类似，其关键在于，要求合伙人之间能够达成共识，确定协议，并以该协议作为合伙企业运行的法律依据。

（2）吸引资金和人才较为容易。合伙企业是由普通合伙人进行经营管理，并且合伙人对企业承担无限责任，非合伙人的其他投资者承担有限责任。合伙企业组织结构较为简单，管理费用比较低，内部关系比较紧密，决策效率也比较高，因此，比较容易吸引那些不愿承担无限责任的人对企业进行投资，也能够吸引到企业所需的人才。

（3）税负较轻。私营合伙企业与独资企业一样，只需要缴纳企业所得税，不需要缴纳个人所得税，并且其税率高低与企业年营业额高低相关，企业年营业额较低的，税率也较低。

2）劣势

（1）合伙人承担无限责任。合伙企业最大的风险就在于企业合伙人对公司债务承担无限连带责任，一旦合伙人中的某个人出现失误，其他合伙人都会受到连累，因此，在注册成立私营合伙企业时选择合伙人以及拟定合伙协议是至关重要的。有些人认为，合伙企业中各合伙人的连带责任可以在合伙协议中用相应的条款规定分担比例，从而减少个人风险，但在我国的法律规定当中，合伙企业的债权人不受合伙企业合伙人之间的分担比例的约束，债权人可以根据自己的清偿权益，请求合伙人中的一人或几人承担全部清偿责任。

（2）企业内部容易出现分歧。合伙企业的每一个合伙人都享有同等的权利，都能参与企业经营管理，这从一方面来讲是合伙企业的优点，但从另一方面来看也会带来一定的问题，合伙人的经营理念、风险偏好等都存在一定的差异，如果合伙人之间一旦产生矛盾，就难以达成一致的决策意见，从而影响企业业务的开展。

（3）合伙人财产转让困难。法律对于合伙人财产转让的要求是比较严格的，主要在于合伙人的财产转让将直接影响到合伙企业以及其他合伙人的切身利益，个别合伙人如果想要转让其财产必须经过全体合伙人的同意，并不能按照少数服从多数的原则进行，因此，合伙人退伙即撤回资金就存在一定困难，除非合伙协议中有明确规定可以随时退伙。

3.2.4 如何拥有一个好企业

在这个大众创业、万众创新的时代，踏上创业这条路已经成为很多人的理想，越来越多的人在将理想转变成实际行动。在我国，每年都有大量中小企业注册成立，但是创业的成功率不足1%。创业无疑是一个艰辛的过程，任何一个环节的决策失误甚至细节的忽视都有可能留下惨痛教训。对于创业者来说，想要拥有一个好的企业必须要解决以下三个问题：

1）企业核心竞争力

创业就是创办企业，办企业的目的就是获得收益，追求未来价值的最大化。如何实现价值最大化，首要问题就是企业的核心竞争力问题。

（1）企业核心竞争力的具体表现。

其一，核心技术能力。生产技术是一个生产企业的灵魂，只有拥有了核心技术，才能生产出优质的具有市场竞争力的产品，从而使企业获得高额的利润。现阶段，随着科学技术的发展水平越来越高，产品生产技术的寿命呈现出不断缩短的趋势。一个企业想要持续拥有核心技术能力，必须提高对技术研发的重视程度，加大在技术研发方面的投入，不断进行技术创新，实现产品的功能性、独特性以及超越行业平均水平的尖端性，为企业带来超过普通企业的客户关注度以及市场参与度。

其二，核心营销能力。在现在激烈的市场竞争中，产品质量好并不一定有高的销量，所谓"酒香也怕巷子深"，对企业而言，不仅要有优质的产品，还要有优秀的营销手段，这样才能把产品销售出去。现在的市场已经从卖方市场转变为买方市场，企业为了争夺客户资源展开了激烈的竞争，在技术差异程度日渐缩小的今天，竞争力就表现在了营销能力上，通过营销，企业能够创立核心品牌、创立名牌，从而为企业赢得竞争优势。

其三，核心生产能力。企业所拥有的核心能力水平的高低，最终都要展现在企业所能生产出的产品上面，而生产能力则是将企业的生产技术转变成产品的中间环节，生产能力在一定程度上对产品的质量与成本优势起到了决定性的作用。但是在大部分领域生产能力依然是较为低级的核心竞争力，所以，企业应当将这种低级核心竞争力向高级核心竞争力发展。

其四，核心管理能力。企业的核心管理能力既包括企业内部的决策能力与执行能力，也包括企业获得信息的能力。一个企业拥有的核心资源多固然是优势，但是如果不能对企业自身进行综合分析，不能了解企业的优势、劣势，所面临的机遇与挑战，并在此基础上为企业经营做出合理的决策，使企业能够系统、快速、高效地运行，那么即便拥有再多的资源，也无法真正形成企业的竞争优势。

其五，应变能力。市场是处在不断变化中的，整个社会也到处充满着变数，一个企业要想在这变化莫测的市场中存活下来，必须要具有随机应变的能力，随时捕捉市场信息，并依据市场变化做出有效的反应，从而保持竞争优势。从现实来看，能够生存下来的企业不一定是那些最强大的企业，而通常是那些最能够适应市场变化的企业。

其六，信息化能力。在当今的大数据时代，信息成为企业发展又一重要的因素，可以说信息就是财富。企业能够及时获取所需的信息，将会对企业决策产生重要影响。因此，企业必须要实现信息获取、加工与处理的系统化、网络化、集成化，实现信息流通的高效化和实时化，最终能够实现全面供应链管理和电子商务，这样才能形成企业的核心竞争力，促进企业的良好发展。

其七，核心员工。企业的第一资源可以说就是人力资源，人力资源对于企业的发展来说具有决定性的作用。核心员工作为人力资源中重要的一环，能为企业创造巨大的价值。有资料表明，企业中近80%的业务是由20%的员工完成的，这20%的员工就是企业核心员工的一部分，企业应当制定完善的人力资源战略，为其核心员工创造良好的环境，为员工提供发展平台，从而使这些员工能够更好地为企业服务。

其八，品牌影响力。品牌是市场竞争加剧的产物，打造品牌战略也越来越为企业重视。当今的市场，商品呈现出高度趋同的趋势，具有同一使用价值的产品有很多种类，消费者已经无法单纯地从使用价值层面去判断究竟哪个企业生产的产品是自己需要的，使用价值已经成为一种较低层次的需求。品牌的形成，也为消费者选择商品提供了参考。品牌不仅是一个企业的产品区别于其他企业产品的重要标志，也是企业文化、价值的体现，是一个企业特色的符号。在当今社会，品牌影响力越大，意味着该企业产品越容易赢得市场的认可，也意味着企业聚集财富的能力越强。拥有广泛影响力、口碑良好的品牌对企业的发展有着至关重要的作用。但是，品牌的打造并不是一蹴而就的，所以，品牌影响力的打造，需要企业长期的坚持。

（2）企业核心竞争力的构建方法。

第一，企业规范化管理。企业的规范化管理是现代化大生产安全运行的基本保证，是提高企业经营管理活动有效性的基本依据，是企业降低消耗、提高质量、促进经济效益增长的基本手段。企业不仅要在制度上实现规范化管理，也要实现对基础竞争力的管理。

第二，企业资源竞争力分析。通过对企业所拥有的资源竞争力进行基本分析，能够明确企业有哪些有价值的资源可以用于构建核心竞争力，并在此基础上，明确应如何具体应用这些资源。

第三，竞争对手分析。《孙子·谋攻篇》有句名言叫"知己知彼，百战不殆"，企业发展也是如此，企业不仅要了解自身实际情况，还要对竞争对手进行分析，留意收集竞争对手的信息，及时掌握对手的动态，从而能够让企业知道自己的优势和劣势。

第四，市场分析。市场是不断变化的，企业对市场变化的感知与理解，将直接影响企业的战略决策。通过市场分析，企业能够更好地把握市场动态，了解市场供需比例、本企业产品的市场占有率、竞争对手的市场地位、社会商品购买力和社会商品可供量的变化，并从中判别商品供需情况，为企业的生产经营决策提供依据，使企业能够合理安排生产、平衡产销，从而有针对性地进行市场竞争。

第五，无差异竞争。所谓无差异竞争，是指企业只注重价格这一竞争因素，而不考虑其他方面，也就是人们所说的"价格战"，其核心就是企业间直接在价格上进行比拼，谁的价格低，谁的性价比更高，谁就能够赢得更多的客户，从而在市场竞争中胜出。中国的很多企业都经常使用这种竞争方法，可是事实上，这种竞争方法往往会使竞争双方都受到一定的损失，世界上一些有实力、有基础的大企业一般都不会轻易采用一方法。

第六，差异化竞争。它与无差异竞争相反，是指企业不依靠价格战，而是另辟蹊径，将企业生产的产品或提供的服务差异化，在行业范围内树立起独特性的东西，从而与竞争者产生区别。企业建立差异化竞争力，要从消费者需求出发，以企业资源为基础，避免同质化，具体而言在于面向目标客户的差异化，包括产品及品牌定位差异化、产品质量及包装的差异化、重点销售区的差异化、市场推广的差异化、终端销售的差异化。

第七，标杆竞争。所谓标杆竞争，就是找到强于自己的竞争对手，分析自身究竟是在哪些方面落后于竞争对手，并将其作为标杆，每越过一个标杆，再设新的标杆，这样使企业不断超越竞争对手，不断进步。

第八，人力资源竞争。其直接关系到企业的核心竞争力，特别是在当下，人才是最重要的，企业必须重视人才、培养人才、留住人才，基于企业人力资源的开发、利用与管理而形成企业特有的竞争能力，向顾客提供比竞争对手更大的利益，拉开与对手的差距。

2）优秀的创业团队

好的创意、好的构思以及好的产品，能够形成好的商业模式，但这一切都需要靠一个团队去完成落实。创业并不是一个人就能完成的事情，如果没有一个优秀的创业团队，企业就不可能取得可持续性的成功。创业团队是指在创业初期（包括企业成立前和成立早期），由一群才能互补、责任共担、愿为共同的创业目标而奋斗的人所组成的特殊群体。这个群体同一般意义上的社会团体并不完全相同，它存在于企业之中，由于创业的关系能够把各个成员联合起来，不仅使成员在行为上能够形成彼此影响的交互关系，并且在心理上能够为成员提供相互归属的感受。

创业的目标是要建立一个企业。在创业过程中，若想尽可能少走弯路，从一开始就要走规范化管理的道路，因此，在决定创业注册成立公司时，就应当组建创业团队。一个优秀的创业团队，对于企业的成功，特别是创新型科技企业的成功，起着至关重要的作用。新企业的发展潜力与企业的管理团队素质之间有着重要的联系，一个创业者，虽然可以谋生，但是一个人的力量是有限的，而一个团队的营造者相对而言能够更容易地创建一个组织或一个企业，并且是一个能够创造重要价值、有收益选择权的企业。创业团队具有凝聚力、合作精神，并且具有共同的奋斗目标，这种立足于长远目标的敬业精神，能够帮助新创企业度过危难时刻，帮助企业快速成长起来，并且创业团队中各成员之间具有互补性，能够进行协调合作，与创业者形成了补充和平衡的关系，对于新建企业来说，能够降低其管理风险，提高管理水平。

事实表明，在市场实践中，大多数的企业也都是采取团队形式建立的。此外，Arild Aspelund对新创技术型公司的创业团队进行了研究，结果表明，创业是一个包含众多人的组织形成的复杂过程，需要输入更多的能力。Arild Aspelund 还研究了团队成员在创业过程的不同阶段个人经历、能力和资源控制水平对新企业死亡率的影响。他认为，团队规模的大小，并不是影响企业生存的最大因素，团队成员的经历、综合素质，才是最重要的因素，创业团队成员的素质越高，越有利于提高创新企业的生存率。另外，广泛的经验问题比团队的异质性影响更大。

如何创建优秀的创业团队，将在本书第11章详细说明。

3）正确面对创业中的失败

创业其实也是一个职业，只是这个职业不同于一般朝九晚五的职业，创业者不是被动的，他不需要被谁管理，而是主动的，需要自我驱动、自我管理，创业者要对创业的结果负责，创业的结果无非两种：一种是成功，另一种就是失败。创业失败是令人痛苦的，但它是走向成功的必经之路，因此要正确面对创业中的失败，这对创业者来讲是非常重要的。

正确看待创业失败首先要知道创业失败是正常现象，能够接受失败。很多人之所以创业，是因为看到了前人创业成功的故事，于是认为自己也能取得成功，但现实往往与愿望背道而驰，所有的成功并不是一蹴而就的，都会经受挫折与困难。成功其实都是小概率事件，比起失败人们更愿意讲成功，所以就会让人产生成功是正常现象的错觉，但事实却是恰恰相反的。做好随时可能失败的准备，不因失败打击创业的自信心和影响下一次创业，要接受失败，在失败中总结经验教训，为下一次创业成功做好准备。这是一个创业者应该具备的最基本的心理素质。

正确看待创业失败最重要的就是分析失败的原因。创业失败后，大多数人都会去分析失败的原因，有资金问题，有团队问题，有商业模式问题等，但是这些问题都只是一小部分，因为创业失败的原因并不是单一的，而是多元的、动态的、交织的。当了解了创业失败的原因有很多时，就要明白创业成功与否不完全取决于个人的努力程度，很多时候外部因素如果不允许，个人、团队再优秀、再努力也不一定能成功。因此，不要将创业失败的原因全部归结到某一个人身上，也不要过分追责，但是不追责不代表不分析原因。因为创业失败的原因有很多，所以在失败发生后，不能简单地去下定论，这个时候最好的方式是动态归因，也就是在不断提高自我认知的过程中去给失败下结论，同时也要加强沟通，可以说每个人的认知都存在一定程度的局限，没有人能够真正地做到面面俱到，特别是在经历失败的打击之后，往往容易钻牛角尖，产生偏激的想法，这个时候，多与别人沟通交流，能够开拓思路，发现一些原本不能发现的问题，这样才更客观、更全面。

正确看待创业失败还要在失败中总结经验教训。失败是最好的老师，只有在失败之后才能吸取一些教训：第一，只有资金但是没有创业经验的人绝不是创业初期最好的创业团队成员。第二，风险资金不是创业初期最好的资金来源，它不能雪中送炭，只能锦上添花。创业者只有先把自己的企业建立起来，具备了盈利能力后，才可以去吸引风险投资，因为风险投资的作用就是把企业盈利的预期提前兑现给你。第三，创业初期一定要有能够打开市场销路的盈利产品。营销大师李天曾说，创业型企业靠的是单品静销力，这一点至关重要，因为在创业初期，企业没有品牌影响力，没有广告支持，整个市场环境中顾客的认知度也不是很高，因此只能靠静销力去征服顾客，而靠静销力去征服顾客的一定得是好的产品。第四，要不断进行商业模式的创新，失败并不可怕，可怕的是，面对失败而不自知，不能有所转变。要扭转失败的局面，正确面对失败，充分准备和不断学习是最好的方法，同时要根据实际情况调整计划方案，转变方式方法，不断创新，死而复生。

3.3　企业集群

3.3.1　企业集群的定义与特征

由于研究所基于的背景环境以及最终研究目的的不同，学者们对于企业集群的定义有着不同的表述，但从其定义的实质内容来看，基本是一致的，即所谓的企业集群就是指以一个主导产业为核心的相关产业或某特定领域内大量相互联系的企业及其支持机构在该区域空间内的集合。它具有以下几个特征：

1）集群内各个企业是相互独立的

这些企业虽然同在一个区域空间，但是各自经营管理都是独立的。每个企业都是一个独立的法人，都保持着自己的所有制、隶属关系以及投资的渠道，实行独立核算，并按市场原则进行平等的交易。

2）集群内企业间保持着密切联系

集群内的企业虽然在经营管理上相互独立，但是企业间存在着密切联系，这种联系的密切程度已经从工厂联系延伸到产业联系，包括实体的物质和非实体的信息联系，而且这种联系日益成为企业间联系的核心内容。

3）集群内企业间存在多种特定关系

这一特征主要体现在企业间通过专业化分工与协作来获取外部经济。这种特定的关系使得集群内的中小企业从以往零散、杂乱状态走向系统化和有序化。

4）集群呈现动态化

集群内的企业并不是一成不变的，由于进入或退出集群的障碍较少，随时有企业进出，集群总是处于不断发展变化之中，也正是因为这种变化，集群才能保持长久的活力。

5）集群运行机制的基础是"信任和承诺"等人文因素

这种人文因素是维持集群内企业所形成的长期关系的纽带，并使集群在面对外来竞争者时，拥有独特的竞争优势。

3.3.2　创业与企业集群的联系

1）创业是企业集群形成的基础

企业的集群现象是同个人的创业活动存在着密切关系的。从一定意义上来说，企业集群是在企业家个人关系网络基础上所形成的地区性企业群体，可以说没有企业家的创业活动，就不能形成企业集群。企业集群实际就是企业家的聚集区域。

企业家或龙头企业是企业集群发展的主要资源，同时也是企业网络的创建者和促进者。企业集群内中小企业的快速蓬勃发展，与部分带头企业和个人的创业示范作用紧密相关，通过领先企业家或龙头企业的创业示范作用，能够形成知识扩散，带来外部学习效应。企业家通过相互近距离观察、学习以及创新，对市场机遇形成高度认同，从而形成企业家创业集群。企业家作为地区经济发展的活跃因子，是集群得以形成和发展的重要条件，企业家的创业创新活动对集群的产生与发展具有积极的作用，以企业家人际网络为基础的社会资本对集群中企业间的合作、知识扩散也具有积极的促进作用。企业集群中的龙头企业或焦点企业在企业发展过程中已经培育出了一批人才，这些人才具有较高的技能和管理能力，创业热情也不断提高；同时，企业集群也为他们提供了人际关系方面的便利，支持了企业的创立和成长，从一定程度上来说，成了集群中企业的孵化器。

集群发展实际就是一种组织间相互依赖、相互促进的企业成长模式，是企业因利益驱动的创业和市场化成长过程。从这个角度出发，对于企业集群的实质和发展问题也能够有更深入的理解。当更多的企业进入一个特定的行业而形成区域的企业集聚时，区域规模经济效应会使这一区域吸引更多的专业人才、技术和资金，拥有更多的企业，由此形成企业集群。企业集群的发育形成过程就是特定区域内一系列企业创立和不断衍生的过程。

从微观角度看，企业集群形成过程实际上就是一个网络外部化的过程。需要强调的是，这里所说的外部化，并不是体现在产品需求上，而是体现企业在区位的决策上，更多同类型企业的选址决定形成企业的区位集群。企业集群区位选择的主要因素包括区位的成本限制、区位选择的路径依赖性及空间吸聚作用机理等。

从微观角度研究企业集群的发展，一个重要内容是企业的迁入与迁出与集群发展阶段的关系。企业集群得以发展的关键在于企业数量的增加，其实质就是创业者的不断涌现，因此，如果一个地区的企业文化较强，就比较容易形成企业集群。关于这一内容国内外学者也做出了论述：Best（2001）认为，集群的生命力优势在于能吸引外部企业的加盟并孵化出大量的新企业，其中知识溢出效应发挥了主要驱动作用，企业家的创业能力也是推动企业集群扩张增长的主要动力。李新春（2003）认为，应把激发企业家精神、促进企业家创业作为高科技产业发展的根本动力，企业集群内竞争、合作、创业与创新氛围和机遇等是集群进化的最重要动力。

实际上，创业者的创业活动是对外部环境的一种反应，是会受到外部环境影响的。在进行创业的区位选择时，受到家庭流动能力的限制，改变家庭住所的成本高，同时创业者对本地了解程度高于外地，导致在外地创业成本相对更高，因此，创业者在创建企业时，更倾向于依赖他们的地区关系网络以及对产业环境的了解，同时创业者的各项决策也会受到政策的影响，如果市场上存在潜在的盈利机会，就可能会被那些潜在的创业者捕捉到，吸引创业者进行创业。反过来，创业者的创业行为又将引起制度、环境和政策等因素不断优化，向着维持新建企业、促进集群成熟方向转变，这些利好转变又将促进潜在的创业者成为现实创业者。

在某一区域内，个别企业家依靠自身竞争优势成为"领先创业者"，区域内的其他潜在创业者会根据他们所掌握的信息以及自己的创业认知，效仿"领先创业者"进行创业，或者通过发现新的市场机会，为"领先创业者"提供配套产品。先期创业者的成功给地区经济带来了积极的影响，同时在意识层面使得区域内社会系统对创业者愈发重视和尊重，更多人有了创业意愿并付诸实际行动，从而在区域内形成了创业企业的集聚。同时，区域内的大量创业者是围绕某一产业进行创业活动，这一结果也会改变或者改善区域内的产业要素条件，进一步降低了区域内潜在创业者的创业门槛。在创业者以及企业集聚的过程中，创业者的创业活动之间、企业之间也会产生良性的交互影响，当集聚的企业数量达到某个临界水平之后，就会形成创业者集群式创业的正反馈机制，引发大量创业者围绕特定产业创业而形成产业集聚，而创业活动在区域内的集中则形成企业集聚。产业联系和区域人际网络关系形成企业网络，标志着企业集群的形成。

总而言之，企业集群得以发育，其动力就在于微观主体的创业活动，以创业者（企业家）为主导的企业网络所营造的区域集群式创业机制将是企业集群进一步发展的动力机制。一方面，在区域要素条件和产业要素条件的基础上形成个体的创业认知，促使其产生创业意愿并做出创业决策；另一方面，众多个体创业的结果又改善了区域要素条件和产业要素条件，因此逐渐建立起来并得以不断完善的区域创业机制又使更多的个体加入创业者的行列中，扩大并优化了企业网络的组成结构。如此循环不已，最终形成企业间的联系网络——企业集群。

2）企业集群对创业具有促进作用

个人的创业离不开集群，企业集群是先期创业者成功创业积累的结果，同时也是后来创业得以进行并取得成功的载体。与其他地区特别是孤立地区相比，企业集群内的创业活力更强。企业集群对创业的促进作用主要体现在两个方面：

一是企业集群内的创业资源更为丰富。集群本身就是一个天然的孵化器。企业集群是以企业为载体的网络状组织，是具有活力的创业组织，在这个组织内创新创业的风险能够在一定程度上得以分散，企业之间也存在一定的互补关系，能够减少交易成本，降低创业成本。集群具有资源优势和成本优势以及市场优势，又使得投资者更容易发现市场机会，从而依据市场机会产生创业想法，有助于增加新企业的数量。除此之外，企业集群中的企业之间能够形成区域或行业的规模经济与范围经济，这也是企业集聚所产生的外部性，这种外部性表现在产品的经济成本以及企业家创业、学习两个方面。在企业集群内，各个企业之间存在密切的联系，企业间能够进行相互交流和学习，推动了新知识与信息的扩散，甚至能够形成一种与产品制造服务相关联的独特的创业文化。在创业文化背景下，创业的积极性也得以提高，即便失败了也可以卷土重来。企业集群内的各个经济主体在这种共同的文化和社会背景下，也形成了一套统一的行为规范，在共同的行为规范指引下，企业之间、企业家之间的信任和交流也得以加强，促进了新思想、新观念、信息以及创新的扩散速度。这种企业家之间相互影响的集聚环境为创业提供了便利条件。

二是企业集群中存在比较健全的创业机制。创业机制是指影响个体创业决策的各种因素及其作用方式与后果。比如美国的硅谷，就存在一种鼓励创新、催生新企业和知识资本化的机制，为高新技术企业提供了一种创业机制，鼓励创业发展并从机制上保证了创业者的不断涌现。英国经济学家马歇尔在其著作《经济学原理》中指出，在一个集群中，一个企业的存在会给其他企业提供便利和利益，会与其他企业形成协作关系，即企业间的互动行为，互惠互利，造就了集群中的共享创业平台。集群企业之间的相互学习以及集体行动对于集群的成长具有关键作用，其中的发展逻辑不仅仅在于创新，更重要的是在于集群所形成的一种创业环境或小生态。一方面，小生态提供了降低单个创业企业交易成本和风险的制度文化，使得创业中的资源如信息、人才、风险资金的获取成本变得低廉；另一方面，集群企业之间的集体行动和外部效应使得中小企业能够享受规模经济或范围经济的利益，而又不必牺牲小企业的灵活性优势。企业集群中比较健全的创业机制集中体现了这种优越的环境和创业平台。

3.3.3 创业决策与企业集群发育

1）创业决策一般描述

创业决策是创业者为了实现创业目标，根据客观情况，在一定的信息和经验基础上，借助一定的工具、技巧和方法，对影响创业目标实现的各种因素进行分析、选择，对未来所要采取的行动做出决定的整个过程。创业决策包括创业者感知创业机会后产生创业意愿、组建创业团队、筹措创业资源、抉择创业内容（即选择创业的产业、行业与具体的产品和服务）、选择创业地点、明确创业时间等基本环节，是创业者对创业机会及信息的评估，以及评估后所采取的一系列行为和决定。

（1）创业者的理性认知与创业机会把握。创业是在感知到创业机会后的资源整合行为，这一行为发生的基础就是创业者对于创业机会的理性认知与把握，在市场中，创业机会以各种形式存在着，但是只有当企业家确认这个机会存在且具有价值时，才会围绕创业机会进行创业活动。

当某个人有了一个有别于现存企业的新概念，它可以表现为新技术、新工艺或者新产品，并且所具备的价值被现存企业了解并认可，愿意以合同的方式来实现这一新概念的价值，此时拥有这一新概念的个人就面临一个选择，是为现存企业服务还是独自创办企业。个人创业的可能性与创业的机会成本、潜在收益有直接的关系。创业的潜在收益，即创业者创办企业后所能获得的收益，可以通过对已经创业的企业的收益情况进行观察对比得知，创业的机会成本，主要是由创业者在没有进行创业时的状况决定，主要表现为，创业者现有的既得利益，包括现有的收入水平等。创业的机会成本越高，创业者越倾向于保持现状，从而放弃创业活动，相反，创业的潜在收益越高，创业者越倾向于改变现状，进行创业活动。以潜在收益与机会成本为维度，创业者对创业机会的理性认知可以分为4种情况，如图3-1所示。

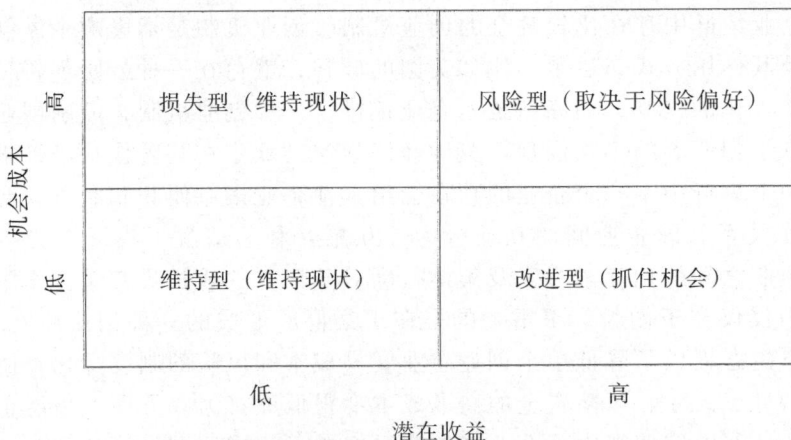

图3-1 创业者对创业机会的理性认知

如图 3-1 所示,当创业的潜在收益与机会成本都处于较低水平时,进行创业并不会给创业者带来显著的改变,因此我们称为维持型,在此种情况下创业者倾向于维持现状,不进行创业;当创业的潜在收益较低,而机会成本较高时,进行创业预期可能带来的收益要小于机会成本所带来的损失,我们称为损失型,在此情况下,创业者会做出维持现状、不进行创业的决策;当创业的潜在收益较高,而机会成本较低时,创业预期带来的收益大于机会成本所带来的损失,我们称为改进型,这种情况下创业者会做出创业决策,但是,能否抓住机会进行创业,取决于创业者对于创业机会的感知能力;当创业的预期收益较高,机会成本也较高时,我们称为风险型,在此情况下,创业者是否会做出创业的决策,取决于创业者对于风险的偏好程度。

创业者以创业的潜在收益与创业的机会成本高低作为标准进行衡量的过程实际上也是对创业者的现在和未来进行评估比较的一个过程,是对创业行为的可能性与必要性做出科学的理性决策的过程,可以说,较高的创业潜在收益,与较低的创业机会成本是创业者进行创业的必要条件。

创业者在感知到创业机会之后,对创业的潜在收益与机会成本进行衡量分析,只完成了从创业机会感知到创业意愿产生的转变,创业意愿产生之后,并不一定导致创业行为的发生,因为创业行为还会受到社会环境、文化环境等因素的影响。其中,社会环境因素包括社会流动性、资源流动和市场条件等。环境因素被认为可能促进也可能阻碍创业行为,因此形成了不同的创业决策。首先,创业者的创业决策是其对环境察觉和解释的结果。其次,民族地方文化以及由此而来的文化价值观影响一个人的认知结构和过程,从而影响其创业认知。

(2)创业团队组建与创业资源获取。创业团队的组建以及对于产业的选择是创业者在创业前的主要决策要素,以团队形式进行创业,比以个人形式进行创业更有利于分散创业失败的风险,并且团队成员在认知与技能上存在一定的互补性,提高了应对环境不确定性的能力,能够降低新企业经营失败的风险,同时,团队成员的社会关系网络能够使企业获得大量的外部资源。所谓外部资源,就是创业者可以利用、支配但是并不拥有所有权的资源,通过团队,也就是合伙创业,提高了新企业的资源整合能力，也能够获得更多的融资渠道，获取更多的创业资金。

（3）创业者资源禀赋与创业行为过程。创业者资源禀赋就是指创业者（或企业家）在创业之前所具备的全部资本的总和，包括经济资本、人力资本和社会资本，是创业行为以及新企业的成长所需要的资源。经济资本是创业者所拥有的可直接变现的各种财务资产的总和。人力资本由两部分组成，一部分是一般人力资本，包括个体受教育背景、工作经验以及个体品质特征；另一部分是特殊人力资本，包括以特定产业相关知识、技能和经验为主要内容的产业人力资本以及以创业经验或创业背景为主要内容的创业人力资本。社会资本是指创业者现有的稳定的社会关系网络，包括家庭关系的社会资本和人际关系的社会资本两个方面，其价值体现在关系网络规模、关系成员所拥有的资本量以及在创业合作过程中形成的信任关系。

经济学研究表明，创业者资源禀赋是创业行为过程的关键资源，在创业过程中具有重要的作用，在一定程度上会对创业者的决策方式和结果产生影响，创业者所做出的理性选择是以其资源禀赋为基础对外部不确定因素谋求利益最大化的行为结果，创业者的资源禀赋通过影响其创业行为决策来决定其创业行为的过程特征。

创业实际上就是创业者运用资源和扩大其资源禀赋价值的过程，创业者在资源禀赋上的差异也必然会导致他们对于创业行为预期的不同，从而所产生的创业意愿、创业动机也有所不同，最终表现为不同的创业行为。创业者所拥有的资源越丰富，相对来说，越容易感受到市场上的创业机会，并且在应对机会的不确定性方面能力也更强，预期所能得到的收益也较高，因此，资源丰富的创业者往往更有创业的意愿和雄心；相反，所拥有的资源较少或者资源较匮乏的创业者所进行的创业，往往是无奈的选择，是被动型的，或者说是贫穷推动型的创业。同样，如果创业者有丰富的产业经验，或者说具备发达的社会关系网络，那么他对市场上潜在创业机会的感知能力就更强，所能获取的外部信息与支持也更多，也就更容易开展创业活动。

创业者的资源禀赋差异和不同的创业行为预期会使创业者创业的机会成本有所不同，也就是说创业者的资源禀赋能够在一定程度上决定创业的预期收益，如果创业者的资源禀赋存量足以替代创业机会成本损失，那么创业者在感知到创业机会之后，往往就会做出创业决策，反之就会放弃创业机会。

2）创业者产业选择与产业内分工

（1）地区产业形成与创业者的产业选择。某一地区产业经济特色的形成是一种偶然性下的必然结果。美国前总统胡佛对此用了一个巧妙的比喻，他说："这就像种子随风飘落，可能会飞到很远的地方落下，然后生根发芽。并没有任何东西的作用，让种子特别地去选择某个更有利的地点，有些恰巧落在肥沃的土地上，然后得以茁壮成长；有的则落在贫瘠的土地上，没能发芽，或者落在了杂草丛生的土地上，最终没能与其他杂草竞争到养分，枯死了。"某个地区最初产业种类的形成，主要取决于该地区所拥有的资源情况，即自然禀赋，这是产业形成的基础，但是这种自然禀赋是随机的或者说是偶然的，使得地区产业的形成具有了偶然性。但是，一个地区的自然禀赋并不是一成不变的，会随着经济与社会的发展而产生相应的变化。并且，随着科学技术的进步以及地区间要素流动的便利，地区产业的发展不再只是受地区自然禀赋限制，技术和市场的变化以及产业集聚自身的发展状况也成为影响地区产业发展的因素，并且其作用越来越重要，这些因素与自然禀赋变化共同促进了地区产业的发展演变。此外，政府的产业政策也对产业发展演变起到了重要的作用，许多时候，本地产业种类的发展变化并不一定是产业自身发展选择的结果，而常常是政府政策选择的结果。

创业者所感知到的创业机会其实也是基于特定产业背景的。产业选择决定了创业者创业行为的基本环境，比如市场环境、竞争环境。创业者进行创业，就意味着要进入某个特定产业，参与到产业竞争中去，并在竞争中获取收益。创业者在做出产业选择这一决策时，要考虑产业结构与产业生命周期、短期利益和长期利益以及进出该产业的壁垒。

（2）创业者产业选择引起的产业内分工。从产业分工的角度来看，创业者一般只能在某一特定产业的某个或某些环节上进行创业，所创立的企业只是从生产和服务过程中选择某些阶段开展分工活动，包括研发、制造过程的各个阶段以及营销环节等。企业所开展的分工活动受到其能力的制约。也就是说，企业只能开展与其能力相适应的活动，其他不在自身能力范围内的活动则由市场上具备相应能力的企业去完成。有分工就有合作，各企业在能力范围内进行活动分工，然后又相互联系、相互依赖，企业间的活动也是互补的。

处在特定社会网络中的创业者对产业发展认知和创业资源禀赋等因素的相似性，使得创业者围绕某特定产业进行创业活动，结果就是创业企业围绕某产业集中创业，通过"截取"产业链上的不同环节实现了产业内的分工与合作。

3）创业区位选择与企业集聚

（1）新创企业的选址决策及其影响因素。对创业者而言，不论是对创业机会的感知力，还是获取创业信息与资源的能力，都会受到空间距离的限制。随着距离的扩大，创业者获取信息所需的成本、发现市场新机会的代价以及创业的障碍也会加大。所以创业者基于自己的生活与工作背景进行创业，所选择的成立新企业的地点一般也是在自己生活工作的区域，在这一区域内，通过原有的社会关系网络，创业者能获取更多的信息及帮助，也便于去学习、模仿领先创业者。除此之外，经济资本和社会资本等创业资源约束也使得创业者更倾向于选择在本地创业。

根据克鲁格曼的中心-边缘说，距离中心城市或者产品市场较远的企业将会在土地以及劳动力方面获得更多的红利，能够享受到更廉价的土地和劳动力，从而使得企业的生产成本得以降低，但是由于距离市场较远，运输费用提高，同时在企业生产的外部服务方面，如分销、广告、咨询以及各种商业服务方面的便捷程度会有所降低，从而也会带来较高的费用。而距离中心城市或者产品市场较近的企业的情况则正好相反。因此，对于创业者创建企业时的选址而言，主要考虑的因素就是与中心城市或者说产品市场的距离，这一因素对于企业的生产成本和收益关系具有决定性的作用。需要注意的是，虽然从表面上看，距离决定了企业的选址，但是距离这一因素涵盖了更多的内容，也就是与距离有关的其他因素，包括运输、商业服务、劳动力、信息与知识的传播、创业者拥有或者可调动的社会资源等。除了这些因素，还有一些外生因素也是创业者在选址时的随机干扰因素。

案例讨论3-1

在中国，星巴克仅用5年时间，就从一个无名小卒成长为一位耀眼的明星，并迅速演变为一种代表流行时尚的符号。在都市的地铁沿线、闹市区、写字楼大堂、大商场或饭店的一隅，在人潮汹涌的地方，那墨绿色商标上的神秘女子总是静静地对你展开笑颜。

其实，星巴克选址的策略很简单，就是定位"第三生活空间"，认为家和办公室之外还应该有一个地方可以让大家休息、畅谈，包括进行商务洽谈，星巴克进入市场的切入点就是这一点。"第三生活空间"对我们来讲意味着什么呢？1999年星巴克在中国开店以前，大家想谈一些事情会去哪里？答案可能是麦当劳、肯德基或是一些中餐馆。在用餐时间去没有问题，但是非用餐时间去哪里？这确实是件让人困惑的事情，而星巴克当时的切入点就是给客人提供一个聊天的场所，这也决定了星巴克选址的理念，包括一些经营方法。

"星巴克带给我的方便大于味觉享受。"一位正在品尝咖啡的方小姐这样说道，"它总是出现在繁华街道中最显眼的位置。于是当逛街疲惫时，当双眼在电脑屏幕前感觉酸涩时，当朋友来了没地方说话时，我会自然而然想到星巴克。"这正是星巴克想要的——任何时候都能够为热爱星巴克的人群提供服务，而支撑这份雄心的是一张目标明晰的选址图。

星巴克选址首先考虑的是商场、办公楼、高档住宅区等汇集人气、聚集人流的地方。此外，对星巴克的市场布局有帮助或者有巨大发展潜力的地点，星巴克也会把它纳入自己的版图，即使在开店初期的经营状况很不理想。星巴克对选址一直采取发展的眼光及基于整体规划的考虑，因为现在不成功并不等于将来不成功。星巴克全球最大的咖啡店是位于北京的星巴克丰联广场店，当初该店开业时，客源远远不能满足该店如此大面积的需要，经营前期一直承受着极大的经营压力。随着周边几幢高档写字楼入住率的不断提高，以及区政府对朝外大街的改造力度不断加大，丰联广场店逐渐成为该地区的亮点。现在，该店的销售额一直位于北京市场前列。

星巴克的选址流程分为两个阶段。第一阶段，当地的星巴克公司根据各地区的特色选择店铺。这些选择主要来自三个方面：公司自己的搜寻、中介介绍，以及各大房产公司在建商用楼盘的同时，也会考虑主动引进星巴克来营造环境。在上海，这三种选择方式的比例大概是1：1：2。第二阶段，总部的审核。一般来讲，星巴克的中国公司将店面资料送至亚太区总部，由其协助评估。星巴克全球公司会提供一些标准化的数据作为衡量店址的主要标准，而这些标准化数据往往是从各地选址数据库中分析得出的。

事实上，审核阶段的重要性并不十分突出，主要决定权还是掌握在当地公司手中。如果一味等待亚太区总部审核结束，很可能错失商机。因此，往往在待批的过程中，地方店面已经开始动手装修。

星巴克有独立的扩展部负责店面选址事宜，包括店面的选择、设计和仪器装备等一系列工作。商圈的成熟和稳定是选址的重要条件，而选址的眼光和预测能力更为重要。

资料来源　佚名．星巴克为什么从无名小卒晋升为耀眼明星［EB/OL］．［2015-08-31］．https：//www.douban.com/note/515039206/? _i=6858211rd8qUWF.有删减．

思考与讨论：星巴克为什么如此重视店面选址？选址成功的秘诀是什么？

（2）新创企业的选址决策与企业集聚的形成。基于对创业者创建企业时选址决策的影响因素分析，能够解释创业者围绕某个中心地区创办企业从而形成企业集群的原因。由于同一区域的创业者所处的社会、文化背景都相同，面临的创业资源禀赋也相同，创业认知也具有一定的同质性，因此在创业选址时，上述所说的随机干扰因素也近似。从而可以得出结论，新建企业在选址时，就是以距离作为主要因素，会选择最优距离位置作为创业地，这样就会在中心区域（即中心城市或产品市场）周围形成产业圈层分布。然而新建企业的选址决策至此并没有结束，当把地区禀赋因素考虑进来后，企业集聚的初步形式就可能会在圈层的某个区域确定下来，比如某地有生产某产品的资源或地缘优势、生产所需的原材料、完善的交通运输基础设施和工业基础设施、优惠的政策等，就会使大量企业一起发展，又会进一步吸引同类企业甚至是外地同类企业加入，产生循环效应，最终导致产业圈层分布衍生为在某个特定区域的地块分布，形成企业集群（如图3-2所示）。

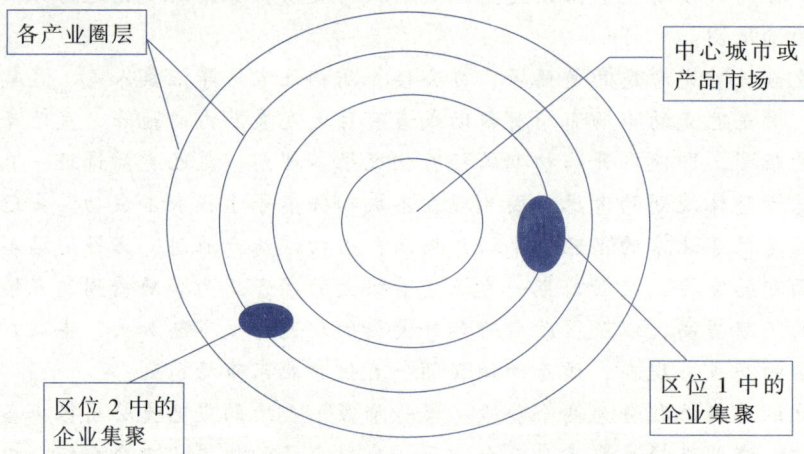

图3-2　新建企业选址决策与企业集聚的形成

4）企业集群内企业数目的动态变化

企业集群内企业的数目并不是一成不变的，而是呈现出动态的变化，这种动态性的变化主要是由于在创业初期，不同创业者对创业时间的选择不同以及模仿创业的存在，从而使得集群内的企业数目呈现出阶段性的变化。同时，企业的生存淘汰机制也使得集群内企业数目不断发生变化。

某个区域内创业者围绕某个产业进行创业活动时，不同创业者不是选择在同一时间进行创业，而是有先有后进行创业，由此也决定了企业集群发育过程当中聚集的企业数目变化的阶段性特征。不同创业者的创业时机选择不同主要在于创业者的创业认知以及创业基本条件的差异，从创业者的认知来看，由于创业者各自的经验决定了他们的知识积累，不同的经验导致了创业者知识积累以及认知能力的差异性，这种差异又会必然导致创业者对信息处理能力的差异。也就是说，不同创业者对同一创业信息或信号的反应能力也是不同的。同时，创业者之间的差异性也会影响创业者对创业活动收益的预期，从而使得创业者进行创业的时间也会存在一定差异。

该区域的早期创业者，具有较低的个体创业门槛，相对于其他个体而言，他们具有创业精神以及基本的创业条件，并成为区域内最早几个创办企业的创业者。后期创业者通过区域系统中早期创业者的示范带动作用，以及受到区域内的创新扩散、人际网络扩散等影响，决定在一定时间内把创业活动定位于该区域内某个产业链上的一个环节，并且同扮演与之类似角色的创业者之间形成相互依赖。

创业者成功创业后，所创建的企业能否生存并持续发展，还要看创业者能否经受住各种约束与限制的考验。创业者所受到的约束主要包括需求约束、竞争约束和制度约束。需求约束是区域内每一个创业者都要面临的，需求不足或是需求转移可能会淘汰部分甚至所有的创业者，如果能够不断开拓市场，包括国内市场以及国际市场，则市场容量增大，消费需求扩大，从而使得产品价格上升，利润增加，那么创业企业就能够得以继续生存并发展壮大，市场需求大，也意味着在该领域的创业预期收益更大，从而会吸引更多的创业者加盟，以此为契机就会带动集聚企业的快速发展以及区域内集聚衍生企业和新创企业数目的快速增加，奠定了形成企业集群的必要条件。竞争约束是对个体创业者的约束。在企业集群内，处在产业链不同节点上的企业可以产生协同效应，建立合作，由此诱发创业企业网络的形成，而处于产业链同一节点上的企业之间则是竞争关系，如果没有竞争优势，那么就可能会被淘汰，因此在这一约束下，创业者既要谋求与其他创业者的合作，同时还要想方设法提高自身的竞争力，不断创新谋求生存与发展，比如加强技术创新，改进工艺，开发新产品，建立流通渠道等。制度约束包括非正式制度约束和正式制度约束两个方面，非正式制度约束主要是指信任约束，也表现在两个方面：一方面表现为创业者与创业产品的消费者之间的信任约束，失去消费者的信任，会使得创业者被淘汰，并且随着这类失信者的增加，会导致柠檬市场出现，最终可能使所有的创业者都会被淘汰；另一方面表现为个体创业者之间在分工协作过程当中所形成的信任关系，失信者可能会面临生产经营合作关系的重新建构，严重失信者会被淘汰，正式制度约束包括行政法律政策等约束，简而言之，就是创业企业要合法经营。

企业集群形成后，如果集群内的大多数企业都能够经受住上述所有约束，也就是能够经受住生存发展的考验，就会使得集群形成正反馈机制，能够促进创业企业的集群式发展；反之，如果有部分创业者不能够承受这些约束，企业之间不能进行协同合作，就可能产生负反馈机制，最终导致大批创业者无利可图，被迫退出创业，企业集群式发展过程终止或逆转。

3.3.4　创业网络的构建与企业集群的形成

创业是整合资源的行为。创业者对资源的整合，要依赖创业者个人的社会关系网络，社会关系网络是个体创业的起点，通过利用社会关系网，创业者能够获得更多创业资源，改善创业环境，应对环境的不确定性，从而更容易开展创业活动。

企业家的社会资本是新创企业赖以生存的基础，而这一社会资本又是嵌入企业家现有稳定社会关系网络和结构中的稳定资源潜力，它的价值取决于关系网络规模与关系成员所有的资本量，包括基于家庭关系的社会资本与基于人际关系的社会资本两类。企业家通过与个人关系网络成员的频繁交往，来开发其社会资本的潜在市场价值，将新创企业的初期销售量转换为财务收益，实现新企业的生存和成长，随着以企业家个人关系网络为核心的开发与扩展行为的市场化，企业家个人关系网络逐渐具备组织性，成为新创企业的组织资源，甚至形成密集的企业网络。

从个体创业过程的角度来看，由于社会根植性而形成的人际关系网络，以及在产业链上分工合作而形成的关系网络是创业者新建企业网络形成的两个方面，在现实中，人际关系网络以及产业分工关系网络有可能混合在一起，其中产业链分工合作形成的关系网络包括不同企业处于产品价值链上下游的关系，企业转包分包而形成的分工和协作关系，以及企业与参与者之间的关系。由于企业只是在产业价值链中截取某个阶段从事生产和服务分工活动，所以企业的活动不是孤立的，而是互相依赖的，因此可以说企业网络就是基于创业者原有的人际关系网络进行扩充，是社会人际关系网络信息以及经济关系网络的叠加，新企业的成立与加入，一方面是以新企业自我为中心向外扩充关系网络的过程，另一方面也是区域内企业网络扩张的过程。企业网络的实质就是企业之间的各种合作关系。

企业网络与企业集群并不是同一概念，但是二者之间又存在着密切的联系，当企业网络的发育程度达到较高水平时，就意味着企业集群的雏形得以形成。企业网络的发育程度，是指网络的完善程度，从宏观上来讲，可以用网络密集程度，网络中节点（即企业）间联系的有效程度、稳定程度以及网络开放性自我更新能力的强弱来衡量，还可以用网络中各节点的学习能力来衡量。通常来说，网络密度越高，联系越有效，越稳定，越开放，自我更新能力越强，网络中节点的学习能力越强，那么网络的发育程度就越高。

从一定意义上讲，企业集群就是以企业家个人的关系网络为基础的地区性企业群体，它不仅仅是一个企业网络，更是一个包括了一定空间内各种经济主体互动的区域产业创新网络，从本质上来讲，企业集群就是企业联系网络这一抽象空间和经济、社会、人文网络这一具体空间叠加而成的网络组织。

▓ 复习与思考

1.什么是科技企业孵化器？

2.企业孵化器产生与发展的原因是什么？

3.如何拥有一个好的企业？

4.创业在企业集群发育形成中的作用是什么？

5.创业者成功创业后，创业企业要持续发展，创业者要经受住哪些约束与限制？

第4章

创业与经济发展的关系

知识目标

（1）认识新古典经济学、内生经济增长理论、产业经济学、演化经济学、地理经济学中关于创业与经济发展关系的主要观点。

（2）了解创业内涵的丰富性、边界的可拓展性、层面的多样性。

（3）了解创业与经济发展关系的基本框架。

素养目标

培养学生自强不息、不轻易言败的进取精神。

案例导入　　实施"双创"，激发经济发展内生动力

就业是民生之本、财富之源，更是社会之"稳定器"。2020年7月15日召开的国务院常务会议强调"必须贯彻创新驱动发展战略，深入推进大众创业、万众创新，激发市场活力和社会创造力，以新动能支撑保就业保市场主体"。会议明确将从资金、场地、创业项目等方面重点支持高校毕业生、返乡农民工等重点群体创业就业。

"创新是社会进步的灵魂，创业是推动社会经济发展、改善民生的重要途径"。一些专家认为，有针对性地给予高校毕业生等重点就业群体"民之所需"的政策支持，在保障就业向好的同时也有助于新动能的进一步挖掘与释放，继而为经济的进一步复苏打开更大的空间，利好经济社会稳定运行。的确如此，推进大众创业、万众创新是党中央、国务院在经济发展新常态下做出的一项重要战略部署，能够起到社会"稳定器"的作用。特别是当前面临复杂严峻的国内外形势，"双创"成为推动中国经济"韧性发展"的重要支撑，其依靠更大激发市场主体活力和社会创造力，可以顶住经济下行压力，保持中国经济长期稳定发展的良好局面。

"双创"为就业提供支持，提供了广阔的就业新舞台。就业是最大的民生，而"双创"为解决就业问题提供了坚强的后盾与保障。为深入推进大众创业、万众创新，会议明确了加大对创业创新主体支持、鼓励金融机构开展保险业务、

实施创业带动就业示范行动等方面重磅举措。其政策背后涉及资金、场地、项目培训等事关"双创"所需保障与支持的"干货"，堪称"政之所向"正是"民之所需"。可以看到，创新创业在支撑高质量就业方面发挥着日益显著的作用。我们要大力推动"双创"水平，以满足更多高校毕业生、返乡农民工等重点群体的就业需求，进一步深化"放管服"改革，优化营商环境，进一步落实更大规模减税降费政策措施，让创业创新者按照市场规则公平竞争、轻装上阵，为"双创"提供良好的成长空间。

"双创"为创新提供了平台。对于目前催生出的新的就业岗位需求，北京大学国家发展研究院中国经济研究中心教授汪浩认为，需要着眼服务业，创造并释放更多需求，方可确保就业岗位有所增加。唯有实施好创新驱动发展战略，打造科技新风向标，才能推进大众创业、万众创新。放眼世界，一些重大颠覆性技术屡获突破，信息技术、生物技术、先进制造技术、新能源技术广泛渗透到各个领域。这些都得益于"双创"带来的"新视野"。各地都围绕人工智能、大数据等新产业、新业态、新商业模式，分享"双创"平台建设经验。我们要乘着经济势头运行良好的"东风"，乘势而为，充分发挥"双创"在支撑创新方面的独特作用，掌握更多关键核心技术，抢占行业发展制高点，引领科技创新新风尚。

"双创"催生了市场活力，推动了地方经济的高质量发展。当前，就业问题被摆在"六稳"和"六保"任务中的首位，稳就业与稳企业之间千丝万缕的必然联系又让企业生存与就业岗位二者间的矛盾越发凸显。而"双创"作为激活企业发展与就业岗位的结合点，又是贯彻创新驱动发展战略的有形载体，绝对有条件成为稳就业与保就业的一只强有力"抓手"。

宋代诗人描绘的六月西湖"接天莲叶无穷碧，映日荷花别样红"，就是对如今大众创业万众创新铺天盖地、异彩纷呈、展现无限生机最生动的写照。"双创"展现出的新活力必将进一步促进实施创新驱动发展战略，激活市场主体活力，彰显出中国经济发展的"新韧性"。

资料来源　李海楠. 国务院重磅政策激活"双创"稳就业［EB/OL］.［2023-10-10］. https://finance.sina.com.cn/wm/2020-07-17/doc-iivhuipn3497730.shtml. 有改动。

【思考与讨论】"双创"是如何激发经济发展的？

　　学术界对创业推动经济发展的问题尤其关注，通过学术界的不断努力，有关创业与经济发展问题的研究取得了很大的成果。从研究内容来看，国外对创业方面的研究主要集中于创业过程、创业成功的因素以及如何创业等一些问题，这些问题都是微观层面的，而对宏观层面的问题，以及微观创业行为和宏观经济发展之间的关系的研究是比较少的。从国内来看，对创业的研究主要基于国外创业的理论和模型，对创业现象和行为展开研究，而对个体创业和宏观经济发展之间的关系的研究仍然是缺乏的。

4.1　不同视角下的创业者、创业与经济发展关系研究探析

创业者利用自己的创造性，通过一些活动对现有的创业机会、创业资源和一些文化制度等环境因素进行有效融合的过程就是创业。创业的关键是创新，既包括技术创新、组织创新、制度创新和市场创新，也包括新的商品组合和新的开发机会。从微观层面来看，创新是企业生存和发展的手段；从宏观层面来看，创新是一种创造性的"破坏"——让新产品或者新企业对已经有的产品或已经有的企业做一个替代，用这种方式使得经济结构得以优化，经济发展得以实现。

4.1.1　经济学视角下的创业者

创业者也叫创业家，是开展创业活动的人，是创业的灵魂，也是创业研究的核心，研究创业和经济发展的关系离不开创业者。Richard Cantillon 是将创业融入经济学研究的第一人，他认为，创业家是指在不确定的条件下开发新事业的人，创业的根源在于，除了创业家之外的别人不具备充分的信息或者足够的远见。目前对于创业家和创业的定义有多种，创业家身兼多重角色，要执行多重任务。比如，创业家是企业的所有者、资本提供者、管理者、生产要素的缔约者、风险的承担者、产业带头人、创新决策者、资源协调者和配置者、新企业的创办人等。

创业者的这些角色是由三大学派提出的：（1）德国学派，代表人物是Von Thunen、Schumpeter 和 Baumol 等人，他们认为创业者是创新的主体，是经济变化中创业的发起人和组织者，超额利润则是需要创业者对市场进行创造性的破坏，打破市场均衡得来的。该学派认为创新的重要性是发现创业机会。（2）芝加哥学派，代表人物是 Marshall、Knight 和 Schultz 等，他们认为创业者是生产要素的组合者，创业者对生产过程中的买卖关系进行协调，利用创业活动推动市场逐渐达到均衡。（3）奥地利学派，代表人物是 Menger、Kirzner 和 Von Mises 等，他们认为创业者是推动市场发展的主体，创业的过程是推动市场发展的过程，创业者利用不同信息带来的价格差异发现利润推动创业，从而使得市场从不均衡走向均衡状态。该学派主要将关注点放在外部环境变化给创业者带来的创业机会上，分析在市场需求不均衡条件下，创业者如何发现和利用有利机会，并主要分析创业者的创业过程。

管理学与经济学都关注创业问题，管理学主要研究的是创业的微观主体和创业过程，而经济学主要研究的是创业会给整个经济系统带来哪些效用，以及创业者在整个经济系统发展中的主要职能。芝加哥学派认为创业者既是生产要素的组织者又是买卖关系的协调者，但是对创业者、管理者和领导者如何区分没有涉及，创业给经济系统带来哪些净效应也没有强调。奥地利学派认为创业者是利用不同信息带来的价格差异获益的套利者，但是没有涉及如何区分创业者和投资者；他们关注创业的实现过程，但是创新性作为创业的本质特征并没有得到突出研究。三个学派对创业或者创业者从不同角度进行了研究，也各自存在一定的不足。因而，创新理论被 Schumpeter 提出以来，很多经济学家都同意他的观点，即创新是创业的本质，而创业者的职能就是将生

产要素进行重新组合。

4.1.2　新古典经济学视角

新古典经济学的经济增长模型假设，所有的经济主体都掌握充分的信息，并且能够理性、明确地确立经济目标。新古典经济学试图剔除掉市场中人的因素，认为生产者和消费者通过非人格化的价格机制就可以达到供求的平衡，这就假定了市场不需要创新冒险就可以理想化地运行并达到均衡状态。因此，在新古典经济学模型下假定的内在理性选择、充分信息、给定企业生产函数条件下，是没有进行创新活动的空间的。1993年Baumol也提出相同的观点，他认为新古典经济学的理论体系中不具备分析和描述创业的前提，缺乏创业的相关理论，因此新古典经济学无法对创业行为进行分析。

但是新古典经济学对劳动力和物质资本促进经济增长的观点做了较多的研究，认为生产要素不仅可以促进财富增长还可以促进经济长期发展，但是很难进行计算，并且对于技术变化产生的剩余难以给出合理的解释。新古典经济学对生产要素促进经济增长的研究为内生经济增长理论的研究以及创业同经济增长的关系的相关研究奠定了基础。

根据新古典经济学增长模型，物质资本是促进经济增长的主要驱动力，而物质资本要想得到最优配置只能在大企业，小企业对经济增长贡献很小。但新古典经济学模型与现实不符，现实经济生活中对经济增长起到越来越大作用的反而是小企业及其创业活动。大企业具有高技术和高效率，因此很多经济学家认为，在经济生活当中大企业必然会具有明显的优势，现实却是每一个产业都拥有不同规模的企业，并且长期持续并存。目前经济全球化不断发展，科学技术不断进步，小企业变成了创业和创新活动的重要主体，不仅促进产业升级，还创造出大量就业机会，因此小企业在经济发展过程中扮演着越来越重要的角色。

4.1.3　内生经济增长理论视角

内生经济增长理论将Solow增长模型中的外生技术变化因素内生化的观点作为研究的主线，在此基础上引入创新和创业，这与新古典经济学完全不一样。1990年，Romer建立了竞争均衡模型，模型指出影响竞争均衡的因素有三个，即知识外部性、产出收益递增和新知识产出收益递减，假定知识溢出和知识商业化会自动实现，讨论了知识溢出如何对技术变化进行影响的，但是对于新知识为何溢出以及如何会溢出、知识溢出有哪些阻碍等问题没有给出理论说明。因此，该模型对有些国家出现的高研发支出但是经济却没有快速增长、就业率也没有快速提高的问题无法给出合理解释。比如，目前日本和瑞士这两个国家每年都会投入大量资金搞研发，但经济增长速度仍然很慢。而且，相关实证资料表明，创业和经济增长之间的关系是不明确的。后来出现的Schumpeter主义者通过研究解决了上述问题，也将创业引入了经济增长模型中。他们认为，新知识不仅具有外部性，而且具有非竞争性和非排他性，可以为其他人和其他企业所用。此外，知识的不确定性和不对称性使得在运用知识的过程中又创造出新的知识，并且由于认知偏差出现新知识的实际价值，在此过程中还会产生阻碍知识外溢的影响。如果创造知识的人的知识成果商业化难度不大，就有创业的机会。从这个方面来讲，创业可以促进知识溢出，从而促进经济增长。

经济学对创业机会的讨论是从Schumpeter开始的，Schumpeter的观点是，创造创业机会并不是对现有的知识进行多方面的运用，而是要引入新的知识。Schumpeter认为新知识是没有成本的，并且随处可以得到，因此，他的理论没有办法解释经济变迁发生的本质原因，也无法说明新知识是怎样产生的以及为什么产生。Casson认为新知识的产生原因之一是技术变化，技术变化是对现有知识的突破和创新而产生的，而知识创新和突破载体是高水平的人力资本、具有科研能力的科学家和技术专家以及训练有素的劳动力，这是对Schumpeter理论存在问题的有效弥补。因此，技术变化促使我们发掘更多的方法或者进行资源配置优化，这也可以创造创业机会，这个观点得到了一些人的支持。比如，1998年，Acs和Audretsch通过实证研究发现存在一些产业的新企业通过技术创新占据重要地位。1997年，Blau调查了美国20多年的创业者，发现技术加速变化促进了创业者创业速度加快。

2004年，Acs和Armington发现了创业活动和人力资源之间存在正相关，创业活动发现和利用了机会，而这个机会是通过知识溢出发现的技术机会，这会促进经济的高速增长。Romer强调知识和知识溢出促进经济增长，而Schultz和Lucas等人不同，他们主要是将原有的创业观点与内生经济增长理论相结合，主要强调人的创业能力对经济增长的促进作用。比如，1980年Schultz研究表明，创业者可以通过加大创业能力投资使得创业的数量增加、创业的质量提高。1988年Lucas研究表明，有些人力资本是具有较强的专业性的，具有溢出效应，而这个外部性的溢出效应是可以使得其他要素的收益增加的，这些具有专业性的人力资本是促进经济增长的决定性因素，而技术创新的最重要的因素是通过创业培训的创新人力资本。Lucas提出的经济增长模型主要是从创新和人力资本的内在联系促进经济增长方面解释，但是他将企业家隐含在了经济增长模型中，然而企业家才是重要的人力资本组成部分，并且这个模型也没有说清楚创业活动需要的人力资本是如何形成的以及创新条件是什么，更没有解释清楚创业和经济增长之间的关系。

4.1.4 产业经济学视角

在产业经济学中，创业是指新进入行为引起的程序、实务和决策活动。不管是新创办的企业还是现有的公司进行创业，都会产生进入行为，无非就是新产品或者新服务的产生以及现有产品进入新的市场。创业者通过打破旧市场重新打造新市场获得经济利益，在这个过程中，已有的市场结构和市场生产要素组合也随之改变。从这个方面来讲，产业层面的新进入行为必须要做到改变现有的产业结构，从而改变相关产业的市场绩效。2003年，OECD对8个成员方进行调查，研究发现，新企业的进入和退出是全要素生产率增长贡献率的20%～40%，这项调查可以得出创业对经济增长和产业结构变化具有促进作用的结论。产业经济学主要从创业与国家的竞争优势的关系、創业企业的原有特征和创业绩效之间的关系以及新进入的决定因素方面来分析创业和经济增长之间的关系。

新企业的创立受到很多因素的影响，包括经济增长、利润预期、创新以及外生和内生条件进入等。新创企业进入也会受很多因素的影响，积极影响因素包括创业者已有的工作经验、创业者家族传统、受教育情况、创新潜力、利润预期、需求增加、失业率提高和产业结构调整等；消极影响因素包括害怕失败、追求独立的意愿和过度自信等。产业经济学除了研究新创企业进入的影响因素，还研究了企业创新的乘数效应和竞争效应。乘数效应是指进入率较高的产业具有较大的发展潜力或者存在更大的需求，这对新企业形成具有促进作用；而竞争效应是指如果相关产业的进入率出现过高的情况，会导致新企业生存空间缩小，创业可能不是创业者最好的选择。2004 年 Peter Johnson 研究表明，前一个年度的进入率会对新企业下一个年度的形成率产生影响，但是影响的大小不确定，不同行业影响程度不同；同时，退出率和进入率相比，对新创企业的乘数效应和竞争效应的影响作用刚好相反。创业者具有异质性，在进入过程中会犯错误，因此新创企业的成功率较低。2005 年 Bartelsman 等人对 OECD 的 10 个成员方进行了调查，调查显示，20%～40% 的企业创建后两年就倒闭了，40%～50% 的新创企业可以活过 7 年。由此可见，许多新企业进入对经济增长和技术更新没有很大的帮助。因此很多研究者对新企业进入可以促进经济增长的假设是不认同的，并且他们对新企业进入可以增加就业或者减少失业有所怀疑。新企业在成长过程中所创造出来的就业数量是新创企业对就业的贡献，是否会引起净就业量的增加是不得而知的，这取决于新创企业所引发的市场增长情况。如果新创企业引发的是市场竞争，并没有引发市场容量的增大，那么除非新创企业可以创造重大间接溢出效应，否则新创企业的进入不可能会引起净就业量的增加。主流经验研究者关注较多的是新创企业的进入前的特征与进入后成长（或者退出）的绩效直接的关系。研究表明，创业者进入前的遗留问题是新创企业生存率的重要预测指标，包括初始规模、信贷约束、掌握信息的充分性和主动学习的能力；创业者失业以前的情况和缺少合适的创业背景是新创企业过早退出的重要先兆指标；专业教育程度的高低、人力资源天赋的高低、创业动机的强烈程度和创业的经验以及事后绩效的关注程度是新创企业长期生存的重要条件。

4.1.5　演化经济学视角

演化经济学在研究创业和经济增长的关系时提出了多样化原理和选择原理。演化经济学把经济沿着新方向发展的原因归结为多样化实体的选择，多样化和选择推动了演化，从而将被锁定的稳定均衡的经济解放出来。

1982 年 Nelson 和 Winter 创建了演化经济学的基本框架，研究了多样化和选择对创业和经济发展的促进作用。他们的观点受到了达尔文和拉马克的生物进化论的启发，借鉴后者的观点，认为企业所具有的技术惯例和程序等基因禀赋是逐渐演化的。当外部存在竞争冲击时，现有企业便会开始寻找新的技术惯例或者新程序、新组织形式，最终找到最好的惯例，淘汰不适合的惯例。因此他们认为，演化经济学的核心概

58

念便是惯例和选择，企业通过不断的研发和新人力资源的投资逐渐变得多样化，而企业不断的研发和投资的原因是给企业自身带来新知识。另外，多样化的产生还归因于创业规则，这和惯例规则是相对的。在惯例规则下，创新活动基本上是逐渐进入式的，多样性不强；而在创新规则下，创新活动具有很强的多样性；企业大多倾向于对现有企业边界内的创新价值进行追求，因此会激发强烈的意向去创建新企业，以此来提高多样性和与经济发展的关联性。Nelson 和 Winter 意识到了在经济演化过程中多样性和选择的重要作用，但是没有对促进经济发展的组织因素进行分析和解释，直到1995年组织经济学的开创者 Eliasson 给出了解释。

Eliasson 认为，促进经济长期发展的主要因素是技术变化，技术变化可以将企业竞争驱动因素和决策联系起来；研究经济增长和市场竞争的关系要通过非线性选择机制和不连续技术变化等的帮助；人力资源和能力资本可以通过劳动力市场或者并购市场进行优化配置。新企业进入或者退出会形成商业活动过程中竞争的选择机制，配置能力的强弱与选择机制是促进经济发展的因素。1989年，Hannan 开创了组织生态学，认为组织结构可能存在着惰性，这会导致在环境变化时组织的应对失败，这里的环境变化是指在现有组织之外出现了新建立的组织。组织生态学强调的是选择和竞争不是适应，组织演化过程中会经历合法化和竞争。组织较少时，合法化过程占据主导，通过不断地积累，组织逐渐增多；组织较多时，竞争占据主导，组织之间为了争夺资源相互竞争，愈演愈烈，最终导致组织逐渐变少。组织生态学从组织群体的视角进行分析研究，有利于分析竞争对企业以及企业成长的影响，从而分析对经济发展的影响，但仍局限于现有产业和组织群体层面，没有分析组织内部，也没有将创业和经济增长直接联系起来，这是组织生态学存在的一个缺陷。

4.1.6　地理经济学视角

地理因素也是促进新创企业发展和经济增长的重要因素。不同地区存在不同的创业活动，因此不同背景对创业和经济增长具有不同的调节作用。地理经济学关注的是地理环境对创业和经济增长的影响。

知识溢出对创业和经济增长具有促进作用，但是知识溢出受到空间范围的约束。Jaffe 等人对专利引用进行分析，发现学术机构对产业和个人的知识溢出受到区域因素的影响程度较大。2005年 Acs 等人进行了实证研究，发现知识的流动范围较窄，只能在知识接受区域的高校、产业集聚区和研究机构被充分地利用。2001年 Varga 实证研究发现，知识具有隐性，只能通过面对面的直接传输才能获得，这就表明知识溢出在很大程度上受区域大小因素的影响。2004年 Arundel 和 Geuna 进一步研究发现，如果知识的发现和知识编码之间存在时间上的停滞，就只能通过面对面地流动和溢出。也就是说，编码知识不太容易受空间因素的影响，容易转移，而非编码知识却正好相反，因此要充分利用网络和空间来促进知识的流动和溢出效应，促进技术变化或者增加集群中的接触促进创业和经济增长。

Marshall、Krugman 和 Porter 三个人都认为空间上的企业聚集会对创业和经济增长有很大的促进作用。例如，Marshall 认为同一个地区的企业，与空间上分离相比，空间上接近的企业无论是专业化程度、劳动力、专项技术，还是外部规模经济的取得和新企业的创建速度都是占优势的。Krugman和Marshall的观点不同，他认为上下游企业之间的聚集对产品的销售量、运输成本、交易成本和新企业创建的需求量具有更大的积极影响。

Peter认为，企业聚集不仅可以为企业发展创造良好的环境，还可以降低企业进入和退出的门槛，原因是企业聚集可以降低价格、成本和一些经营风险，加快新企业创建的速度。但是需要注意的是，如果企业在空间上出现过度聚集，就会存在过度竞争并且资源很快被消耗殆尽，进而会造成成本上升。另外，空间聚集对企业的影响也取决于该企业所处的生命周期阶段，聚集企业需要能够相互作用，相互之间都具有合法性、互补性和相关性。Rocha研究了相关文献，发现创业和经济发展存在正相关关系，其结果取决于创业对经济发展能力的影响程度，发展能力的提高包括很多种表现形式，不仅仅局限于产出增加。1996年Pouder和John研究了企业所处的集群的生命周期和创业与经济增长之间的关系，高成长期时对新企业的进入具有促进作用；成熟期时不利于新企业的进入，因为此时并存进入模仿行为、拥挤和同质化的情况，新企业的行为趋于稳定。

虽然很多学者同意集群有助于新企业进入的观点，但是仍然存在一些问题需要解决。首先，在整个研究过程中，只是分析了新创企业的数量，并没有对新企业替代老企业的情况进行分析，所以没有计算新创企业的净量，那么前面提到的集群和创业之间的正相关关系是否还成立？其次，集群创业优势研究是假定与集群生命周期之间相互独立的，并且是固定不变的，而集群对创业的影响又会随着生命周期的变化而变化，这是自相矛盾的，此问题值得商榷。最后，空间经济结构形成机制和知识溢出相结合，并且未来地理经济学的发展趋势是否对新地理经济学理论和经济增长理论进行整合的问题也有待于进一步研究。

4.2 对创业与经济发展关系研究的总体分析

经济全球化和信息技术发展促进了结构性的改革进程，也刺激了创业需求，这使得学者们对创业和经济增长以及它们之间的内在联系尤为关注。尽管产业经济学、演化经济学、地理经济学、内生经济增长理论和新古典经济学都从不同视角研究了创业和经济发展之间的关系，也都取得了不错的成果，但是要想研究创业和经济发展内涵所具有的丰富性和多层次性，需加大对科学计量相关概念的研究力度，并且要加深我们对创业和经济发展的互相促进作用的认识。

4.2.1 对创业、创业者与新创企业的计量

创业是创业者将自己的创意转化为成果的过程，他们在遇到不确定性和一些障碍时，通过配置和组合资源来实现创意市场化。创业实质上既是需要创业技能的个体行为，又是要参与竞争演化成新组织的群体行为。创业的狭义范围包括创造和发现新的机遇，展开新的经济活动，形成新的组织；创业的广义范围则既包括创建新组织、新

活动和新事业，也包括在没有创建新组织的公司内部创办的活动。创业并不是单一层面的而是多层面的，有国家宏观层面的，有产业、城市或区域中观层面的，也有企业和个人微观层面的。

创业研究中的创业及创业者计量是比较困难的，这是因为创业具有丰富的内涵、可拓展的边界和多样的层面。比如，2008年Murphy和Hill指出，由于创业计量问题得不到解决，所以现在已有的创业和经济增长之间关系的研究经验是不能够充分地证明二者的关系的。例如，从宏观和中观两个角度来看，因为在实际操作过程中没有办法区分创业者、一般商人与自由职业者，所以创业者的数量没有办法确定，也就无法确定创业规模的代理变量。同时，新创企业的数量也是无法确定的，所以在研究上还是存在很大的困难。在理论研究过程中，一般会采用企业的规模、成长时间、成长程度或者创新等变量对新创企业进行界定，但是实际操作过程还是会遇到很多问题和困难。例如，针对企业成长时间，我们一般会认为新创的企业或者较年轻的企业比年龄大的企业更具有创业潜力和精神。同样，我们一般会将第一次销售新产品的时间作为区分条件，但是时间跨度3~7年不等，这种较长的时间跨度肯定会造成统计结果的严重偏差，那么到底以几年为准，这个问题还有待解决。再比如，规模维度的计量变量通常是全职职工人数、年销售额或者资产总额，不同变量结果肯定也会不同；还有成长维度的计量变量，一般采用销售收入变化的相对数和绝对数或者职工人数变化的相对数和绝对数，结果也会不同；另外，创新维度的计量一般以企业的新产品品种、研发水平、差异程度等指标来计算，这些指标的选择往往都受研究者主观判断的影响。因此怎样科学并且客观地对新创企业的存在时间、规模和创新程度进行界定是未来研究的主要课题。

4.2.2 对创业绩效与经济发展的计量

创业是团队或个人的微观行为，而经济发展则属于宏观层面问题。因此创业对经济发展产生的影响必然要通过产业、区域等中间媒介才能得以实现，创新活动就是这个媒介。创业者通过创新活动将自己的抱负和野心转化成新产品，形成新的市场或新的经济价值，而转化的过程就是将通过科技研发、设备投入等获得的研究成果最终转化为专利、专业技术的产出，再利用商业化把专利和技术变成新产品或者新服务，但创新活动的这个过程仍然存在投入和产出的计量问题。第一，研发费用和研发人员与所有职工的比例应该属于创新活动投入而非产出，实验室的投入可能会出现技术模仿或者转移的情况，这时就不会形成创新产出，那么研发的计量精准性可能会受到很大的影响。第二，专利发明在计量时应该属于新知识或者新技术的产出范畴，但是没有人可以保证这些技术都是具有经济价值的，因为只有商业化成功的技术才能体现出它的经济价值。另外很多发明根本就没有申请专利。同时，虽然专利数量只能反映中间产出的不足，可以通过专利引用率或者创新维度等指标反映专利的优劣势来弥补，但是专利的引用率又会因为企业和产业的不同而不同，很大程度上依赖于企业引用专利的倾向；同样对创新维度的评价也会受到评价者主观认知与偏好的影响，由此可见创新产出计量结果是否准确很难界定。除此之外，在实际应用过程中，创新的商业化情况、创新被采纳情况等反映经济价值的重要指标同样也会遇到科学计量问题的阻碍。并且，经济发展不仅仅包括经济增长，也包括结构优化、福利改善、制度创新等多个衡量指标。

创业可以通过其对 GDP 的贡献来计量，而其他指标要通过技术水平提升程度、就业率等指标来计量。就业要通过创造的就业数量和质量两个方面来计量，如员工的满意度、职业安全性或者员工工作积极性等。就业数量的衡量要利用一些手段进行统计得到，或者通过测量新企业的发展情况间接反映；就业质量则可以对员工进行工资核算以及满意度调查得到相关计量数据。技术水平提升指标的测量通过企业劳动生产率或者劳动生产率的增速、全要素生产率或者其增加幅度直接反映，还可以通过企业的增加值间接反映；个人效用可以测量职工的期望收入、工作满意程度或者通过测量创业风险间接反映。以上这些指标均可以反映创业对经济发展的绩效情况，但是否具有全面性和准确性有待于进一步确认。目前学者们主要对创业和经济增长之间的关系、创业和就业的关系这些可以直接计量和统计的变量进行研究，而没有对难以计量的变量进行研究，如创业和经济结果的关系、创业促进经济发展的能力等，今后学者们应该加强对此类关系的研究和计量。

案例讨论4-1　　　　　　　　　　有无制度机会创业呢？

创业就是创业者整合资源，创造出更大经济价值或社会价值的过程，是一种需要创业者组织，运用服务、技术、器物进行思考推理和判断的行为。创业不仅可以回报社会，减轻社会就业的压力，还可以提高自身的价值，创造财富，但是这并不意味着要去盲目创业，在创业过程当中还要重视制度的作用，将创业与制度相结合，寻求企业的最大发展。制度机会有两种：一种是国家安排的制度，创业者只能对其加以利用。1988 年，第七届全国人民代表大会第一次会议通过的《中华人民共和国宪法修正案》第 11 条增加规定："国家允许私营经济在法律规定的范围内存在和发展，私营经济是社会主义公有制经济的补充。国家保护私营经济的合法的权利和利益，对私营经济实行引导、监督和管理。"马云正是抓住了这个政策契机，开办了中国第一家互联网网站——"中国黄页"，为互联网商务应用播下最初的火种。在马云创办阿里巴巴时，仅有 50 万元人民币的创业资金。他根据长期以来在互联网商业服务领域的经验和体会，明确提出互联网产业界应重视和优先发展企业与企业间电子商务（B2B），他的观点和阿里巴巴的发展模式很快引起国际上的关注，被称为"互联网的第四模式"。马云以"东方的智慧，西方的运作，全球的大市场"的经营管理理念，迅速招揽国际人才，全力开拓国际市场，同时培育国内电子商务市场，为中国企业尤其是中小企业迎接"入世"挑战构建一个完善的电子商务平台。

另一种是设计制度，利用市场的力量把制度固化成为标准，这样自己先受益完成创业。

讨论有无制度机会创业这一问题的意义首先在于，创业者不要只关注技术创新和创意下的创业，也要关注制度的进展和制度创新下的创业，这种创新不需要研发，只需要关注制度变化和制度创新的可能性；其次，制度往往是制度获益者提出的，制度安排是均衡的结果，而制度的推广是利益追求的结果，这等于提出了一个新的命题——发现制度创新的机会是创业的前提；最后，发现制度创新的可能性是从更高的高度认识问题的，否则提出的制度就会受到制度安排的约束，一旦遇到约束，就可能会使制度夭折。

有无制度创业机会？答案是有，寻找制度机会创业是可能的，是有样板可循的，寻找制度机会创业是有益的，因此创业者要去不断探索。

思考与讨论：创业机会很多都是因为制度的变化以及政策的转变而来，制度和政策的变化对于我国的经济发展以及行业风口走向有着巨大的直接影响。请结合我国实际情况谈一谈，我国制度和政策变化带来的创业机会有哪些呢？

4.2.3　创业与经济发展之间的关系

创业与经济发展之间的关系涉及很多理论领域，其中包括经济增长理论、演化经济学、地理经济学、产业经济学和创业理论。我们提到创业具有丰富的内涵和场景的多样性，这就使得创业和经济发展之间的关系变得更加复杂，但是无论宏观层面、中观层面还是微观层面，创业都与经济发展存在一定的联系。相关学科从不同层面或者不同角度通过很多实证研究验证了创业就是推动经济发展的动力，但是到今天为止，还没有得到一个权威的解释和研究框架。也就是说，学者们对如何研究创业的因素、路径、层面和经济发展之间的因果关系的问题没有达成共识。因此，能够科学地对创业和经济发展之间的关系进行测量是创业研究过程当中的必然要求，通过对理论的深入研究与事实的广泛调查，建立了如图4-1所示的相关的理论模型。

内生增长理论和新古典经济学理论将经济增长的影响因素从风险投资、基础设施建设等传统的物质资本，以及人力资源和知识资本拓宽到信任、认知、社会网络等社会资本，甚至进一步拓宽到文化和制度等，由此可见学者们加深了对创业和经济增长之间的关系的认识。同时，学者们建立了分析框架，这使得有关创业对经济和社会的贡献的分析和研究变得更加系统化和全面化。

新古典经济学认为技术变化是外生因素，而内生经济增长理论却将技术变化进行了内生化。内生经济增长理论将技术变化引入经济增长模型当中，最终揭示了技术变化和技术研发可以创造知识并且造成知识溢出是经济增长的主要影响因素。尽管这个理论做了知识是公共产品并且无竞争性和排他性的假设，影响了创业和经济增长之间关系的研究，但是知识过滤机制理论较好地弥补了这方面的不足——它将创业引入主流的经济增长模型中并认为创业是知识溢出的重要机制。

以Schumpeter理论的创新创业观为基础，创业过程就是新产品和新服务以及新兴市场的创造过程，这会创造出一些新的企业，进而相似产品的替代作用会导致市场竞争激烈，使得产业结构发生变化，促进市场绩效和产业竞争力提高，因此产业经济学对此尤为关注。产业经济学对创业和经济增长之间的关系是从以下几个方面进行研究的：新创企业进入前特征、新创企业进入后的绩效、产业进入、市场结构和国家竞争

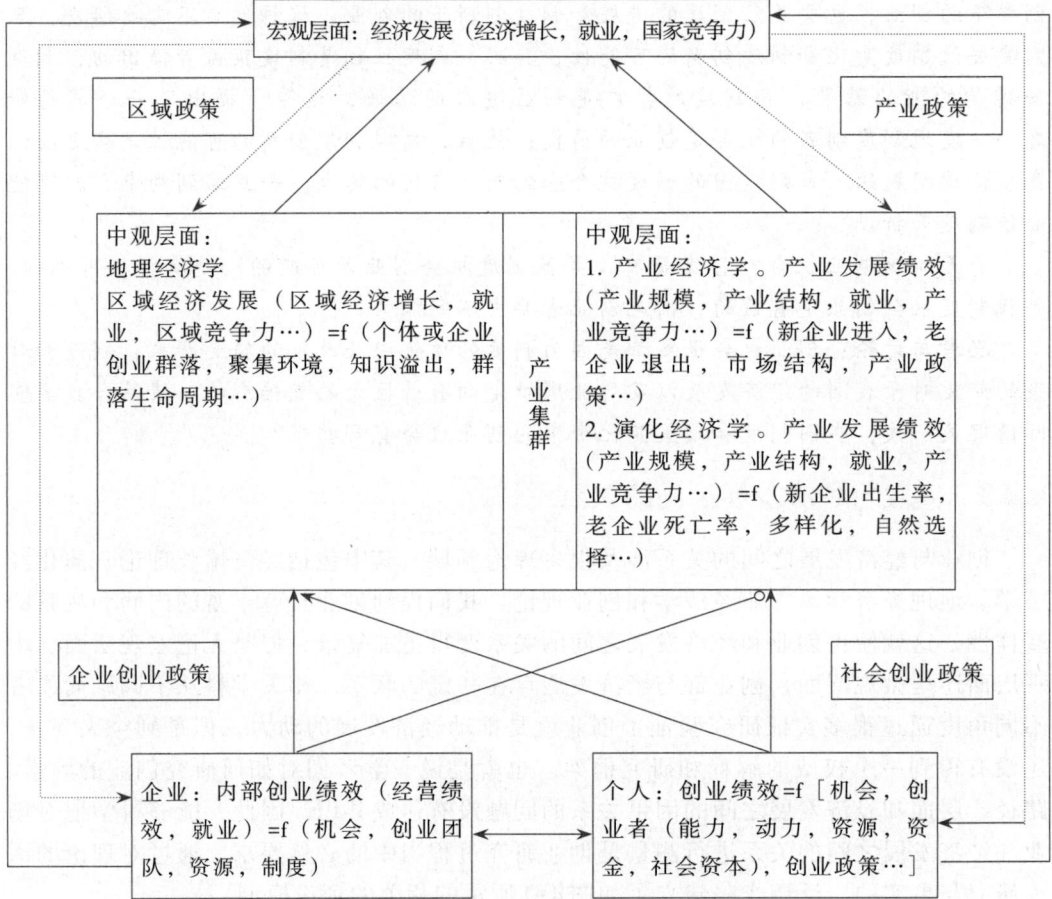

图4-1　创业与经济发展关系研究整合框架

力。Porter的国家竞争力理论深化了对创业和经济增长之间关系的认识，因为其不仅研究了创业数量，还对提升国家竞争力进行了研究。演化经济学利用选择、惯例、搜寻等概念和理论，对制度和组织对创业和经济增长的促进作用进行了研究。由此可见，演化经济学认为创业导致产业进入的表现是多样性的；组织生态学利用种群出生和死亡理论，对创业和经济增长的关系进行了研究。地理经济学特别关注的是产业集群的作用，与演化经济学关注时间维度不同，它关注的是空间维度。众所周知，不同企业所掌握的知识、社会关系、信息和技术等是具有一定的关联性的，这会产生聚集效应和规模经济，从而促进了创业集群的产生。虽然地理经济学对产业集群和创业、经济发展之间的关系进行了研究，但是它们之间是如何相互影响的，地理经济学没有得出相应的结论。因此，对产业集群和网络视角下的创业与经济发展关系的研究将会是下一个创业研究的方向。

1983年，Scherer提出演化经济学、地理经济学和产业经济学低估了创业者的创业动机等因素对创业的影响，其主要关注的是中观层面和市场机制，而忽略了个体层面的决策过程。因此，如果能把产业发展和提升国家竞争力等中观层面与决策过程和创业动机等微观层面相结合进行研究，辨析中观因素和微观因素相互作用的机理，那么研究创业和经济发展的关系就会减少很多难题。Sobel认为政府政策主要从两个方面对创业存在影响：首先，影响创业活动的风险投资和教育等方面的投入；其次，对创业活动的制度存在一定的影响。因此，虽然每个人都具有一定的创业精神，但这种创业精神能否发挥出来是受经济政策影响的。创业政策与中小企业政策存在一定的区别，创业政策关注的是多个层面，既包括个人、企业、集群、部门、区域和网络，还包括影响创业过程的环境条件和创业的变化过程。由此可见，与中小企业政策相比，创业政策是更加系统化的。世界上很多国家都设有中小企业的相关管理部门，但是到目前为止还没有一个国家设立促进或者推动创业发展的专门机构，因此应该制定更加科学的创业政策，这也是对创业理论进一步深入研究的方向。

案例讨论4-2 　　　　　　　　　　**用创新创业引领经济发展**

创新创业是新经济发展的动力和源头所在。创新创业带来的新经济增长，将是一个国家或一个城市兴衰成败的关键。以成都为例，数据显示，2021年6月，新经济总量指数城市排名中，成都排在第二位，已成为中国新经济的先行者和引领者。那么，"双创"与新经济的关系如何？"双创"有哪些新趋势？新经济创业的动力来源于哪几个方面？

一、中国"双创"的发展历程

从具体实施来看，"双创"工作已经走过了三个阶段：阶段一，工作部署与理念传播，并建立了由发展改革委牵头的推进大众创业万众创新部际联席会议制度，形成了总体性的统筹机制。阶段二，全面开展"双创"工作，2016年的新注册企业就突破了500万，同比增长了24.5%。2017年推动"双创"在全球范围内达成共识，联合国大会通过决议，呼吁各国支持"大众创业、万众创新"，"双创"理念正式写入联合国决议。阶段三，2018年国务院发布了《关于推动创新创业高质量发展打造"双创"升级版的意见》，标志着"双创"进入新的高质量发展阶段。

在此过程中，创新创业在中国逐步走向了大众化、社会化，每年新注册企业数量节节攀升，年复合增长率高达12.82%。

2020年在新冠肺炎疫情暴发的前提下，中国的新创办企业数量仍然高速增长，达到了811.36万，反映出中国经济蕴藏的巨大活力。

二、中国"双创"工作的成效

中国是全球创业最活跃的国家之一，已走在新经济的前沿。其主要表现是：中国人的创业意愿最高，从每年的初创企业数量来看，中国最多，美国次之，欧洲国家最少；独角兽企业数量全球第一，在互联网、人工智能、机器人、新能源汽车和大数据等领域涌现出了全球一半以上的独角兽企业，2020年中国的独角兽企业数量达到251家，总估值超过万亿美元；创投市场规模全球第二，仅次于美国，已备案的创业投资机构超过3 500家，管理的资金规模已接近2万亿元人民币，活跃的创投机构达到2 200多家；创业孵化规模也是全球第一，各类创业孵化机构总数达13 000多家，其中，科技企业孵化器为 5 200 多家，众创空间 8 000 多家；孵化机构从业人员近 17 万人。

三、"双创"发展新趋势

1.创业者的多元化、创业团队的高级化。一方面，科研人员、留学生、连续创业者、大企业溢出人才等高端创业群体成为创业的有生力量。另一方面，农民工等返乡入乡创业活动高涨，2019 年全国在乡内就业的本地农民工达 11 652 万人，全国返乡下乡创业人员由 2015 年的 242 万人增至 850 万人，返乡创业农民工占 69.4%。在"人人皆可创业"的良好氛围形成的同时，创业的团队在结构也上越来越趋于完善，除了创业者，还包括科学家、职业经理人、风险投资家、创业服务者等高端人才。

2.平台型创业大量出现，成为新时代创业大军的主流选择。从淘宝到 Apple APP Store，从微商微店到小米生态圈、知识付费，以及自媒体、直播带货等，由于各种平台公司成为创新资源的连接器，在数字技术的加持下提供了企业、市场之外的第三种资源组织有效形式，普通人创业的门槛被大大降低了。平台模式带来的开放、共享、开源、群体创新和生态赋能，促成了更多的高水平创业。

3."硬科技"创业成为全球创业的新趋势。硬科技创业，即将"硬科技"转变成为有价值的商业、有生命力的产业。一个成功的硬科技创业公司一般具备五个特点：一是有科学家的深度参与；二是创业团队一般是跨界型的复合型团队；三是找到了一个可持续的商业模式；四是有耐心的风险资本持续支持；五是相关领域的产业配套条件相对成熟。

4."场景"引爆新经济创业新赛道。当前互联网经济已从争夺流量和入口发展到争夺场景，依靠场景创新带来创业需求、机会和市场。"场景"精准定位市场需求，将取代传统实验室，成为新一代技术创新中心和新兴产业的基础设施。不断涌现的新场景为人类的衣、食、住、行、游、购、医、娱等带来了颠覆性的体验，创造了广阔的市场，高科技企业和初创企业可以依托新技术、新手段打造出能够提升用户体验、生活品质与生产效率的产品和服务，这给创客带来了巨大空间和难得的机遇。

5.跨区域创业在创新全球化时代更加频繁。跨区域创业的核心是拥有强大的全球创新资源整合能力，搭建高端人脉链接是新经济发展的重要路径。以创业者跨区域流动为主要特征的跨区域创业已经成为各地区链接全球资源的主要模式之一。硅谷—中关村、硅谷—深圳成为跨区域创业者频繁往来的区域，由于跨区域创业者的作用，全球最活跃的创新创业高地共同构成了开放型创新创业生态。

随着"双创"的发展，中国已经走在世界新经济发展的前沿。信息技术、人工智能、新材料、新能源等与农业、工业、生活、消费等领域深度融合。数字经济、平台经济、共享经济、智能经济等跨界融合的经济模式快速发展，无人支付、电子商务、智慧出行等新兴业态层出不穷。

资料来源 北京市长城企业战略研究所. 推动高能级创新创业［EB/OL］.［2023-10-01］. http：//www.gei.com.cn/reportIntro.jspx？pid=58dc0e2f95364640f8d489f3b0123a3a.

思考与讨论：结合我国创新创业实际情况，谈一谈创新创业是如何引领经济发展的。

复习与思考

1.请分别从地理经济学、演化经济学、内生经济增长理论和新古典经济学等角度对创业和经济发展关系进行阐述。

2.通过本章的学习，总结创业和经济发展关系的研究仍然存在哪些问题亟待解决。

第 5 章

创业团队的组建、管理与股权分配

知识目标

（1）了解创业团队的含义及类型。

（2）了解创业团队组建的条件、模式及方法。

素养目标

培养学生艰苦奋斗的精神与团队合作意识。

案例导入　　小米新"中国式合伙"：雷军的经验和智慧

2010年1月中旬，小米科技正式成立前夕，雷军在北京海淀区政协会议间隙面试了一个叫孙鹏的年轻人。

一个月后，孙鹏从微软离职加盟了这家后来被命名为小米的公司。孙鹏与刘新宇、李伟星等9人一起，成为当时除了雷军、林斌、黎万强和黄江吉4名联合创始人之外的最早员工。2010年4月6日，在海淀区银谷大厦807室，这13个人一起喝了碗小米粥，就开干了。MIUI早期的工程开发主要由他们完成。今天，这9个人每人身价过亿。

是什么造就了小米现象级的商业成就？有人归功于小米的创新商业模式，有人归功于"参与感"的市场运营模式，有人归功于极致单品战略。追根溯源，"事"在"人"为。小米现象级的商业成就，不仅让我们看到了独角兽企业的巨大商业价值和市场潜力，更让我们看到了代表新"中国式合伙"的小米在聚合人才方、资本方与资源方，合心聚力"打群架""打胜仗"的能力方面的绝对优势。新"中国式合伙"代表一种新的组织生产关系。

旧"中国式合伙"

对创业者来说，合伙创业是最常见的创业方式，但中国人的合伙难，却也是全球公认的管理难题。

中国企业最常见的聚散模式是公司创办之初，合伙人以感情和义气去处理彼此间的关系，制度和股权或者没有确定，或者有而模糊。

企业做大后，制度变得重要，利益开始惹眼，于是"排座次、分金银、论荣辱"，企业内不是剑拔弩张、内耗不止，便是梁山英雄流云四散。

"哥们式合伙，仇人式散伙"，旧"中国式合伙"总归逃不过这样的命运。

在大量的旧"中国式合伙"中，在合伙组织层面，朋友关系与股东关系一锅乱炖；在合伙理念层面，"谈利益伤感情"；在合伙规则层面，回避规则或无规则，要么按照市场监督管理局"钦定"的模板简单处理，导致企业既没有规范的进入机制，也没有有效的退出机制、调整机制与控制机制。

没有规则的"哥们式合伙"的结果，就是"仇人式散伙"。

小米的合伙制创新

根据小米"合伙"的成功经验，我们可以将合伙制的创新，即新"中国式合伙"的主要特点归纳为以下五点：

（1）领导有胸怀。雷军到底持有小米多少股份？小米向港交所提交招股书之前，这一直是坊间讨论的热点。早间，有过很多的媒体解读与猜测，甚至有"砖家"根据相关资料指出，即便在小米完成F轮融资估值高达450亿美元后，雷军还持有公司将近80%的股份，并据此预测雷军是中国未来的首富。这也符合很多人对雷军持有股份的预期。

但实际情况是，小米是离岸VIE架构，小米真实的股权架构体现在离岸控股公司小米集团（开曼群岛）里面，并不体现在国内工商登记层面，雷军一开始只持有公司39.6%的股份，加上后来用真金白银投资购买的股票与上市前股权激励增发的股票，雷军在上市前持有公司约31%的股份（不考虑股权激励稀释）。

股权是公司配置核心能力与核心资源的重要工具。如果像媒体解读的那样，雷军个人一开始就持有公司80%的股份，那会透支股权资源并影响优秀人才的进入。雷军一开始只拿39.6%的股份，这给未来优秀人才的进入预留了较大的空间与余地。

（2）团队有参与感。雷军认为，创业的过程就是拿百分之百的梦想去跟资金分享、跟最优秀的工程师分享、跟最好的市场分享、跟最好的资源分享。创业就是拼图，是分享百分之百梦想的过程。

（3）进入有规则。小米联合创始人黎万强提到："我看了很多公司，他只跟你说有期权，都是到了临近上市的时候，才跟你说你的期权是多少。但雷总给我们合伙人、核心员工一进来就讲明白，把很多事情都摆到台面上。"

小米股权发放都有完整的专业方案，这样任何股东进入时，股权发放都有方向、有节奏、有规则。

股东一开始进入就有清晰明确的规则，包括限制性股权、期权如何成熟、退出如何处理，并通过法律文件落地到位，而不是空头承诺。"有恒产才有恒心"。这样可以解除团队的后顾之忧，全力以赴投入创业中。

（4）退出有信用。创业初期，大部分合伙人都是奔着"志同道合、同甘共苦、全力以赴、白头偕老"参与创业的，就像大多数婚姻一开始都是奔着爱情去的。但是，由于主观或客观、过错或非过错原因，合伙人有进有出也是创业过程中正常的一部分。

如何处理退出合伙人的权益？实践中有不同做法，有的约定回购，有的约定附条件保留，有的约定综合考虑离职原因与历史贡献公司保留回购主动权。

在小米上市前不久，雷军宣布两个联合创始人周光平与黄江吉从公司退出。对于曾经并肩奋斗过的退出合伙人，小米完全遵守契约规则，保留了两位联合创始人的股份。

在欢送大会后，退出合伙人黄江吉感动地在微博留言：感谢我最有情有义的老大雷军，感谢各位小米的战友、兄弟们，感谢你们这一班神一样的队友，让我这个幸运的猪能够和你们一起愉快地飞起来。我永远都是小米人！未来，大家有任何KK能够帮上忙的事情，只管吩咐。有缘分和大家一起创办小米，永远是我人生最最自豪的事情！无言感激！

退出合伙人周光平与其他合伙人也是好聚好散。

创业元老们的历史贡献被认可，新鲜血液们有活力、有动力继往开来，推动公司不断发展壮大。

（5）控制有共识。上市后，小米成为香港主板推行"同股不同权"AB股计划第一单。小米创始人雷军与林斌持有的每股B类普通股都对应10个投票权，雷军与林斌总共拥有小米超过80%的投票权。

其实，在上市之前，小米早已经实行AB股计划。基于对小米业绩与雷军管理能力的信任，所有股东达成共识，小米创始人雷军在上市前持有的B类普通股对应10个投票权。

另外，一向"钱多人傻"、以全力支持CEO著称的投资人DST还主动将其股票投票权委托给了雷军行使，并主动提出按照雷军的提议提名公司董事会成员。

香港之后：小米的新起点

2018年7月9日，小米正式在港交所挂牌上市。这家来自内地的科技独角兽，作为香港资本市场第一家"同股不同权"的上市企业，最终以465亿美元的市值开启资本化的新篇章。

在遭遇CDR（中国存托凭证）紧急刹车、资本市场对小米究竟是不是一家互联网公司的拷问后，小米IPO发行价最终趋于保守，低于此前券商们的预估。

虽然低于预期，但这也是属于所有小米人的巨大成功，况且小米未来还具有无限的可能性。雷军说小米是"新物种"，新事物往往伴随着争议，但也贵在"新"字。

这个"新"，一方面，体现为小米的诞生、壮大，为中国移动互联网的普及乃至整个中国制造业的发展做出了重大贡献；另一方面，小米的新"中国式合伙"，也是小米的一次实验性尝试，也许并不完美，但希望可以给未来的创业者提供一个好的创业范本。

小米走到现在，已经取得了阶段性成果，但前面的路还很长。

随着一大批中国企业的崛起，国家的立法不断完善，越来越多的创业服务机构开始发力，我们希望看到科学规范的合伙规则与合伙信用体系支撑越来越多的中国合伙人与中国合伙创业型企业在全球崛起。

资料来源　何德文．雷军智造：小米的新"中国式合伙"［EB/OL］．［2018-07-09］．https：//baijiahao.baidu.com/s？id=1605514927701739859&wfr=spider&for=pc.

【思考与讨论】

（1）什么样的人适合做合伙人？

（2）如何既分享利益，又不失去控制权？

5.1　创业团队

5.1.1　创业团队概述

1）创业团队的概念

当前，国家正大力提倡创新创业，同时，越来越多的人也积极主动地投入到自主创业中去。但是由于个人的经验、能力、财力等都存在不同程度的瓶颈，而这些瓶颈限制了初创企业的发展，所以越来越多的创业者选择以团队的形式开展创业活动，创业团队应运而生。创业者想要创业成功，离不开一个优秀的创业团队。所谓创业团队，即由两个或两个以上的创业者所构成的组织。在这个组织中，创业者有相同的创业理念与价值观，并且愿意分担创业风险，并分享收益。为了实现创业目标而组成的正式或非正式组织，也可称为利益共同体。

2）创业团队的四要素

一个完整的创业团队应具备以下四项要素：

（1）人。创业团队的核心是人，创业目标具体是由人来完成的，所以团队中的人员组成是重中之重，创业者要谨慎选择。创业团队一般由有着共同创业理念与目标的一群人组成，所以团队成员最好能够具备一些共同点，如创业理念相同、价值观相同、财富观相同。当然，仅有共同点对一个创业团队来说是远远不够的，还要有互补点。一个公司在运作的过程中需要有人做出决策和进行管理，需要有人能在宏观上进行把控，在微观上制订具体的经营计划，这些计划也需要有人来实施，还需要人进行创业机会的搜寻，需要与合作伙伴相互交流与沟通……

所以，创业团队的人员组成应尽量多元化，成员之间的优势互补要优于优势叠加，尽量不要出现短板。这里所说的优势互补包括性格方面的互补、技能方面的互补、专业特长方面的互补和人脉资源上的互补。个人的社会资源是有限的，而一个团队的社会资源由于经过了整合，所得到的结果将会倍增。因此，创业团队的人员构成应遵循三个相同和三个互补原则，即创业理念和目标相同、价值观相同、财富观相同，性格互补、能力互补和资源互补。

（2）目标。创业团队成立的前提是拥有明确的目标。一个团队需要有明确的前进方向，这个方向就是创业目标。拥有明确的创业目标，创业团队才知道奋斗的方向，并明确具体需要付出哪些努力与行动，需要寻找什么样的机会。另外，拥有明确的创业目标，团队就会知道需要招纳什么样的人才，即寻找合适的合作伙伴和雇用适合的员工，以此来有效增强团队的实力。

（3）职能分配。创业团队要想成功，要能够合理地进行职能分配。所谓职能分配，就是要明确团队中各成员在创业过程中应承担的责任与拥有的权利。首先，要保证每个成员都能最大程度地发挥个人的能力，即按照团队成员的专长、优势来进行职能分配。在创业过程中，团队一定会遇到各种各样的问题，这些问题要有相对专业的人员来有效解决，以此来提升办事效率。正确的职能分配，能够让创业团队的成员们紧密团结在一起，并且步调一致地行动。与此同时，还要明确创业团队中每个成员的权利。现在有很多团队喜欢群策群力，让团队成员都拥有决策权，每一个需要决策的项目都要通过整体的共同商议和讨论后做出决定，但是在具体执行的过程中还是需要一定的分权，在不损害团队利益的情况下，团队成员需要一定的与自己职能相符的决策权。

（4）计划。明确、详细的计划是一个创业团队能够取得成功的重要前提，也是其能够完成创业目标的重要保障。团队成员在制订创业计划的时候，需要全面关注企业的内外部环境、企业自身的优势与劣势等因素；制订的计划不仅要能够满足创业团队的短期需要，还要对创业团队的长期战略目标有利。同时，该计划要有一定的前瞻性并具备一定的可行性，而不能靠纸上谈兵；计划不仅要保证创业目标能够顺利实现，而且要能够让资源最大化地被创业团队所利用。目标明确、团队成员配备齐全、职责合理分配后，就需要详细的创业计划来帮助创业团队逐步实现创业目标。此外，优秀的创业计划也能够在企业的管理过程中提供适当的依据，使团队的发展与最终目标保持高度一致，始终让创业企业"行驶"在正确的轨道上。

3）创业团队的优势

一个完整的创业团队一般会具备五个优势：

（1）成员优势互补。一个人具备的能力、拥有的性格和品质通常都会有一定的局限性和不足，这就需要找到其他能够补齐短板的人，通过适当的磨合，继而发挥团队的优势。

（2）只有团队才有足够的力量在复杂多变的市场环境中生存下来。

（3）团队拥有更强的抗风险和抗压能力。

（4）因为具备众多优势，一个团队相比较而言更容易获得成功。

（5）单打独斗很难在当下的市场环境中成功，创业团队更符合现代企业发展需要。

5.1.2　创业团队的特性

1）创业者们要有共同的创业理念

一个创业团队的目标和行为准则是由该团队的创业理念决定的，同时，创业理念也成为团队成员凝聚在一起的精神基础。创业团队要想提高整体的效率，需要团队的每个成员紧密配合。团队成员的个人力量都不可或缺，但只有通力合作取得整体的成功，才能够让每个人都获得最大的利益。拥有共同的创业理念和价值追求，能帮助团队成员培养契约精神和营造合作氛围，让整支团队的效率更高、凝聚力更强，成为一个更优秀的团队。

2）创业团队的构成要有异质性

这要求团队成员所拥有的技能、经验和人文素养具备异质性。宏观层面上，技能包括三个方面，分别为概念技能、人际关系技能和技术技能；微观层面上，技能包括创业者的学历、所涉及的专业领域、所具备的技术和能力等。经验包括团队成员的工作经历、具备的专业特长、行业相关背景知识等。人文素养主要指的是团队成员个人的基本修养。

创业团队如果具备合理的异质性，创业者们就可以从各自的角度对问题进行分析，通过不同的思维模式和理解方式分析问题，为创业活动提供更丰富的决策选择和解决方案。团队成员具备更多的异质性，就能够发挥互补和平衡的作用，在创业过程中无论遇到什么问题，都能够找到相应的专业人员进行解决，从而提升团队效率和创业成功的概率。同时，由于团队成员的技能和经验各不相同，每个人都拥有不同的社会资源，进而为创业团队提供了互补的社会资源网络，而不是简单地层层叠加。所以，在组建创业团队的时候，需要成员有相同或相近的价值观和创业观，具备互补的专业技能、管理技能和战略思考能力。

3）对团队成员要有合理的报酬和激励机制

人都会追逐利益，创业团队更是如此，并将其作为组建团队的原动力。只有把合理的利益分配关系作为团队组建的基础，这个团队才会具备一定的稳定性。由于不同的团队成员所具备的差异性使得每个人都能创造出不同的价值，所以在创业团队组建之初，就要根据成员的情况制订出相对合理的收益分配方案，力求创造一个相对公平的合作环境。

一个创业团队要想不断地发展壮大，需要给予适当的激励。这种针对每个成员的激励能够有效激发团队成员发挥最大潜能，取得更大的收益，也能够让创业团队的稳定性显著提升，因为每个创业者都期望通过努力工作获得更大的收益。当然，激励方式是多种多样的，在初创企业所处的不同生命周期，企业所追求的目标也不同，所以要根据不同的目标来调整激励方式，从而激发创业者在不同时期都能发挥自己最大的潜能，为创业团队和企业发展壮大做出贡献。

5.1.3　创业团队的组成要素

很多学者从不同的角度对团队做出了定义。我们认为，团队是由少数具有技能互补的人构成的，他们的目标相同，愿意为彼此负责，愿意共同工作，共同为取得高品质的结果而奋斗。团队是一个共同体，这个共同体能够合理利用不同成员的知识和技能，并使其协同工作，解决遇到的各种问题。创业团队是由创业者构成的，这些创业者拥有互补的技能，他们为了实现共同的创业目标而努力工作。

创业团队的组成要素包括目标（Purpose）、人（People）、定位（Position）、权限（Power）和计划（Plan），简称为5P。

1）目标

创业团队必须要建立一个共同的目标来为团队导航，告知团队成员要何去何从。它是企业愿景和战略形势的体现。如果缺少了这个目标，就会使创业团队失去存在的意义。

2）人

创业团队中最核心的因素是人。两个以上的人构成一个群体，群体有了共同的目标就变成了团队。在一个创业团队中，最活跃、最重要的资源就是人力资源，所以要全面调动团队成员的能力与资源，力求使人力资源变为人力资本。

目标是由人来完成的，所以创业团队要重视人员的选择。团队中要有人出创意、订计划、具体实施、协调他人协同工作，还要有人来监督整个团队的工作情况，评价团队的工作成果，通过分工最终实现创业团队的目标。如前所述，在选择团队成员的时候，需要关注成员所具备的能力、技能是否互补以及成员的经验是否丰富。

3）定位

定位有两方面的含义：

（1）创业团队的定位：具体包括该创业团队在企业中所处的位置、谁来选择和确定团队的成员、创业团队应对谁负责、对创业团队所采用的激励方式。

（2）个体的定位：具体包括每个成员在团队中的角色，是参与计划的制订还是计划的实施或评估；是大家共同来出资并委派其中一人进行管理，还是大家出资共同管理，或是共同出资聘请第三方（职业经理人）进行管理。这在创业实体的组织形式上体现为是合伙企业还是公司制企业。

4）权限

在创业团队中，团队领导人所拥有的权力的大小与团队所处的发展阶段和所从事的行业相关。通常情况下，一个成熟的创业团队，领导者的权力相对较小；一般在创业团队组建初期，领导者的权力更加集中；高科技类型的企业大多采用民主的管理方式。

5）计划

计划包含两层含义：①为了实现最终目标，创业团队需要具体的可执行方案，计划就是完成目标的具体工作程序；②创业团队要有计划、一步一步地完成工作，最终实现目标。

5.1.4 创业团队的类型

创业团队可以从不同的角度、层次和结构分为不同的类型。

1）星状创业团队

通常所说的星状创业团队中会有一个像领队似的核心人物。这个核心人物在团队形成之前就有了创业的想法，并就团队的组建进行过认真思考，且按照自己的想法展开行动。这些团队成员可能是该核心人物所熟悉的人，也可能是他不熟悉的人，这些人在企业中往往扮演支持者的角色。星状创业团队的特点包括：

（1）结构组织紧密，具有很强的向心力，核心人物对组织中的其他成员有巨大的影响力。

（2）组织进行决策的效率较高，决策过程相对简单。

（3）由于权力过分集中，决策失误的风险可能会加大。

（4）当团队成员与核心人物的意见不同时，迫于核心人物的权威，团队成员会处于被动地位；在意见冲突较严重的时候，部分成员会选择离开团队，对组织会产生较大的影响。

2）网状创业团队

通常，网状创业团队是由团队产生前关系就很密切的同学、亲戚、同事、朋友等组成的，这些人在交往的过程中产生了一致认同的创业想法，并在达成共识的基础上开始创业。在该创业团队组建时，没有核心人物，而是根据成员自身的特点进行角色定位。所以，在企业初创阶段，团队成员通常是协作者或伙伴。网状创业团队的特点包括：

（1）团队没有核心人物，组织结构松散。

（2）组织通常采取集体决策的形式，在不断地沟通和讨论后达成一致意见，所以组织的决策效率相对较低。

（3）由于成员在团队中的地位相近，可能会在组织中形成多头领导的局面。

（4）如果成员之间出现意见冲突，一般会通过平等协商来积极解决，成员不会轻易离开团队。可是一旦冲突升级，有部分成员退出团队，就有可能导致整个团队的涣散。

3）虚拟形状创业团队

虚拟形状创业团队由网状创业团队演化而来，是上述两种创业团队的中间形态。这类组织中一般会有一个由团队成员协商推选出来的核心成员，即核心成员是整个团队的代言人，而非主导型人物。他在团队中的地位不如星状创业团队中的核心人物那样权威，他的所作所为要充分考虑其他团队成员的意见。

5.1.5　创业团队的维持发展

1）维护团队的共同意识

现实生活中人们都忙于工作，很少有时间与他人交流、沟通，这导致很难形成团队意识。如果团队成员中有很多人是兼职，或存在灵活工作时间，或存在交接班制度，就更难以营造团队氛围了。即使团队成员能够在同一时间一起工作，但由于某些工作的特殊性，如某个岗位不能离开人，使得在正常的工作时间内即使是召开一次会议也不是一件十分容易的事情。

虽然团队都很重视领导与成员之间的交流、沟通，但在实际操作中却充满了困难，所以很多会议只能召集到那些正在工作的成员。当前，团队意识的维护因工作的多样性和复杂性而变得更加困难，这也对管理者提出了更高的要求。

（1）团队会议。其并不一定需要非常正式地召开，也不一定非要占用很长时间，但即使仅仅召开十几分钟的非正式会议，也好于从不召开团队会议。

（2）确保会议的有效性。为了保证会议效果，需要注意以下问题：

第一，集中注意力在正确的事情上。事项安排要合理，重要的事情可以在会议上处理，不重要的事情可以另找时间处理。

第二，如果会议事项的顺序已经定下来，尽量不要做无谓的改变。

第三，避免拖延会议时间。会议很容易浪费时间，应尽量避免在会议上聊天、进行与会议内容无关的讨论，领导更要遵守会议流程。

第四，为了避免在细节上陷入僵局，应该围绕重要议题展开讨论，包括团队目标和解决方案。

第五，按照计划行事。一旦不按照计划行事，就会失去团队的支持。

（3）会议不代表一切。会议固然重要，但并不是形成团队意识的唯一方法。身为团队的核心人物，可以通过多种方式让团队成员协调一致：

第一，明确告知成员团队的目标及其重要意义。

第二，让成员清楚每个人所要承担的责任。

第三，确定行动准则并一致行动，在相互尊重与信任的原则下开展工作。

第四，采用统一的办事流程。一旦敲定好每个人的工作事项，最好能够采用统一的办事流程，只有统一步调才能更好地形成团队意识。

第五，利用现代化社交工具维护团队关系，包括 E-mail、QQ、微信、钉钉等，这还能够让不同地区的团队成员通过音频或视频参加团队会议。

2）团队决策

为了能够有效解决团队未来可能会遇到的问题，顺利完成团队任务，需要团队通过科学有效的方法做出决策。其需要遵循的原则包括：①有必要的时候立即行动；②尽量让团队成员能够参与决策过程；③利用有用的信息谨慎做出决策；④由团队所有成员共同做出决策。

决策分为以下几个步骤：

（1）阐明问题。首先明确决策的原因和决策的必要性。

（2）获得信息。在做决策前要保证所获得的信息对决策有用。

（3）提出多个解决方案。只有一个解决方案是不够的，要提出多个选项。

（4）制定标准。通过事先制定好的标准，客观评估这些解决方案。

（5）通过制定好的标准做出决策。

（6）实施并时刻监督解决方案，评估完成的情况与效果。

3）团队发展的阶段及方法

创业团队必须要经历一系列的阶段才有可能走向成功，具体包括形成阶段、波动阶段、稳定阶段和成熟阶段。

为了保证团队在发展的过程中更加顺利，应该清楚在团队发展的不同阶段可能会遇到的问题，并统一发展目标。

另外，也可以团队领导行为理论为基础，在团队发展的不同阶段采用不同策略，即个人需要、团队需要与任务需要这三方面占的比例在团队发展的不同阶段各不相同。在不同阶段，团队领导需要扮演不同的角色，侧重不同的任务。

（1）形成阶段。在这一阶段，团队中的每个成员都希望清楚自己的任务，希望知道自己要做什么、如何做，面对问题该如何解决。此时，成员彼此间缺乏信任（彼此相互认识除外），所以在该阶段，大家应该进行思想的交流和信息的收集。

在该阶段，个人的需要水平很高，需要确定每个人的工作任务，需要知道别人对自己的评价，所以，团队领导要了解每个成员，与其沟通，并告知未来可能会遇到的问题。

团队在该阶段的需要处于中等水平，团队正在探索发展方式，团队领导要通过各种方法让团队成员能够彼此熟悉对方。

该阶段的任务需要很低，因为在该阶段，团队还没有真正形成，还不能开始解决工作中的问题。该阶段的主要目标不是完成任务，而是慢慢推动工作的开展。

（2）波动阶段。在这一阶段，团队成员渐渐有了共同目标，成员间可能会彼此意见不合，也可能产生冲突。这一阶段充满了竞争，如果处理得当，会是一个积极向上的阶段，将会产生极大的创造性。

在该阶段，个人需要仍然处于较高的水平，团队领导要满足成员的个人需要，使团队成员安心。

当成员们有不同观点的时候，团队需要的水平就开始提高，所以要留意这一阶段遇到的问题，尽量降低少数人在群体占据优势的可能性。

任务需要此时仍然很少，因为团队正处于发展阶段，团队领导应把任务作为推动团队发展和解决问题的工具。

（3）稳定阶段。在这一阶段，团队中的成员已经了解了各自的工作任务，并开始互相信任，团队进入了和谐发展阶段。成员已经成为团队不可或缺的一部分，为了更好地完成任务，成员能够接受他人的观点。

在此阶段，成员已经能够顺利处理各种问题，从而使成员的个人需要水平降低。但团队需要水平仍然很高，因为团队正在努力实现行动准则和工作程序上的一致性。团队领导在该阶段应努力激励成员不断提出新的想法，督促成员要全力以赴，帮助成员达成共识。

在稳定阶段，任务需要开始占据更重要的地位。团队领导要关注目标的制定，时刻保持对成员的激励，让成员为任务目标而努力，并加强团队成员的合作。

（4）成熟阶段。在这一阶段，团队成员会在开放的、充满信任的环境中工作。成员之间相互理解，且清楚工作任务的实质，期望自己能够实现目标。此时团队最大的目标就是完成工作任务。

在这一阶段，个人需要和团队需要都处于中等水平，领导主要把精力放在满足任务的需要上面，帮助团队成员采用科学方法制订计划，并监督计划的实施。

在这一阶段，如果团队有新的成员加入，可能会使团队又进入波动阶段，这时一定要尽快对现状进行调整，让团队重新返回成熟阶段。

5.2 创业团队的组建

创业团队可以遵循一定的规律和章法来组建。本节会介绍创业团队组建的原则、基本条件、影响因素、模式、步骤、风险成因和风险控制等。

5.2.1 创业团队组建的基本原则

1）合伙人原则

企业招的是员工，员工完成的是工作；而创业团队招的是合伙人，做的是事业。一个人要想在某个领域取得成功，要把自己的工作当成事业来做才有可能；一个企业要想迅速成长，就要把自己的员工当成合伙人。所以，创业团队首先要解决的问题是如何合理地进行价值分配，然后才是去找自己的合伙人。

2）激情原则

通常，衡量一个人能否成功的基本标准是看这个人是否对事业有激情。那些对创业项目有高度热情的人更适合加入团队，同时要让加入团队的人清楚，在创业初期要做好每天长时间工作的准备。那些对事业充满信心的人才更能适应创业的需求，而那些没有信心的人所传递出的负面信息和消极因素会对团队产生致命影响。在创业初期，很多团队都会长时间地满负荷工作，并要求团队成员即使在非常大的压力下仍要长时间保持创业的激情。

3）团队原则

团队意识能够让企业充满凝聚力，让团队成员同甘共苦。如果把企业的收益公开并合理分配，就能够在团队中形成一股强劲的凝聚力。

团队中不鼓励个人英雄主义，而是要求每个成员都对团队有所贡献。团队成员要有把团队利益置于个人利益之上的觉悟，因为个人利益是建立在团队利益基础上的。在创业初期，团队成员不要过分关注短期的薪酬福利，应该愿意牺牲短期利益来获取未来的长期收益。

4）互补原则

团队成功的关键一点是能够让团队成员做到彼此优势互补。有的人适合内部管理，有的人适合拓展市场，管理与市场缺一不可。创业者要针对自身的能力缺陷与创业目标之间的差距，按需寻找团队成员。一支合格的创业团队，内部成员之间应能够很好地进行优势互补，这种互补同时能给成员之间的合作带来很大的帮助。

此外，在成员的选择上还要关注个人的性格和看问题的角度，团队中要有能够不断发现问题并对其提出建设性意见的成员，因为团队不可能依靠那些只会说好话的成员就取得成功。

5.2.2　创业团队组建的基本条件

1）树立正确的团队理念

（1）有凝聚力。创业团队的成员如果有正确的团队理念，就会相信他们共存于一个命运共同体中，收益共享，风险共担。团队发展要靠成员间彼此信赖和支持，要靠事业上的成功来激励每个人。

（2）诚实正直。诚实正直的品质是有利于客户、企业和价值创造的行为准则。

（3）着眼未来。团队成员要相信自己正在为未来长远的利益而努力工作，要成就一番事业，而不仅仅把企业看作一个致富的载体。团队成员追求的应该是最终资本回报带来的成就感，而不是眼前的收入水平、地位与待遇。

（4）承诺价值创造。所谓承诺价值创造，就是团队成员承诺为了让每个人都获益而把"蛋糕"做得更大，如增加客户的价值，让供应商与团队共同受益，让支持团队的利益相关者受益等。

2）明确团队发展目标

目标在团队组建的过程中有着极其特别的价值。目标首先是一个非常有效的激励因素。一旦成员了解了团队的发展目标，明白目标的实现意味着自己能够获得更大的收益，那么他就会把该目标当成自己的目标而努力工作。所以目标是团队克服困难并取得最终胜利的原动力。同时，目标还是一个非常有效的协调因素，因为团队成员有不同的个性与能力，所以需要把大家的步调协调一致。只有让团队成员的目标一致，团队最终才有可能取得成功。

3）建立责、权、利统一的团队管理机制

（1）创业团队内部需要妥善处理权利与利益关系。

首先，合理分配团队内部的权利。团队领导要清楚自己的成员谁更适合什么样的任务并承担什么样的责任。

其次，处理好团队内部的利益关系，这和初创企业的报酬体系相关。该体系包括股权、工资、奖金、个人的成长机会、技能的提高等。当然，每个人关注的点不一样，看重的内容也不一样，这与个人的价值观、奋斗目标和个人追求相关。有的人不想考虑得太远，只看重眼前的利益，而有的人追求长远利益。

最后，由于报酬体系对初创企业具有非常重要的意义，特别是初创企业的财力通常有限，所以团队领导会格外关注整个企业生命周期的薪酬体系的制定，让其具备一定的吸引力，并保证不同贡献度的人能够得到应有的回报，且不受人员增加的影响。

（2）制定创业团队的管理规则。创业团队应制定合理的管理规则，以此来维系团队成员的权利和利益关系。管理规则要有一定的前瞻性和可操作性，原则为先粗后细、由远及近、逐步细化、逐步到位。这有利于保证管理规则和团队的稳定性。管理规则涉及三个层面：

第一，治理层面。其要解决的问题是剩余索取权和剩余控制权。该层面的管理规则主要涉及合伙关系和雇佣关系两个方面。在合伙关系中，每个人都是企业的老板，都有一定的话语权；在雇佣关系中，老板只有一个。除了利益分配机制和争端解决机制，还有进入机制和退出机制，创业者要解决好退出的条件和约束及股权转让、增股等方面的问题。

第二，文化层面。其关注的是企业价值的认同问题。企业要有章程、有合同，但有这些还不够，因为企业章程与合同解决的是经济契约问题，而经济契约解决不了的要用文化契约来补充。文化契约可以用公理和法条来概括：公理，即不证自明的东西，是成员共同遵守的终极行为依据；法条，即任何人不得碰触的东西，对所有人都具有约束力。

第三，管理层面。其关注的是指挥管理权问题，具体包括：平等原则，即制度面前人人平等；服从原则，即下级对上级的服从；等级原则，即不要越级指挥和请示。

4）要有脚踏实地、一步一个脚印的心态

"心急吃不了热豆腐"，团队有了共同的价值观和目标后，实现目标也要花费很长的时间。要想实现目标，团队成员就要团结在一起，一步一个脚印地前进。

5）要有好的带头人

好企业、好团队都会有一个好的带头人，这个带头人要有广阔的知识面，敢想敢为，为企业的前进掌控方向；同时，在做事的过程中不能掺杂个人感情，要时刻关注团队的利益与追求，贡献出自己最大的力量。

6）荣辱与共

在企业的发展过程中，团队成员要同甘共苦、相互支持。企业的发展不会一帆风顺，团队成员要有较强的心理素质，能够客观分析问题，积极配合，团结一心，共同面对问题。

7）团队利益至上，按规则办事

团队利益高于一切，一切事务的出发点均应以团队的利益为准，如果有人触犯了团队的规则，就要受到相应的惩罚。

8）要有不断进取的学习心态，让团队成为学习型组织

团队成员要不断学习、不断"充电"，使团队成为学习型组织，从而使团队和企业不断发展壮大。

9）大家能认可现有规则

所有人都认可的规则就是团队的标准和规范，团队成员要无条件地执行。

10）互相信任

团队成员要相信团队领导。团队的建立是为了实现团队的价值，作为领导，不能为了个人的想法而滥用成员的信任、为所欲为，每项工作都要以团队利益和团队的统一价值观为出发点。当团队中出现分歧时，要按照规章制度办事。当然，也要理解并尊重少数人的不同意见，因为有时真理会掌握在少数人手中。同时，团队领导也要相信自己的成员。

案例讨论 5-1

打不死的新东方

——俞敏洪的创业团队

一、初次创业：组建核心创业团队

俞敏洪，1962年10月出生于江苏江阴，1980年考入北京大学西语系，毕业后留校担任外语系教师。1991年9月，俞敏洪从北京大学辞职，开始自己的创业生涯。1993年，俞敏洪创办了新东方培训学校，创业伊始，他单枪匹马，独自承担宣传、授课等所有工作。但是一个人的精力是有限的，创业也不是一个人能实现的事。俞敏洪认识到，他需要更多有过硬的专业知识和能力、更要和俞敏洪本人有共同的办学理念的合作伙伴，帮助他把控英语培训各环节的质量，这样才能把公司做大，在同类学校中脱颖而出。

1994年，在北京做培训的杜子华接到了俞敏洪的电话，几天后，两个同样钟爱教育并有着共同梦想的"教育家"会面了。谈话中，俞敏洪讲述了新东方的创业和发展、未来的构想、自己的理想、对人才的渴望。这次会面改变了杜子华单打独斗实现教育梦的想法，他决定在新东方实现自己的追求和梦想。

1995年，俞敏洪来到加拿大温哥华，找到曾在北大共事的朋友徐小平。这时的徐小平已经来到温哥华10年之久，生活稳定而富足。俞敏洪不经意地讲述自己创办新东方的经历，文雅而富有激情的徐小平突然激动起来："敏洪，你真是创造了一个奇迹啊！就冲你那1 000人的大课堂，我也要回国做点事！"

随后，俞敏洪又来到美国，找到当时已经进入贝尔实验室工作的同学王强。白天王强陪着俞敏洪参观普林斯顿大学，让他震惊的是，只要碰上一个黑头发的中国留学生，竟都会向俞敏洪叫一声"俞老师"。王强后来谈到这件事时说自己当时很震惊，受到了很大的激励。俞敏洪说，你不妨回来吧，回国做点自己想做的事情。就这样，徐小平和王强都站在了新东方的讲台上。

1997年，俞敏洪的另一个同学包凡一也从加拿大赶回来加入了新东方。新东方就像一个磁场，凝聚起一个个年轻的梦想，这群在不同土地上为了求学洗过盘子、贴过广告、做过推销、当过保姆的年轻人，终于找到一个突破口，年轻人身上积蓄的需要爆发的能量在新东方充分得到了释放。

就这样，从1994年到2000年，杜子华、徐小平、王强、胡敏、包凡一、何庆权、钱永强、江博、周成刚等人陆续被俞敏洪网罗到了新东方的门下。

徐小平曾是俞敏洪在北京大学时的老师，王强、包凡一同是俞敏洪北京大学西语系80级的同班同学，王强是班长，包凡一是大学时代睡在俞敏洪上铺的兄弟。这些人个个都是能人、牛人，每个人都很有才华，而个性却都很独立。俞敏洪曾坦承：论学问，王强出身书香门第，家里藏书超过5万册；论思想，包凡一擅长冷笑话；论特长，徐小平梦想用他沙哑的嗓音做校园民谣，他们都比我厉害。俞敏洪敢于选择这帮牛人作为创业伙伴，并且真的在一起做成了大事，成就了一个新东方传奇，从这一点来说，他是一个成功的创业团队领导者。

二、二次创业：团队领导人的坚守与担当

2021年7月，国家推行"双减政策"，教培行业濒临"瓦解"，新东方也受到重创：市值下跌90%，营收暴减80%，教学点从接近1 800家下降到几百家，员工被辞退了6万人，大部分学校关停，损失高达200亿元。近30年的心血一夜蒸发，在行业哀嚎和外界唏嘘声四起时，俞敏洪上演了教科书级的退场，退掉了学生的学费，结清了老师的工资。中坤投资集团董事长黄怒波劝俞敏洪"认怂"，因为大势已去。但俞敏洪的回复却是，"还没有到认怂的时候"。

教培行业"瓦解"后，俞敏洪表示要进入直播领域，因为他要带着团队重新蹚出一条路来："我如果不努力，新东方只有死路一条。"

从2021年年底开始，俞敏洪用"东方甄选"直播间做起了直播带货。在直播间，新东方的英语老师们一边教英语知识，一边卖货。如今，"东方甄选"抖音号的粉丝已经突破2 700万。一夜之间，朋友圈被新东方"双语带货"刷屏了，主播屡次上热搜，直播间销售额指数级增长，那个曾经被拍成电影、让人艳美的公司又回来了！

"打不死的新东方"背后，更值得敬佩的是俞敏洪身上的企业家精神及担当。这也正是俞敏洪能带出"东方甄选"这样强悍的团队的原因。

俞敏洪创业近30年，最多时领导超过10万名员工，他对人性和商业的洞察的智慧，值得我们细细体会：

（1）自创气场——气场不够，再强的团队都要散伙。俞敏洪说：做领导就是做气场，气场不够，再强的团队都要散伙。他认为要培养领导力，不能总是跟着人走，一定要"宁为鸡头不为凤尾"，要学会避开高压气场，自创气场。

（2）主动分享——做一个真正有气度的领导人。"有难同当，有福同享"，这是无比重要的。在俞敏洪看来，带领团队就是要做一个真正有气度的领导人，要进行情感分享、知识分享、成就分享、利益分享。

（3）韬光养晦——凡事不操之过急。由于某些原因，俞敏洪有3年没有做新东方的董事长和总裁，但是，股东们又把他请了回来。俞敏洪韬光养晦3年以后重新回到了董事长和总裁的位置上，并成功使新东方在美国纽交所上市。

（4）红线管理——过线必罚，线内包容。过线必罚是指当部下出现了违反原则的问题，是必须要接受惩罚的，新东方曾有五六名员工因为贪污而被送进了监狱；线内包容是指对于非原则性问题，领导都可以包容，哪怕有人侮辱他都没关系。

（5）尽在掌控——千万不要去做掌控不住的事情。俞敏洪认为，千万不要去做掌控不住的事情，也不要去做会出问题的事情。

一支强悍的团队一定源于有强悍的领导者，正是俞敏洪自强不息的品格和他对人性与商业洞察的智慧、敢于承担社会责任的勇气与操守，才成就了他强悍的领导力。在俞敏洪的领导下，新东方再次整合了自己的核心团队，实现了成功逆袭。这就是企业家俞敏洪给我们的启示，值得我们学习和思考。

资料来源　南方."东方"不败 俞敏洪的坚守和回归［EB/OL］.［2022-06-20］. https://www.sohu.com/a/559257416_121124707.有删减.

思考与讨论：（1）创业初期，俞敏洪通过什么方式聚集团队人才？他在团队中扮演什么角色？

（2）俞敏洪与一帮"牛人"合作创业，这体现了他什么样的个人魅力和管理方法？

（3）通过俞敏洪的创业过程，我们能得到什么启示？

5.2.3　创业团队组建的影响因素

创业团队的组建会受到很多因素的影响，这些因素也影响着团队未来的运行效率，具体包括：

1）创业者

是否要组建创业团队，主要由创业者的能力和思想意识来决定；同时，创业者还影响着团队组建的时间表和具体成员的组成。因为只有创业者意识到自身的能力不足，为了弥补这一不足，才会考虑组建团队，以及何时引进什么样的人员。

2）商机

不同的创业团队擅长寻找不同类型的商机，所以创业者应尽可能地让自己的团队与商机相匹配。

3）团队目标与价值观

具有相同的价值观和统一的目标是组建创业团队的前提，如果不认可团队目标，成员就不能全力服务于团队，并会导致部分成员在创业过程中脱离团队。没有统一的目标和价值观，即使组建起团队，也不能有效发挥其优势。

4）团队成员

团队成员的能力之和决定了团队的整体实力与潜力。组建团队的必要条件是团队成员之间的能力能够互补，而相互信任是团队组建的基础，没有信任，会导致成员间的协作出现问题。

5）外部环境

外部环境对企业的生存和发展会产生直接影响，具体包括制度性环境、基础设施服务环境、经济环境、社会环境、市场环境、资源环境等，并从宏观上间接影响创业团队组建的类型。

5.2.4　创业团队组建的模式

对于创业团队投资，不同的投资时机、投资对象、投资金额、对投资收益的期望使投资的风险性不同，所以对不同类型的投资活动应采用相对应的组织形式。一般创业团队投资主要采用公司制和合伙制两种组织形式。

1）公司制

创业团队投资采用公司制组织形式，即设立有限责任公司或股份有限公司，通过公司的运作机制及形式进行创业投资。采用公司制的优势有：①有效集中资金进行投资；②公司通过自有资本投资，更加有利于风险控制；③公司可以根据自身的发展对投资收益进行必要的扣除后再进一步分配；④如果公司能够快速发展，就可申请对其改制上市，让投资者的股份能够公开转让，得到的资金用于再投资。一般非家族成员的创业者更倾向于采用公司制的形式。

2）合伙制

合伙制形式，更有利于结合创业投资中的激励机制。合伙制主要包括全体合伙人共同执行合伙企业事务、委托一名或数名合伙人执行合伙企业事务这两种形式。前者是指按合伙协议的规定，每个合伙人都直接参与经营并对企业事务进行处理，对外代表合伙企业；后者是指由一名或数名合伙人处理合伙企业事务，对外代表合伙企业。

目前，我国主要有四种合伙形式：亲戚间合伙、家族内合伙、朋友间合伙、同事间合伙。一般来说，资讯类公司、律师事务所和会计师事务所及农民们创办的很多企业会采用合伙制形式。全世界的小企业中超过80%是家族企业，甚至《财富》杂志排名前500的大企业中也有3成是家族控制的。不同的合伙制形式有不同的特点。创业时期，家族合伙制凭借血缘关系，能够低成本地获得人才，不计回报地奋斗，让企业短时间内获得竞争优势，团队成员的沟通更加容易，在获得市场反馈时，总代理成本低于其他类型的企业。当然，这种类型的企业的缺点是不容易获得特别优秀的人才，并且一定程度上企业的快速发展会受到制约。

5.2.5　创业团队组建的步骤

当创业者有了创业的想法后，可以遵循以下步骤组建团队：

（1）撰写创业计划书。通过创业计划书的撰写，捋清发展思路，为组建团队奠定基础。

（2）优劣势分析。通过优劣势分析，清楚自己擅长的和不擅长的事情。创业者首先要清楚自己所从事的创业活动，并通过SWOT分析工具来分析自己具备的创业条件：优缺点、性格特点、具备的知识、人际关系和资金等。

（3）寻求创业合作伙伴并确定合作形式。创业者根据自身情况，通过各种渠道（广告、朋友介绍、招商会、互联网）寻找与自身互补的合作伙伴，并选择适合创业计划的合作形式。

（4）沟通交流，达成创业协议。找到适合的有创业意愿的伙伴后，双方要就创业计划、股权分配等深度沟通。如果不进行充分的沟通，就有可能出现创业后因缺乏沟通导致团队解散的后果。

（5）确定团队成员的责、权、利。

5.2.6　创业团队组建的风险成因

创业团队的组建存在一定的风险，并有可能导致创业活动失败。

1）盲目照搬成功的组建模式

创业团队组建一般有三种模式：关系驱动、要素驱动和价值驱动。

（1）关系驱动：由以创业领导者为核心的人际关系圈内成员构成的团队。这种团队内的成员因自身的经验、兴趣、友谊等因素成为伙伴，彼此发现商业机会后共同开展创业活动。

（2）要素驱动：创业团队成员利用创业资源、技能等的互补组建团队，成员彼此间处于相对平等的地位。

（3）价值驱动：创业团队成员具有很强的使命感和成功的欲望，将创业看作自我价值实现的一种方式。

以上三种模式适用的条件各不相同，不能盲目照搬，否则会给创业团队带来风险。目前，最常见的是关系驱动模式，因为这种模式更符合我国的文化特点，团队具备更高的稳定性。但这种模式中存在的远近亲疏关系，又会成为制约团队发展的瓶颈。要素驱动模式更适合西方企业，互联网创业团队倾向于选择这种模式，只要团队成员顺利磨合，就能大大缩短企业成功所需的时间；但要是磨合得不顺利，团队就很容易解散。价值驱动模式中的团队成员尽管组成团队的原因是为了实现自我价值，但彼此如果产生了意见分歧，就很容易解散，往往没有妥协的余地。

2）团队成员选择具有随意性和偶然性

团队的作用是把个体整合，让团队更具备并长期保持攻击力。英国学者贝尔宾曾考察了上千支创业团队，并对其进行了大量的研究，发现成功的创业团队不能缺少九种角色的成员：提出创新观点并做决策的创新者；思想转化为行动的实干者；将目标分类、对角色职位与义务进行分配的协调者；推动决策进行的推进者；从外界谈判并引进信息的信息者；对问题进行分析并对他人贡献进行评估的监督者；对他人给予支持和帮助的凝聚者；时刻关注任务的时效性并完成任务的完美主义者；具备很强专业技术和知识的专家。

可是在创业团队刚开始组建的时候，由于团队规模和人数的限制，没有全面考虑人员的配置，总是充满随意性和偶然性，有时只是因为机缘巧合地结合在一起，因此初创团队很难具备这九种类型的人才；之后由于成员补充的滞后，或某种类型人员较多，导致角色与优势重叠，最终导致矛盾的产生，影响创业团队，甚至导致其解散。

3）缺乏明确一致的团队目标

马斯洛曾说过，优秀的团队往往具备共同的愿景与目标。愿景能够把人凝聚在一起，目标则是愿景在客观环境中的具体表象，为团队指明方向，成为团队的原动力。

但真实情况是，创业初期，很多团队没有明确的目标，发展方向模糊不清，即使团队的领导清楚自己的目标，也不能保证团队中的成员都明确该目标。随着创业活动的开展，团队成员渐渐认识到目标和现实之间的差距，要对其进行调整，如果成员之间的矛盾很难去调节，或者个人目标与团队目标的差距过大，就会导致团队的解散。

4）激励机制尤其是利润分配方式不完善

能够长期维持团队士气的方式是有效激励。只有通过长期有效的激励，才能让团队的生命力保持长久，有效激励要重点关注团队成员的合理"利益补偿"。当下，影响创业团队并导致其散伙的主要原因有两个，分别为团队矛盾（占比26%）与利益分配（占比15%）。团队矛盾中也存在利益的因素，所以，利益分配会给创业团队的长期发展带来很大的影响。

现实情况是，由于团队刚刚组建，未来还无从得知，也无法准确衡量每个成员在团队中的贡献，所以也就没办法准确制订出合理的利润分配方案，只能暂时采取平均主义的做法。随着企业的成长、企业利润的增加，在分配利润的时候，团队成员之间就会产生争议并有可能导致团队解散。例如，无锡尚德太阳能电力有限公司在创业初期长期处于亏损状态，等到企业开始盈利时，由于利润分配方案的问题，导致5名初始创业团队成员走了4名，这4名成员后来进入光伏电池行业，成为该公司的竞争对手。

5.2.7　创业团队组建的风险控制

1）选择合适的团队成员

优势互补的创业团队成员能够保证团队的稳定，同时可以降低团队组建模式的风险。团队创建初期，不需要太多的人，够用即可。在成员选择上，应重点关注成员在能力与技能上的互补情况，最好能够基本满足理想团队的九种角色需要，同时尽量让成员的能力与技术处于同级，不要有太大的差异。如果团队中某一成员的理解能力、表达能力、执行能力、社会资源能力、思维创新能力等与他人存在较大差距，就会产生沟通障碍和执行障碍，影响团队的发展。

此外，还要考虑创业激情对成员的影响。创业初期工作经常是超负荷的，如果缺乏创业激情和对事业的信心，即使专业水平很高，也会对团队成员产生消极影响。

例如，携程旅行网之所以能够成功，一方面是抓住了互联网飞速发展的契机，另一方面是自身拥有一支优秀的创业团队。

2）确定清晰的创业目标

创业团队应通过实践中不断归纳总结的经验教训，形成明确的创业思路，制定清晰的创业目标，作为团队努力的方向。

目标要体现团队成员的利益，并要所有成员都能够正确理解，只有这样才能有效激励团队成员。同时，目标不能好高骛远，要具备可执行性，并能够随着环境和组织的变化进行调整。例如，1998年成立的北京交大铭泰信息技术有限公司，主要研究、开发与销售翻译软件。创业初期就确定了3年成为我国最大的应用软件和服务提供商这一目标，目标的明确性保证了团队成员的稳定，主要成员至今都没有太大变化。

3）制定有效的激励机制

要想制定有效的激励机制，就要明确团队成员的利益需求。人与人的利益需求是不同的，有人看重物质利益，有人看重荣誉、发展机会、能力提高等。这就要求创业团队的领导能够多与团队成员进行交流、沟通，有针对性地进行激励。

利益分配方案要根据不同成员的贡献并依据成员在整个创业活动中的表现来制订。利益分配方案要有一定的灵活性，股权、工资、奖金、个人成长机会、技能培训等都可以作为有效激励手段，并根据实际情况随时调整。例如，腾讯公司的创业团队长期以来保持了很高的稳定性，合理有效的利润分配机制在其中起到了很重要的作用。尽管腾讯公司后来进行了多次股权转让，但5位创始人一直拥有公司的大部分股份，随着公司的上市，这5位创始人都获利颇丰。

5.3　创业团队的管理

创业团队组建成功后的首要任务是有效管理团队，本节会从团队的管理方法、管理技巧和策略等方面来介绍。

5.3.1　创业团队的管理方法

1）分权管理

所谓分权，就是把责任转交给他人，而不是所有决策都由自己来做。将确定的工作交给下级，让其保持适当的独立性并承担一定的责任，能有效提高下级的工作意愿和效率。下级因此提高了工作积极性，上级得以从具体工作中解放，更多地投入自身的领导工作中。

2）漫步管理

漫步管理是指最高领导不是埋头待在办公室中，而是让下属经常能见到他，领导好像在公司中"漫步"一样。这样领导就可以随时获得一手信息，清楚下属的烦恼、企业中存在什么样的问题。

3）结果管理

结果管理指的是上级把得到的结果作为管理工作的重点，但在进行结果控制的时候不评价每个下属，而是评价部门或其所属的一个岗位。这里也要注意提高下属的工作意愿和责任感。

4）目标管理

上级要给下属定一个目标，如市场占有率提高10%，各部门共同确定实现目标的方法并全力执行，上级负责对目标的变化情况进行检查。

5）例外管理

例外管理是指领导只有在例外的情况下才亲自进行决策。比如，一个消费者在买东西的时候想要15%的折扣，而销售人员只有给予10%的折扣的权限，这时候就必须由上级来做决定，这就叫例外管理。这种方式也可以提高员工的工作意愿，员工因为有了独立处理问题的权限，也能减轻上级的负担。但这里存在的困难是对正常业务和例外情况的界定，要经常确定决策范围。

6）参与管理

参与管理是指让下级对某些问题拥有一定的决策权，特别是这些决策与他本人有关的时候，如对某位员工调职到另外的部门或地方任职。如果员工对一些问题有发言权，会感觉受到了尊重，能够明白调职的意义，感受到领导对他的信任，从而提高对企业目标的认同。

7）系统管理

系统管理是指对确定的企业流程进行管理。这种管理适合工业企业，即针对整个工作过程制定通畅的流程和相关规定，目的是保障整个系统的正常运行，让员工的工作满足技术要求。

5.3.2 创业团队的管理技巧和策略

团队创业的成功率不一定高于个人创业的成功率，原因一般有两点：决策分歧和利益冲突。要想解决这两个问题，就需要团队找到适合自身的结构模式。

1）创业团队的特殊之处

对创业团队的管理与对一般工作团队的管理不一样。对于工作团队，如研发团队、销售团队和项目团队，其人员稳定性一般比较高，所以对这类团队的管理通常集中在过程管理上，强调通过制定沟通机制、决策机制、互动机制和激励机制等来有效发挥集体智慧，实现优势互补，提高绩效。然而对于创业团队，关注点在结构管理而非过程管理上。

首先，创业团队管理是缺乏组织规范条件的团队管理，尤其是在创业初期，创业团队还没有规范性的管理制度，一般只能通过"人治"来管理，从而导致一些分歧处理起来比较困难。同时，格外重要的信任关系又很难在成员之间迅速建立，所以，这就需要创业团队在创业初期建立一个合理的组织结构。

其次，创业团队管理是缺乏短期激励手段的管理。成熟企业的工作团队依靠其资源优势，借助工作考核等方式，能在短期内实现成员投入和回报的动态平衡。而创业团队在创业初期会把大量时间、精力、资金等投入创业活动中，却无法迅速获得回报，除了自身资源的限制外，主要原因是创业团队的回报以创业成功为前提。所以当成功不能一蹴而就时，一个合格的合伙人就显得格外重要了。

最后，创业团队管理是以协同学习为核心的团队管理。成熟企业工作团队的学习以组织知识和记忆为依托，成员间共享相似的知识内容。而创业活动充满了不确定性，通过不断试错和验证来创造与存储知识。创业团队的协同学习建立在创业前所形成的共同认知与观念的基础上，这仍旧取决于团队的初始组织结构。团队创始人对成员的选择决定了团队管理的基础结构。

2）创业团队的三维结构

创业团队的结构管理可以从三方面入手：知识结构、情感结构和动机结构。知识结构反映了创业团队成功创业所具备的能力素质，情感结构决定了创业团队成员能否凝聚在一起，动机结构则是创业团队实现理念和价值观认同的关键因素。

（1）知识结构管理。其最关键的是组建以创业任务为核心的知识、技能互补型团队，并关注团队成员是否具备足够的能力，以完成创业活动的相关任务。例如，《西游记》中唐僧所率领的团队就是一支典型的创业团队。师徒四人性格不同，又都具备他人无法替代的优势。唐僧慈悲为怀，有很强的使命感，有较强的组织设计能力，能够注重行为规范和工作标准，并作为团队核心担任团队主管；孙悟空有高强的武力，作为取经路上的先驱者，理解、完成任务的能力非常强，是团队的业务主干；猪八戒没有太强的能力，好吃懒做，但性格好，能够活跃工作气氛，使得取经之路不太沉闷；沙僧勤恳踏实，平时不显山不露水，关键时候能够站出来稳定大局。

（2）情感结构管理。其要关注的是年龄和学历等不可控因素。如果创业团队中成员的年龄与学历差距太大，有可能出现各种冲突与争辩，导致团队浪费大量时间去解决沟通问题和内部矛盾，使得内耗大于建设，影响创业活动的有序进行。

（3）动机结构管理。其要关注创业团队成员的理念和价值观是否具备异质性。如果成员的价值观存在过大的差异性，可能会出现如下情况：有事业心的成员更加注重长远收益，另外一些人只关心眼前的短期获利。团队成员如果有相似的理念和价值观，则能让团队拥有一个愿景，保持统一的努力方向，克服困难走向成功。

3）结构与过程互动

建立促进合作和学习的决策机制是发挥创业团队结构优势并成功创业的重要途径。团队核心成员是否能够发现其他人的优势并互相学习，决定创业是否能够顺利进行。团队的建设原则如下：

（1）培育合作式冲突的氛围和文化。创业团队成员不可能不发生冲突，但只要团队成员能够长期坚持一致的目标，多发现对方的优点和价值，而不是怕挑战自己的权威，就不会有太大的问题。合作式冲突的氛围能够有效调动团队成员的潜力，有利于形成有效决策和机制。

（2）避免竞争式冲突。竞争式冲突就是创业成员间的观点争论，这种争论主要源于个别成员固执地认为自己的观点是正确的，无法听进去别人的观点。而创业过程不仅需要各种观点，还需要团队领导迅速做出正确决策。需要观点不意味着无限依从，而是将其整合，这既需要有充分表达各种观点的开放性机制，又需要有高效决策的集中性机制。

5.4　创业团队的股权分配

几个好朋友最初由于一个很简单的想法，聚在一起创业，但最后往往是一拍两散，一个很常见的原因是公司不合理的股权分配。股权一般分为两大类：资金股权和经营股权，也可以理解为经济权和政治权。

资金股权的确定要区分投资者的类型。通常情况下，个人投资要了解投资者的特性，而机构投资通常会有一套价值评估系统。个人投资者投资创业团队，最关注的是这个团队的人，然后才是项目本身，所以要从人的角度来分析投资资金所占股份的比例问题。如果投资者有很强的控制欲，创业团队很难和投资者去谈股权，更好的选择是通过把项目做大让团队获得更大的收益；如果投资者的性格很豪爽，创业团队就有可能获得控股权。

对于经营股权，在定好比例后，按照每个人在团队中承担的职责和能力来确定。如果存在争议，可以利用绩效评价系统、让股权随着个人绩效的变化进行调整的激励制度等来解决。具体分配比例一般是按照岗位职责而不是人来确定，特殊情况下还可以从创意的角度来分配股权。

所以如果不想在创业过程中出现各种问题，就要做好股权分配工作，创业者应尽量不要按照人而是按照客观的资金、职责、岗位、创意等来进行分配。

5.4.1 创业团队股权分配概述

1) 创业团队股权分配的对象

合理的股权架构是由创始人、合伙人、投资人、核心员工这四类人来掌握大部分股份。因为无论是公司未来的发展方向、资金管理还是具体计划的执行，这四类人都在其中扮演着重要角色，所以创始人一定要关注这些人的利益。

（1）创始人：掌控公司的发展方向，所以要保证创始人的控股权。

（2）合伙人：要想把合伙人凝聚在一起，就要保证合伙人的经营权和话语权。

（3）投资人：要吸引投资人的加入，就要保证投资人的优先权。

（4）核心员工：保证核心员工的分配权，能有效激发其创造力。

2) 创业团队股权分配的核心和关键

之所以要做好股权分配工作，就是希望团队成员真正感受到合理与公平，把精力投入到工作当中。这里面有两个关键点：

（1）保证创业者拥有对公司的控制权。公司的创始人最好能够拥有绝对的控股权，尽量高于67%，至少不低于50%。这样创始人就拥有绝对的话语权，能够更好地掌控公司的发展方向。

（2）实现股权价值最大化。股权代表着未来的财富，送出去一部分股权，能够吸引优秀的合伙人和其他人才。同固定工资相比，股权的远期投资价值更高，一旦公司发展壮大起来，手中的股权就有可能翻倍，因此创业者可以通过这种方式来吸引人才。

3) 对创业团队股权分配的管理

具体的管理措施包括管理好合伙人的得权期、退出机制、回购权，对以上内容提前做好约定，以避免日后产生纠纷。

（1）得权期。得权期一般定为4年，意味着员工要在公司干满4年才能拿到自己的股权，以此吸引、留住并激励优秀员工。

（2）退出机制。合伙不能只进不出，公司的股权价值是所有合伙人持续、长期地服务于公司赚取的，当合伙人离开公司时，其所持股权就要通过一定的方式退还。

（3）回购权。如果股东在中途退出、转让或出售部分股份，公司可以根据公司估值的百分比、原始股购价的几倍溢价等回购其股份。

5.4.2 创业团队股权分配的原则和方法

1) 最大责任者一股独大

在欧美国家，即使几个创始人平均分享股权，公司也可以做起来；而在中国，要想做好公司，一般都是一股独大。因为在中国，最常见的是大家都信服一个大股东，由这个人作为公司的决策者，再搭配1~2个占股权10%~20%、能够和大股东形成互补优势的合伙股东；合伙股东要能发出和大股东不一样的声音，并对公司有一定的影响力。这种有人决策、有人担责，又能够发表不同意见的模式更容易成功。

股权分配最核心也是最容易被忽略的就是要让成员感受到合理、公平，这样他们才能够专心做事。此外，创始人还要和成员开诚布公地阐述自己的想法，这样更容易获得成员的认可，以建立相互信任的关系。

投资人在投资早期项目的时候，最常见的股权结构是创始人占50%~60%，联合创始人占20%~30%，期权池占10%~20%。不少创业者觉得自己是创意的提出者，应该占最大的股份，但创业是一个长期而艰苦的过程，不能仅靠一个创意就能成功，而是通过不断地试错和调整，一步一步走向成功的，而且最后的成品和早期的创意相比往往相差甚远。如果创意的提出者除了提出的创意外，无法在创业的过程中做出更大的贡献，就有可能导致其他创始人因为分配不公而退出团队另起炉灶。

2）杜绝平庸和拖延

创业团队的股权绝对不能平均分配。一般创始人不喜欢谈论股权分配，总喜欢回避这一问题，或者模棱两可地说"我们是平等的"，或者说"先做事，其他好商量"，甚至不断拖延。如果创始人多于3人，这种讨论就更困难了。

创始人应该在第一天就把股权分配的问题讲清楚，因为股权分配拖得越久，就越容易出现问题。而随着创业活动的进行，很多人都会觉得项目的成功离不开自己的贡献，于是股权分配问题就越来越难以讨论。所以股权分配问题要尽早解决并达成共识，最佳的讨论时机是几个人在决定做事之前。

3）股权绑定、分期兑现

仅仅确定了股份的比例还不够，如果团队中有一个人拿了很多股份，但在创业的过程中却没有做出足够的贡献怎么办？或者有人中途离开了团队，他的股份该怎么处理？

美国的公司一般都设置了关于创始股东的股权绑定机制。公司股权会根据创始人在公司工作的时间来逐步兑现，所有创始人都要在公司工作一年以上才可以持有股份，而好的股权绑定计划都要超过4年。例如，4年期股权绑定，就是在每年兑现一部分，4年全部兑现完。中国的大多数公司都未设置股权绑定机制，这会给公司带来不利影响。

股权绑定还能够对合伙人之间的股权分配不平衡起到调节的作用。例如，最初制订的股权分配方案存在不合理的情况，或者后期一些股权持有者的贡献与其股份的占比明显不成比例，有的人贡献大股份少，有的人贡献小股份多，董事会就可以通过协商，把这些人还没有兑现的股份进行重新分配。这样做更容易被成员所接受，因为已经兑现的股份没有变。即使有人因此离开公司，也有明确、公平、已经兑现的股份。

股权绑定在西方是一个很常见的公平手段，这是创业公司为了把股权留给真正为公司做出贡献的人而制定出来的，以防创始人离开公司后仍然持有公司的股权，不劳而获。

这种制度不被那些没经历过股权纠纷的创业者所接受，因为他们害怕自己不能给项目带来价值并因此失去股份，真正经历过股权纠纷的创业者则更容易接受这种制度。

4）具有契约精神

股权分配的核心就是契约精神，对创业团队成员来说，股权的确定就是利益分配机制的确定。撇开后期的调整机制，在创业过程中，成员的努力和贡献与分配比例没有关系，对成员最基本的要求就是努力工作。我们要明白，创业成功，1%的股份也不少，创业失败，100%的股份也没用。

■ 复习与思考

1. 简述创业团队组建的基本原则和基本条件。
2. 简述创业团队投资的组织形式。
3. 简述组建创业团队的方法和程序。
4. 简述股权分配的原则和方法。

第6章

创 业 融 资

■ **知识目标**

（1）掌握创业融资渠道及其特点。

（2）掌握创业融资成本的构成、评估及控制。

（3）了解创业融资决策的基本原则。

■ **素养目标**

培养学生求真务实的工作作风和吃苦耐劳的奉献精神。

案例导入 **资金对创业企业的重要性**

在第二次世界大战期间，宾夕法尼亚大学的普雷斯波·艾克特和约翰·莫奇带领一个小组从事计算机研制工作。1946年，他们开发出了第一台具有工作用途的计算机，紧接着成立了艾克特-莫奇公司，将计算机商业化，并在1948年将其推向市场。这比IBM公司的第一台商用计算机整整早了6年。但由于艾克特-莫奇公司承担不了庞大的研究开发费用，缺乏财务资源的支持，最终被其他公司兼并。

这是一个典型的创业企业因缺乏资金支持而导致创业失败的案例。

创业不是一次偶尔为之的即兴行为，而是一个包括创业动机产生、创业机会识别、创业组织设立、企业成长及创业收获的长期渐进过程，这个过程离不开资金的支持。根据统计资料，平均每个高科技企业在其创业之初的5年之内，需要200万～1 000万美元的启动资金，而10年后这个数字又会增长1倍。可见，资金是创业企业创立、发展与壮大所必备的战略资源之一。任何一位创业者都必须站在战略制高点来理解资金对创业的意义，并扎实地做好创业融资工作，才能促进创业活动的顺利开展。

【思考与讨论】

（1）你对创业融资有怎样的认识？

（2）作为创业者，你能想到的创业资金来源有哪些？

（3）创业融资过程中需要考虑的问题有哪些？

6.1 创业融资概述

融资其实就是资金融通的简称，指的是企业根据自身的生产经营、对外投资及调整资金结构的需要，通过一定的渠道采取适当方式来获取所需资金的行为。从广义的角度来说，融资既包括资金的融入，同时也包括资金的融出。对于新兴的创业企业来说，融资单纯指的就是资金的融入，也就是企业根据其经营、资金运用以及未来经营发展的需要，通过相应渠道或者方式来筹集资金的一系列行为，比如购置企业设备、引进技术、进行技术和产品开发等。

对于大多数创业者来说，资金仍是其最稀缺的资源。在市场经济大环境中，如果成立一个企业就需要具有一定数量的注册资本，缴纳一定的注册费用，购买相应的设备，招聘相关职位的员工等，这一切都离不开企业的资金支持。企业在运营过程中更是需要有资金"血液"的支撑。资金是企业的"原动力"，也是企业最基本的运营要素之一。我国大部分创业企业的融资都存在很大困难，大多表现为：融资渠道过少、融资的成本相对较高、对应的融资风险也较大等。与此同时，融资之所以难，也是由于自身错综复杂的因素与金融制度和政策方面的诸多原因。例如，缺乏多个维度的资本市场体系、商业银行专业分工不合理、信用制度未能全方位完善、金融债权的维护非常困难、抵押担保的制度落地困难、商业银行信贷管理体制不适合创业企业等；也有创业企业自身存在的相关因素，如企业信息不对称、创业企业自身资产信用不足、财务与企业制度不健全、财务报告不实、竞争力不强、缺乏融资专业经验与知识等。

创业者的主要任务就是寻找创业运营资金，因此创业者需要掌握获取资金的相关知识与技能，包括创业资金的来源、资金的使用与管理、财务计划等。

6.2 创业融资渠道

创业企业的资金问题可以通过创业融资渠道来解决。创业企业的融资渠道可以分为债权融资与股权融资、内部融资与外部融资、直接融资与间接融资六个类型。创业者需要对资金来源的优缺点、获取条件、融资成本等进行全面了解，才能使得创业企业自身的融资能力有所提升。

6.2.1 债权融资与股权融资

1）债权融资

债权融资是指企业从外部进行借款并能够承担按期归还本金、支付相应利息的义务，主要包括向政府借贷、向银行借贷、向亲朋好友借贷、向民间借贷，以及向社会公众发行债券等形式。创业者向亲朋好友借贷是债权融资的最初阶段，而发行债券则是债权融资的最高阶段。

债权融资的特点是：融资的企业必须按照借款协议履行归还期本金归还与支付利

息义务，通常来说这并不会影响到企业的股东与股权结构。

2）股权融资

股权融资是指企业通过公开发行公司股票或者以私募的方式增加创业企业的资本，无须归还本金与支付相应利息，但需要分配企业红利。其主要包括创业者自身对企业的出资、国家财政投资、与其他企业进行合资、吸引投资基金的投资、公开向社会发行股票等形式。创业者自身进行出资是股权融资的最初阶段，而公开向社会发行股票则是最高阶段。

股权融资的特点包括引入资金而无须进行偿还，但同时企业需要引入新的股东，使企业的股东构成和股份结构发生实质变化。因此，并不需要支付相应利息，同样也不需要按归还期来归还本金，但需要按照企业的实际经营状况来支付企业的红利。

股权融资与债权融资体现了不同的产权关系。股权融资体现的是所有权与控制权二者之间的关系，企业的股东就是投资者，享有企业的最终控制权与剩余索取权；债权融资则体现的是债权与债务二者之间的关系，作为信用中介的银行拥有企业的相机控制权，如果企业不能按照合同进行履约，其控制权就会转移到银行手中。

案例讨论6-1

江南春1991年考入华东师范大学中文系，大学三年级时自筹资金100万元创办永怡传播公司，并用10年时间使永怡传播公司成长为国内最知名的本土广告公司之一。

2003年，江南春创立分众多媒体技术（上海）有限公司和分众传媒（中国）控股有限公司。2003年6月，国际著名投资机构SOFT BANK（软银）和UCI（维众投资）宣布对分众传媒投入巨资。2004年3月，UCI、鼎晖国际投资、TDF基金，以及美国知名投资机构DFJ、W-HARPER（中经合）、麦顿国际投资等企业联手注资分众传媒数千万美元。2004年11月16日，分众传媒与UCI、美国高盛公司和英国3i公司在人民大会堂召开新闻发布会，宣布UCI、高盛和3i共同投资3 000万美元入股分众传媒。2005年10月，分众传媒以1亿美元的价格收购框架媒介的100%股权。2006年1月，分众传媒以3.25亿美元的价格合并中国第二大楼宇视频媒体运营商——聚众传媒。2006年3月，分众传媒以3 000万美元收购手机广告商——凯威广告，正式进军手机广告领域。2006年6月，由解放日报集团和分众传媒联合投资的直效传播平台"解放分众直效"正式运营，覆盖北京、上海、广州和深圳800座高端写字楼中的15 000家公司，直接影响150万名商务人士。2006年8月31日，分众传媒宣布收购影院广告公司ACL，同时，ACL公司的网络更名为分众传媒"影院网络"。2007年3月1日，分众传媒宣布并购中国最大的互联网广告和互动营销服务提供商——好耶广告网络，全面进军网络广告营销市场。2007年12月10日，分众传媒以1.684亿美元并购卖场数字广告网络运营商——玺诚传媒。通过这一交易，分众传媒进一步扩展了旗下数字广告网络在中国大型连锁超市的覆盖范围。2008年1月21日，分众传媒与炎黄健康传媒举行了正式的入股签约仪式。根据双方签署的协议，分众传媒向炎黄健康传媒投资500万美元，并将其覆盖国内31座城市所有医院和药品连锁店的医疗健康联播网所有权转让给炎黄健康传媒。经过短短5年的发展，分众传媒已成为围绕中国都市主流消费人群的生活轨迹，无时不在、无处不在的数字化媒体平台，成为中国最大的数字化媒体集团之一。

从这个案例可以看出，分众传媒的快速发展与其早期三次私募股权融资密切相关。

资料来源 作者根据网络相关资料整理而成.

6.2.2 内部融资与外部融资

1）内部融资

内部融资指的是企业能够依靠其内部的积累而进行的融资行为，具体包括本金、折旧基金转化为重置投资和留存收益转化为新增投资。

内部融资具有资本形成的自主性、低成本性、抗风险性与原始性等特征。相对于外部融资，内部融资不仅可以规避企业信息不对称所带来的一系列问题，还可以减少并节约交易时所产生的相关费用，进而降低企业的融资成本，增强企业剩余控制权。但是，企业的内部融资能力还会受到净资产规模、未来收益预期、企业盈利能力等方面的制约。

2）外部融资

外部融资指的是通过一定的方式从企业外部进行资金的融入，包括发行债券、银行借贷、融资租赁与商业信用等负债融资方式，以及发行股票、吸收直接投资等多种融资方式。外部融资不仅灵活，还具有集中性、大量性和高效性等特征。从创业企业的实际角度来看，外部融资是企业成长过程中获取资金较为重要的渠道。

6.2.3 直接融资与间接融资

1）直接融资

直接融资就是创业企业的资金需要通过双方直接进行融通的方式，包括资金盈余部门在市场所直接购买的资金短缺部门的证券，如债券、股票、商业期票与商业汇票等。另外，政府拨款、占用其他企业资金、内部集资与民间借贷也均属于企业的直接融资范畴。

直接融资具有长期性、不可逆性、直接性和流通性。其中不可逆性指的是企业股票融资无须归还本金；流通性指的是股票与债券可在证券二级市场上进行流通。

企业若想处于主动的地位就需要采用直接融资的方式来达到其目的，在融资的成本、数量、时间等方面做出主动选择，并在总量上不受其资金来源的限制。直接融资也存在着局限性，表现为容易受到双方资信的限制，且其融资成本也要高于间接融资成本。

2）间接融资

间接融资就是企业通过金融中介机构向资金供给方融通资金的方式，通常来说是由金融机构来充当信用的媒介，并实现资金在企业的盈余部门与短缺部门之间的相互流动。交易的媒介具体包括银行券、货币、存款、银行汇票等。除此之外，票据贴现与融资租赁也均属于企业的间接融资。

间接融资与直接融资的特征是完全相反的，如间接性、周转性、安全性与集中性。当企业采取间接融资的方式时，资金的供给方和需求方不直接进行资金融通，而是由中介机构把众多供给方的资金集中起来借贷给资金的需求方。银行与非银行金融机构的资金实力雄厚、内部管理严格，这使得其能够有效分散和管理融资的风险，因此其融资风险相对较小、稳定性较强、信誉度更高。

6.3   创业融资成本

俗话说"天下没有免费的午餐"，在创业者的创业初期，创业融资也需要一定的成本，由于创业资金来源不同，其融资成本也不尽相同。如果创业者忽视企业的创业融资成本，或者盲目地进行融资活动，就有可能使得企业为"资本"打免费工。

融资的成本其实就是使用资金的代价，包括融资费用与使用费用。融资费用是指企业在筹集资金的整个过程中所产生的各项费用，如银行融资所需要的物品评估费用、公证费用、担保费用、登记费用、贴现费用、手续费用等；企业发行股票与债券时所需要支付的注册费用、代办费用、审核费用、承销费用；企业在融资期间所产生的差旅费用、交际费用等。使用费用是指企业由于使用了资金而向资金提供方支付的报酬，如向股东支付的红利、股息；向债权人支付的债息、利息；向出租人支付的租金等。

6.3.1   融资成本的表现形式与估算

融资成本是企业资金的所有权与使用权相互分离的产物，也是企业在获取资金后所需要付出的代价，又被称为用资成本。

融资成本又可分为两个部分：第一部分是融资过程中所产生的费用，我们可以称之为融资费；第二部分是企业资金使用方所给予投资方的报酬费用，又被称为融资的使用费。这二者的差额称为融资净额，即企业实际能使用的资金。在财务管理理论中，融资成本通常又可以用融资成本率来表示，融资成本率的计算公式为：

融资成本率=融资使用费÷融资净额

先按照财务管理理论来分析股权融资、债权融资与内部融资三类融资成本。

1）股权融资成本

财务管理理论认为股权融资是具有机会成本的，同时企业使用股权融资务必要达到投资方要求的最低报酬率，其理论的表达公式为：

投资方要求的最低报酬率=每股净收益÷每股价格

投资方所要求的最低报酬率还不能够完全表示股权融资的成本，这只是表示股权融资的融资使用费。相比债权融资与内部融资，股权融资还需要包括较多的融资费用，整体来说股权融资成本率的计算公式为：

股权融资成本率=投资方要求的最低报酬率÷（1–发行费用率）

由于企业的发行费用率较高，所以股权融资成本率一般来说也是相对较高的。

2）债权融资成本

债权融资成本一般来说是指企业向社会发行债券的成本，或者企业向银行等金融机构进行借款时所直接支付的利息费用。在财务管理理论中，债权融资所产生的各项利息费用都属于费用科目，可以在税前的利润中扣除掉，对企业来说具有税盾效应，所以债权融资成本计算方法如下：

首先计算向银行借款所需要的成本：

$$KI = \frac{I(1-T)}{L(L-f)}$$

在公式中，KI表示企业的借款成本，I表示银行借款利率；L表示银行借款融资总额；T表示所得税税率；f表示银行借款融资费率。

然后计算企业所发行的债权成本，债权融资成本中利息费用就是其公司的融资使用费。

债权融资的费用是较高的，但是由于企业可以在税前进行支付，所以同样也具有减税效应。债权融资成本率的计算公式为：

债权融资成本率=［（1-所得税税率）×债务利息］÷融资总额×（1-融资费用率）

债权融资是具有较高融资费用的，例如发行费等，因此企业的债权融资成本一般都会高于向银行借款的成本。

3）内部融资成本

企业在进行利润分配的过程中，一般不会将企业所有的利润都用于分配股利，而是将一部分利润进行留存，作为企业的留存收益，该部分的留存收益可以作为企业的内部融资。内部融资属于留存收益的一部分，而留存收益又属于股东，所以内部融资的成本与股权融资成本的计算方法非常相似，但是又由于企业的内部融资没有融资费用，故而要低于企业的股权融资成本，其计算公式为：

内部融资成本=股权融资成本×（1-融资费用率）

由此可见，企业的内部融资是成本最低的融资方式。

6.3.2　融资成本的比较

通过对企业融资成本的评估，我们可以了解到，企业的股权融资成本是最高的，次之是债权融资成本，最低的是企业内部融资成本。在股权融资中，上市公司的融资成本要大于直接的股权融资成本；在债权融资中，企业发行债券的融资成本比直接向银行借款的融资成本要高，项目融资与贸易融资等多以债权融资方式为主，融资成本要介于股权融资与向银行借款之间，融资成本较低的是向银行借款；在内部融资中，由于企业是利用企业内部的留存收益，因此融资成本也是最低的。在外部融资中，企业的债权融资成本一般要低于股权融资成本，这是由于，第一，股权投资方所要获取的鼓励是一种税后收益，而债权方所获利息可作为企业营业利润而扣除。第二，股东收益的不确定性非常高，股东又是企业破产的最后索偿人，风险越大，自然要求的报酬率也就越高。在债权融资中，短期债权的融资成本一般会低于长期债权，这是由于资金的时间价值不同所导致的，长期债权使得债权方面临更高的经济周期的波动与信用或者违约的风险。除此之外，企业外部融资的政策性融资也可以作为成本较低的一种企业融资方式，其包括政策性贷款、财政贴息、担保、专项扶持基金等不同形式。

融资成本关系到融资的资金实际数额与企业经营成本和利润，最终都会影响企业的经济效益。通常来说，企业的各种融资方式的成本排序为：内部融资<政策性融资<银行贷款融资<债权融资<股权融资（上市融资）。

6.3.3 融资成本的控制

降低融资成本是降低企业的创业风险与提高企业创业成功率的有效途径之一。创业企业在创业融资的阶段中，需要树立注重融资成本的概念，并积极采取各项融资措施来降低融资成本。

对于创业企业来说，一旦选定了融资渠道和方式，其融资成本就是刚性的，因此融资成本的控制重点也应该集中在以下三个方面：第一，提高企业的融资效率，尽早融到企业所需要的资金，进而早日获取收益，弥补融资成本；第二，减少企业的盲目融资，提高分辨能力，避免上当受骗；第三，企业在贷款时，需要对多家贷款机构进行对比，选择合理的贷款期限，及时享受银行与政府给予的低息待遇，可以向亲朋好友借款，但需要注意的是提高资金的使用效率。创业企业也可以委托一家专门融资顾问公司或者机构，将融资费用包干或者进行风险代理，用来弥补融资团队与关系资源不足的劣势。

6.4 创业融资决策

创业融资决策就是创业者在面临多种资金来源与融资方式的时候，选择哪一种。不同的融资渠道有着不同的融资特点，创业者在选择融资渠道时不仅需要考虑其特点，同时还需要结合企业自身特点，主要需要考虑融资渠道自身的特点、融资成本、融资风险、融资机动性、融资的方便程度、创业企业的类型、创业企业的发展阶段、创业企业的资金需求特点等诸多因素。

6.4.1 融资决策的基本原则

融资决策的基本原则有：

（1）融资总收益大于融资总成本。创业企业在分析确定利用筹集资金所产生的预期总收益大于融资的总成本时，才需要考虑进行融资。

（2）融资规模需要创业企业量力而行。如果企业融资过多就会造成资金闲置与浪费，同时也会导致企业的负债过多，增加企业的运营风险，从而使得企业的融资不足，还会影响到企业的投资计划与企业其他业务的正常开展。因此，应根据资金的实际需求、企业的自身实力、融资的难易程度与融资成本等情况，来确定企业恰当的融资数量。

（3）尽可能降低企业的融资成本。融资成本是能够决定企业融资效率的至关重要的因素，对于企业想要选择哪种融资方式也具有十分重要的意义。

（4）确定适合的融资期限。企业对融资期限的选择主要取决于企业的融资用途与企业融资人对风险的偏好。从原则上来说，对于企业的流动资产，就要选取适合的各种短期的融资方式；对于长期投资或者企业购置的固定资产，就需要选择适合的长期融资方式。

（5）选择最佳融资机会。制定融资决策需要企业具有超前的预见性，融资人需要掌握全方位的信息，科学地预测相关政策、环境、市场等方面的变化，积极掌握各种对企业有利的信息与把握时机。

（6）尽可能保持企业的控制权。企业的控制权与所有权能够决定企业的战略方向以及生产经营、股东利益与利润，同时需要注意的是，企业在放弃控制权的时候需要慎重，但与此同时，也不能一味地固执把控着控制权不放。

（7）选择最有利于提升企业竞争力的融资方式。不同的融资方式对企业的信誉、产品市场份额甚至企业的获利能力的影响也不尽相同。因此，应选择最有利于提升企业竞争力的融资方式。

（8）寻求最佳的资本结构。不同的企业融资方式所形成的不同资本结构是能够直接影响到企业资本成本的，进而影响企业的市场价值。通常来说，只有当企业的普通股利润增加幅度超过财务风险增加的幅度时，企业的融资才是最有利的。

6.4.2　融资决策应考虑的因素

1）融资渠道自身的特点

（1）股权融资与债权融资的选择

企业对股权融资与债权融资的选择主要关系到企业控制权的分散甚至转移。控制权的改变不仅能够直接影响到企业生产经营的独立性、自主性与原有股东的利益分配，同时，当企业失去控制权时，还有可能影响企业的效益与企业长期的发展计划。因此，在可能的或者有必要的情况下，可以适当考虑采用债权融资的方式。

在以下几种情况下，企业采取股权融资也未尝不是一种明智的选择。第一，企业难以满足债权融资的要求，这种要求包括信用、资产与抵押等条件；第二，企业的经营风险与预期收益均较高的时候，原有股东希望能够分散风险同时也希望共享收益，债权人要求的收益率超出了企业的承受能力；第三，引入的股东投资者有利于提升企业的竞争能力。例如，与一些拥有强大技术或者市场营销能力较强的企业进行商业合作，可以促使企业迅速壮大，有利于企业的发展。

（2）内部融资与外部融资的选择

企业融资是一个伴随着企业自身的发展，内部融资与外部融资交替变化的过程。在企业的创业初期，主要依靠的是企业的内部融资来壮大企业的力量。随着企业逐步成长、成熟，企业的抗风险能力逐渐增强，当内部融资难以满足要求的时候，外部融资就成为企业扩张的主要手段。当企业具有一定规模的时候，企业自身也有了较多的积累，又会逐步缩小企业外部融资的总量，转而依靠自身雄厚的累积资金来扩大企业的发展。

（3）直接融资与间接融资的选择

企业在直接融资的过程中，存在各种信息不对称不透明的因素，投资者要求资金使用者的经营活动具有较高的透明度，无论企业规模大小，企业为达到较高的透明度需要支付的信息披露、社会公正等费用差额不大。从另一方面来说，信息不透明的程度越高，资金提供者所需要的风险补偿也就越高。除了高科技创业企业外，大量劳动密集型的创业企业都难以达到所有投资者的收益要求。

企业在间接融资的过程中，金融媒介能够用较低的成本，实现对企业资金的使用者的相应甄别，同时需要通过合同对企业资金使用者的行为进行一定的约束，后续仍然需要对企业资金的使用者进行跟踪与监督，这种融资的方式对资金使用者信息透明度的要求相对较低。因此，银行信贷方式就成为创业企业进行外部融资的主要融资方式。

在大多数情况下，企业可以根据国内外企业融资的融资优序理论来指导企业选择融资的方式，以企业不对称信息理论为依托，考虑存在的交易成本，认为企业的权益融资会传递企业经营的负面信息，而且企业的外部融资还需要支付各种成本。因此，企业的融资一般也会遵循内部融资、债权融资、股权融资这样的先后顺序。

2）融资成本

企业的融资成本对于企业融资决策的影响主要体现在三个方面。第一，融资成本是企业投资决策的重要依据，融资成本是一项投资是否可行的取舍标准；第二，企业的融资成本会影响企业对融资渠道与方式的选择；第三，企业的资本结构直接取决于企业的融资成本，而企业也只有通过改变自身的主权资本与债务资本的比重，才能找到企业最低加权平均融资成本，从而确定企业的最佳资本结构。

3）融资风险

企业在进行外部融资时都会面临一定的风险，尤其是当出现了收益不能够偿还企业债务的情况时，企业就会陷入危机中。在其他条件相同的情况下，企业的融资负债比例越高，该企业所面临的风险也会随之越大。各种融资方式的风险从大到小排序为：银行贷款、发行债券、票据贴现、商业信用、股权出让等。

4）融资机动性

企业的融资机动性就是指企业在需要流动资金的时候，能够及时通过企业融资获取，而不需要资金时，能够及时偿还所融资的金额。显而易见的是，各种融资方式的机动性从优到差排序为：内部融资、票据贴现、商业信用、银行贷款、债券、股权出让。

5）融资的方便程度

融资的方便程度，一方面是指企业有无自主权通过某种融资方式取得资金，以及这种自主权的大小；另一方面是指企业的借款人是否愿意提供资金，提供资金的条件是否苛刻，手续是否烦琐等。各种融资方式的方便程度从易到难排序为：内部融资、商业信用、票据贴现、股权、银行贷款、债券等。

根据国外企业的融资结构理论，企业的融资一般会遵循以下规律：先是内部融资，企业内部留利不足时再向银行贷款或发行债券，最后再发行股票融资。

6）创业企业的类型

（1）制造型企业。传统行业大多属于劳动密集型，从业人员较多，劳动占用也较大，但产品的附加值很低，资本密集度较小，技术含量也不高。通常该类型企业的投资收益率较低，但资金需求相对也较小。大多数制造型企业融资需要依赖信贷资金，直接融资的难度整体较大。

（2）高科技型企业。该类型企业一般来说具有高成长、高回报、高投入和高风险等特征。高科技型企业的资金来源主要为天使投资与各种风险投资基金，性质也大多属于权益资金。

（3）服务型企业。该类型企业的资金需求主要是存货流动资金的占用和促销活动上的经营性开销，资金需求数量小、周期短、频率高、随机性大，但与此同时，风险也相对较小。该类型企业的主要资金来源是商业银行贷款。

（4）社区型企业。该类型企业具有一定的社会公益性，如街道手工企业，该企业比较容易获得政府的扶持性资金。除此之外，社区共同集资也是该类型企业的重要资金来源方式。

7）创业企业的发展阶段

（1）种子期。创业者有时候可能只有一个创意或者只有一项仍停留在实验室阶段的科研项目。该阶段企业所需要的资金不多，主要凭借企业的自有资金和向亲朋好友借款，或吸引天使投资者，也可以向政府寻求一些相关资助。

（2）创建期。企业一般来说都需要一定数量的"启动资金"，也就是门槛资金，主要用于购买企业所需机器、办公设备、办公场所、生产资料、后续开发研究与企业初期的销售等，该阶段所需资金往往都很大。由于企业没有相关的经营经验和相应的信用记录，从银行能申请下来贷款的可能性非常小，因此这个时期的融资重点往往是吸引股权性的机构风险投资。

（3）生存期。产品刚投放到市场中，市场推广是需要大量启动资金的，现金的流出往往会大于流入，这时候就需要企业充分利用债权融资，或通过融资组合来多方筹集运营资金。

（4）扩张期。企业在拥有相对稳定的供应商、顾客以及良好的信用记录的时候，向银行贷款或者进行信用融资就会变得相对容易。但企业的迅猛发展，需要大量资金进行进一步的产品开发和市场营销，所以，企业要在债权融资的时候进行增资扩股，进一步为企业的上市做好充分准备。

（5）成熟期。企业这个时期已经有了较稳定的资金流，对于外部资金所需不多也并不迫切。同时企业的重点是完成股票的公开发行以及为上市做准备。

创业企业在不同阶段对资金的需求特点不同。创业企业的启动资金既可以是创业者自身所拥有的资金，也可以来自自由投资者或者非正式风险投资机构的天使资金，或来自职业金融家、专业投资机构的风险资本。在企业的创业初期，企业维持运营的资金可以来自合作伙伴的商业融资，也可以来自创业投资即风险资金、抵押贷款即银行融资、融资租赁等。在企业的创业成长期，企业不断扩张与发展，资金可以来自企业自身的利润留存、成本费用控制、存货以及应收账款的周转等，也可以继续引入其他风险资本。企业在发展到一定程度的时候可以采用资本运营融资的方式，也就是引入战略投资、上市融资、股权结构优化、资产债务重组等。除此之外，政策性融资也是一种非常有利的融资渠道与方式，包括政策性贷款、担保、财政贴息、专项扶持基金、政策性投资等，以上都是低成本、低风险的融资方式。

创业企业不同发展阶段的主要融资渠道见表6-1。

表6-1 创业企业不同发展阶段的主要融资渠道

融资渠道	种子期	创建期	生存期	扩张期	成熟期
创业者	√				
家庭及朋友	√				
天使投资	√	√			
战略伙伴	√	√	√	√	
创业投资		√	√	√	
资产抵押贷款		√	√	√	
设备租赁		√	√	√	
贸易信贷				√	
IPO					√
公募债券					√
管理层收购					√

案例讨论6-2

张朝阳创立的搜狐网，正是获得了其导师、《数字化生存》的作者尼古拉斯·尼葛洛庞帝的资金而发展起来的。张朝阳于1981年从西安考入清华大学物理系，在1986年大学毕业前夕，又申请到"李政道奖学金"，获得去美国麻省理工学院（MIT）的留学资格，在美国一待就是7年。在这7年里，他获得了物理学博士学位，并从事了2年的博士后研究。1994年，张朝阳在MIT的实验室里被当时的互联网所震撼。"事实上，那时是一些校园内部网之间的互联，也不叫互联网，而叫信息高速公路。"张朝阳回忆说，"我们已经可以通过UNIX代码和电子邮件进行网上交谈，虽然不像现在有图文界面，但即便如此简单的应用也有着独特的魅力。我下定决心，不走正常的道路，而是去创办网络公司，回国创业。"

"那时我就觉得，应顺应我们这个时代最伟大的两个潮流：一个是信息高速公路时代的到来，另一个是中国作为全球大国的崛起。"这两个潮流被张朝阳写在他的第一份商业计划书——"中国在线"的封面上。但是那个时候他并不知道自己创业能够做什么，并且在中国也没有任何资源。

当时，张朝阳有机会多次往返于美国和中国之间，其间在一家美国互联网公司ISI的短暂工作经历更加坚定了他创业的决心。ISI从事一些基于互联网的封闭式服务，即收集一些信息，如金融信息以及各种数据，并把它们在互联网上出售。张朝阳曾是这家公司的中国区首席代表，在加盟ISI之初，他就与ISI有了"只干一年，然后自己创业"的"君子协定"。于是一年后，张朝阳在31岁生日那天回国开始了自己的创业生涯。

1996年7月，张朝阳正式开始了他的融资之旅。"那两三个月里，我经常往返于中国和美国。"张朝阳无比感慨地说，那个时候美国的风险投资人根本不相信远在中国的创业计划。为了给投资人打电话，他在美国大街上的公用电话亭排队，甚至尝到过被投资人赶出办公室的狼狈滋味。这个时候的张朝阳为了拿到融资而忍受了颇多美国投资者的耍弄。"他们把我耍得团团转"，张朝阳说。经过持续努力，张朝阳见到了MIT媒体实验室主任、《数字化生存》的作者尼古拉斯·尼葛洛庞帝，这位风云人物在与张朝阳会谈之后答应给他的爱特信公司进行天使投资。张朝阳说："最终经过很长时间的接触才确定了3个比较感兴趣的投资人，而我已经被折磨得很厉害了。可能是因为当时我很年轻，气势很强，做事情也很专注，3位投资人可能是被我眼中流露出的对成功的欲望所吸引，才给我机会。事实上，正是在麻省理工学院教授的引荐下，我才得到了第一笔天使投资。"

1996年8月，爱特信电子技术（北京）有限公司正式注册。10月13日，张朝阳终于在自己的账户上看到了15万美元，这是爱特信公司获得的第一笔风险投资，投资者包括麻省理工学院的教授尼古拉斯·尼葛洛庞帝和斯隆管理学院的教授爱德华·罗伯特，尼葛洛庞帝的另外2万美元在1997年到位。这笔对张朝阳来讲重要至极的投资共有22.5万美元，尽管最终只有17万美元供他创业，但他终于可以开始做他想做的事了。

1997年9月，筹集的资金已经消耗大半，张朝阳又开始了长达半年的融资之旅。1998年4月，他获得了第二笔风险投资，投资者包括英特尔公司、道·琼斯、晨兴公司、DG等，共220多万美元。

在这个案例中，张朝阳的第一笔风险投资来源于个人的天使投资。天使投资是由自由投资者或非正式风险投资机构对原创项目或小型初创企业进行的一次性的前期投资，投资额相对较小。

资料来源　佚名. 张朝阳：坐拥亿万资产却成物理老师，真正的快乐与钱无关［EB/OL］.［2022-10-30］. https://www.163.com/dy/article/HKUP4CIS055339TF.html.有改动.

8）创业企业的资金需求特点

（1）在企业的资金需求规模较小时，可以利用员工集资、典当融资、商业信用融资；反之，在企业资金需求规模较大的时候，可以吸引权益投资或者银行贷款。

（2）当资金需求期限较短时，可以选择商业信用、民间贷款、短期拆借；反之，当资金需求期限较长时，可以选择银行贷款、融资租赁或者股权出让。

（3）在企业的资金成本承受能力弱时，可以选择股权出让或者银行贷款；反之，在企业的资金成本承受能力较强时，可以选择短期拆借、典当、商业信用融资等。

融资渠道的选择也需要考虑资金供给方的特征，同时需要收集与了解潜在资金供给方的基本状况，这样才能有效、有针对性地做好各项融资准备工作。通常可以通过以下内容进行全方面了解：

①可能的资金供给方有多少？各类资金供给方之间是否有区别和联系，包括资本存量和流量的大小、提供的资本使用期长短等。

②每一类资金供给方的资金来源都有哪些特点？其投资方向是什么？

③每一类资金供给方对项目或者融资的企业有什么要求？

④每一类资金供给方进行风险控制的措施有哪些？

⑤每一类资金供给方的工作程序都有什么？

⑥如何与资金供给方打交道？

基于以上问题，对各类资金供给方按照可能性进行分类：最可能提供资金者、经过努力可能提供资金者、不可能对本企业提供资金者。

选择金融机构时应该重点考虑：对本企业的发展有兴趣、有意向的金融投资机构；能够提供相应的经营指导的经营机构；分支机构较多、交易便捷的金融机构；资金充足、费用较低的金融机构；员工素质较高、职业道德良好的金融机构等。

创业企业也需要凭借实绩与信誉来赢得金融机构的信任和支持，而不应该以各种违法或者不正当的手段套取资金。应与金融机构建立良好的合作关系，主动与合作的金融机构沟通企业的经营方针、财务状况、发展计划，说明遇到的问题，减少信息的不对称性，从而增强企业的吸引力。

6.5　创业融资理念

创业企业在融资的时候，首先应该凭借正确、科学的融资理念来指导融资活动，具体包括四个方面：

（1）资本经营理念。企业要将资本当作一种商品，并且以赚取利润作为企业的盈利目的对其进行经营，要求融资的收益大于融资的成本。成本包括客观上的筹集资本的费用，如股利、利息、融资费用等，以及主观上的机会成本。收益就是经营活动的结果，也就是税前利润。

（2）重视现金流量管理理念。现金流量就是企业资产流动性与变现性的基础和具体的外在表现。企业所有的生产经营活动，其本质都是现金流量。如果现金流量不足能够直接导致企业财务危机甚至破产。现金流量管理通常是通过编制现金流动计划、现金流量表来进行。

（3）重视资金的时间价值理念。资金的时间价值就是由于时间的因素而使得资金内在价值发生改变。不同的时间节点上的价值也不具有相对的可比性，必须通过现值计算或者终值计算来调整折算至同一时间节点上才能进行比较。

（4）重视风险与收益的权衡理念。在市场经济中，收益总是伴随着风险共同出现，高收益活动必然伴随着高风险。因此，企业必须在收益和风险之间进行利弊权衡，既要追求收益也要充分重视风险。

　　从1998年注册资本仅为50万元人民币的腾讯计算机到今天市值约2.9万亿港元的腾讯控股，国际投资机构功不可没。2000年4月，IDG和中国香港盈科共投入220万美元，分别持有腾讯控股总股本的20%，马化腾及其团队持股60%。正是这220万美元的风险资金，为腾讯日后的迅速崛起奠定了基础。2004年6月16日，腾讯正式在中国香港挂牌上市，简称腾讯控股。在此次上市中，其超额认购的首次公开募股（IPO）将带来总计144亿港元的净收入，拥有公司14.43%股权的马化腾个人资产接近9亿港元。腾讯此次IPO无疑是国内民营企业牵手境外资本的成功范例。

　　这个案例告诉我们，上市融资能广泛吸收社会资金、迅速扩大企业规模、提升企业知名度、增强企业竞争力，同时使企业获得直接融资渠道，企业可以通过资本市场获得更多的低成本资金，为大规模的生产解决融资问题。另外，企业上市也是对治理结构的完善之路，因为上市企业必须建立完善的董事会和监事会，所有权和经营权分离，接受股东和其他投资者的监督。

　　资料来源　作者根据网络相关资料整理而成.

复习与思考

1.为什么融资成为创业的一大难题？

2.创业融资的渠道主要有哪些？

3.债券融资与股权融资各有什么优缺点？

4.要想顺利地获得创业资金，创业者在平时需要注意哪些事项？

第二部分 实践篇

第7章

创业企业的设立与注册

■ 知识目标

（1）了解企业组织形式及其特点。

（2）了解创业企业注册、登记的基本流程及注意事项。

（3）掌握关于创建新企业的法律法规。

■ 素养目标

开拓进取的创新精神的培养，包括解放思想、与时俱进、锐意革新、坚持不懈等精神。

案例导入　　　　　　　Napster公司为什么关闭

1999年5月，两位大学生肖恩·芬尼和肖恩·帕克共同创立了Napster公司，不久该网站就成为互联网的热门站点之一。使用Napster公司的软件，互联网用户可以获得存储于其他上网用户计算机中的MP3格式的文件。而Napster公司自身并不提供歌曲库，只是向用户提供搜索引擎，列出其他用户计算机中的歌曲名和计算机地址，使音乐文件可以互相交换，因此用户可以免费获取那些有版权的歌曲。在高峰时期，每月有5 000万用户通过Napster公司的软件分享超过30亿首歌曲。

这一时期，唱片行业开始关注版权音乐的在线交换问题。在Napster公司创立之前，在线交换仅限于一些业余爱好者的网站，而Napster公司开发的软件将音乐交换变得更专业，达到了新的层次。Napster公司用户的持续增加，引起了唱片行业的关注。很明显，虽然人们每天分享上百万首歌曲，唱片行业却没有从中得到任何收益。为了结束这种局面，1999年12月，全球最大的几家唱片公司在美国唱片行业联合会的带领下向法庭起诉Napster公司，重金属乐队和说唱歌手Dr.Dre也加入诉讼，重金属乐队进一步提交了一份通过Napster下载重金属乐队歌曲的30万名用户的名单，要求他们停止侵权。Napster公司辩称公司没有从事任何非法活动，不仅网站完全合法，而且这种传播行为实际上宣传了艺人，促进了唱片销售，从而给唱片行业带来了利益。它还声称对那些不以营利为目的的消费者来说，分享音乐是合法的，毕竟，谁没有从朋友那里借过录音带或唱片，并且进行复制以供自用呢？Napster公司认为自己只是使这种分享过程更方便、范围更广泛而已。2002年2月12日，联邦上诉法庭宣布唱片行业胜诉，尽管法庭没有直接将Napster公司称作版权侵害者，但认为Napster公司应为其参与违反联邦版权法的版权侵害活动承担责任，法庭宣判Napster公司"有意地鼓励和帮助他人进行版权侵害活动"。

尽管开发用于互联网上互换文件的软件程序本身没有任何不合法之处，但通过软件传输的大量文件却是受美国版权法保护的歌曲。Napster公司参与了帮助用户非法获得歌曲的活动，法庭否决了Napster公司的辩护。在这种局势下，Napster公司将无法继续从事这种互换活动。因此，在法庭裁决后，Napster公司遵从裁决，关闭了文件交换服务器。稍后，它宣布计划在贝塔斯曼（一家德国音乐公司）的支持下开展合法的音乐下载服务。令人遗憾的是，Napster公司与主要唱片公司之间关系恶化，难以开展新的合作，最终遭到清算。

具有讽刺意味的是，以开发允许用户自制光盘的软件而知名的Roxio公司，于2000年11月以500万美元购买了Napster的名称和商标，并以Napster的名义开通了合法的音乐下载网站。但Roxio公司指出，服务不再基于Napster原来的文件交换技术。2004年，在新东家Roxio公司的领导下，Napster在英国开展了付费下载服务，与各大唱片公司包括百代（EMI）集团、PIC公司和维旺迪（Vivendi）环球音乐集团等达成了合法使用协议。该项服务增长迅速，最初的订阅费为每月9.95美元。

资料来源　张涛，陈瑶，姚安获. 创业管理［M］. 北京：清华大学出版社，2023.

【思考与讨论】

（1）Napster公司为何被唱片公司起诉并最终关闭？

（2）这说明了什么问题？

7.1　企业组织形式的选择

对于创业企业来说，无论是初次创业还是有过些许创立公司的经验，选取适合自身的公司类型进行注册都是创业者们首要考虑的问题之一。我国的法律法规对于不同类型的公司有着不同的注册要求。

根据我国的相关法律规定，创业者们可以选择有限责任公司、合伙企业、个人独资企业、个体工商户以及股份有限公司等企业形式。其中，股份有限公司对于创业者的注册资本有着很高的要求，一般来说不建议新创企业采用。大部分创业者倾向于有限责任公司、合伙企业、个人独资企业、个体工商户等企业形式，而在这些类别中，又属有限责任公司所占比例最高。在这些企业形式中，有限责任公司属于公司制的企业形式，从法律层面上来说，具有法人地位，其余的几种企业形式均不属于公司制的范畴，也不具备相应的法人资格。

7.1.1 有限责任公司

1）有限责任公司的特点与分类

根据《中华人民共和国公司法》（以下简称《公司法》）的规定，有限责任公司是指由2名以上50名以下的股东共同出资，每个股东以其所认缴的出资额对公司承担有限责任，公司以全部资产对其债务承担责任的社会经济组织。其主要特点是：

（1）公司是企业法人。公司与其他商事组织，例如个人独资企业、合伙企业的主要区别是公司所具有的法人属性。公司的法人属性使得公司财产与公司的内部成员的个人财产完全分离，从而公司能够以自己的名义独立地从事社会民事活动、享受民事权利以及承担民事义务。

（2）公司以营利为目的。营利，就是公司获取经济上的利益。公司的目的就是追求利益，这也是公司与机关、事业单位及其他社会团体法人的不同之处。

（3）公司是依法成立的。公司的依法成立包括三个含义。第一，公司成立应该依据专门的法律法规，也就是《公司法》和其他相关的特别法律与行政法规；第二，公司的成立应符合《公司法》规定的实际条件；第三，公司的成立必须遵循《公司法》规定的程序，并履行申请与审批登记手续。

有限责任公司的分类：

（1）多人投资的有限责任公司和独资公司。这种分类的依据是投资者的人数，多人投资的有限责任公司由2~50个股东共同出资设立，而独资公司只有1个股东出资设立。

（2）国有的有限责任公司和非国有的有限责任公司。这种分类的依据是资本的所有制性质。

2）有限责任公司的设立条件

根据《公司法》的规定，设立有限责任公司，还应当同时具备以下五个条件：

（1）股东符合法定人数。在通常情况下，有限责任公司由2名以上50名以下股东出资成立。

（2）有符合公司章程规定的全体股东认缴的出资额。有限责任公司的注册资本是在公司登记机关登记的全体股东认缴出资额。法律与行政法规及国务院对有限责任公司注册资本实缴、注册资本最低限额另有规定的，从其规定。2018年《公司法》修正后，放宽了注册资本的登记条件，也取消了有限责任公司最低注册资本的限制。同时，也不再限制公司成立时股东首次出资的比例。

（3）股东共同制定公司章程。公司的章程是公司最重要的法律文件，也是公司内部组织行为的基本约束准则。有限责任公司的公司章程必须由股东共同制定，所有的股东应该在公司章程上签名盖章。《公司法》对公司章程必须载明的法定事项做出明确规定。

（4）有公司名称，并建立了符合有限责任公司所要求的组织机构。有限责任公司名称是公司的标志，公司依法享有名称权，经注册过的公司名称受法律的保护。有限责任公司应依法设立股东会、董事会以及监事会等组织机构。

（5）有公司住所。

3）有限责任公司的设立程序

根据我国的《公司法》的规定，设立有限责任公司，应按照以下步骤进行。

（1）制定公司章程。有限责任公司章程应当载明以下事项：第一，公司的名称和住所；第二，公司的经营范围；第三，公司的注册资本；第四，股东的姓名或者名称；第五，股东的出资方式、出资额与出资时间；第六，公司的机构及其产生办法、职权、议事规则；第七，公司的法定代表人；第八，公司的股东会会议认为需要规定的其他事项；第九，股东应当在公司章程上签名、盖章。

（2）公司应依法经政府部门审批。法律、行政法规规定需要经过相关部门审批的，应当在设立登记前报送至政府主管部门进行审批。例如，设立经营保险业的金融机构，就必须报送至中国人民银行进行审批，得到批准方可成立；设立经营洗浴、KTV等特种行业的企业需要政府相关部门的审批。

（3）股东缴纳出资。股东可以用货币进行出资，也可以使用实物、知识产权、土地使用权等可以用货币估价并可以依法转让的非货币财产作价出资；但需要注意的是，法律、行政法规规定不得作为出资的财产必须除外。对作为出资的非货币财产应当进行评估作价，核实其财产，不得高估或者低估作价。法律、行政法规对评估作价有规定的，从其规定。股东以货币出资的，应当将货币足额存入有限责任公司在银行开设的账户；以非货币财产形式出资的，应当依法办理财产权的转移等相关手续。股东不按照上述规定缴纳所认缴的出资额的，除应当向公司足额缴纳外，还应当向已按期足额缴纳出资的股东承担违约责任。

有限责任公司成立后，发现作为设立公司的出资的非货币财产的实际价额明显低于公司章程所定价额的，应当由该出资的股东补足差额，公司成立时的其他股东承担连带责任。

（4）验资机构验资并出具证明。股东认足公司章程规定的出资后，由全体股东指定的代表或者共同委托的代理人向公司登记机关报送公司登记申请书、公司章程等文件，申请设立登记，进行工商注册。

（5）签发出资证明书。有限责任公司成立后，应当向股东签发出资证明书。出资证明书应当载明公司的名称、公司的成立日期、公司的注册资本、股东的姓名或者名称、股东所缴纳的出资额、出资日期，以及出资证明书的编号与核发日期。出资证明书需要有公司盖章。

4）有限责任公司的组织机构

公司组织机构是指公司法人治理结构的核心内容。按照我国《公司法》的相关规定，有限责任公司应设立股东会、董事会以及监事会等组织机构。

（1）股东会的性质与职权

公司的权力机构非股东莫属，其由全体股东所组成。股东就是公司的出资人，是公司存在的根基，由出资人组成的股东会也是公司的最高决策机构。

股东只对公司的重大事件进行决策，依照《公司法》的规定，股东会行使以下职权：第一，决定公司的经营方针和投资计划；第二，选举和更换由非职工代表担任的董事、监事，决定有关董事、监事的报酬事项；第三，审议批准董事会的报告；第四，审议批准监事会或者监事的报告；第五，审议批准公司的年度财务预算方案、决算方案；第六，审议批准公司的利润分配方案和弥补亏损方案；第七，对公司增加或减少注册资本做出决议；第八，对发行公司债券做出决议；第九，对公司合并、分立、解散、清算或者变更公司形式做出决议；第十，修改公司章程，以及公司章程规定的其他职权。

（2）股东会的议事规则

首次股东会应由出资最多的股东召集并主持，依照《公司法》规定行使相应的职权。

股东会分为定期会议与临时会议。定期会议就是按照公司章程中规定的时间，按时召开。临时会议，必须由代表1/10以上表决权的股东、1/3以上的董事、监事会或者不设立监事会的公司的监事提议召开。

《公司法》还对股东会的议事方式与表决程序做出了相应规定：

①召开股东会，应当于召开前15日通知至各位股东，公司章程另有规定或者全体股东有额外的约定时除外。股东会应当对所议事项的决定做好完整的会议记录，出席会议的股东应当在会议记录上签字。

②如公司设立了董事会，则股东会应由董事会进行召集，董事长主持；董事长未能履行其职务或者不履行职务的，则由副董事长主持。如公司不设立董事会，股东会则由执行董事召集并主持；执行董事不能够履行或者不履行召集股东会的，则由监事会或者不设立监事会的公司的监事召集并主持；监事会或者监事不召集和主持的，代表1/10以上表决权的股东可以自行召集并主持。

③股东会由股东按照出资的比例来行使其相应表决权，公司如做出了其他章程规定的除外。

④股东会做出修改公司章程的决议，以及公司增加或者减少注册资本、分立、合并、解散或者变更公司形式的决议，必须有代表2/3以上表决权的股东通过。

（3）董事会的性质与职权

董事会是公司的执行机构，应当向公司的股东负责。《公司法》规定，有限责任公司董事会成员应为3~13人，股东人数较少的时候或者公司规模较小的时候，该有限责任公司可以只设立1名执行董事，不设立董事会。执行董事还要兼任公司经理，其具体行使的职权由公司章程规定。由2个以上的国有企业或者2个以上的国有投资主体投资设立的有限责任公司，其董事会成员中应当有公司职工代表；其他有限责任公司董事会成员中可以有公司职工代表。董事会中的职工代表由公司职工民主选出。

董事会设立董事长一人，可以设立副董事长。董事长与副董事长的产生办法，应当由公司章程做出相应规定。董事长为公司的法定代表人，公司不设立董事会的，执行董事为公司的法定代表人。

根据《公司法》的规定，董事会可以行使以下职权：召集董事会会议，并向股东会做出报告；执行董事会的决议；决定公司的经营计划与投资方案；制订公司的年度财务预算方案、决算方案；制订公司的利润分配方案与弥补亏损方案；制订公司增加或者减少注册资本的方案；制订公司合并、分立、解散或者变更形式的方案；决定公司内部管理机构的设置；决定聘任或者解聘公司经理及其报酬事项，并根据经理的提名，决定聘任或者解聘公司副经理、财务负责人及其报酬事项；制定公司的基本管理制度；公司章程规定的其他职权。

董事任期则由公司章程规定，每届任期不得超过3年。董事任期届满，连选可以连任。董事在任期届满前，仍应当依照法律、行政法规和公司章程的规定履行董事职务。

（4）董事会的议事方法与表决程序。

除《公司法》有规定的外，由公司章程规定。董事会会议由董事长召集和主持。董事长如果因特殊原因不能履行或者不履行其职务的，可以由董事长指定的副董事长或者其他董事召集并主持。除此之外，1/3以上的董事可以提议召开董事会会议。董事会应当将所议事项的决定做成会议记录，出席会议的董事应当在会议记录上签字。董事会决议的表决，实行一人一票制。

（5）有限责任公司的经理

有限责任公司的经理由董事会聘任和解聘。经理可以列席董事会会议，并对董事会负责。经理行使下列职权：主持公司的生产经营管理工作，组织实施董事会决议；组织实施公司年度经营计划和投资方案；拟订公司内部管理机构设置方案；拟订公司的基本管理制度，制定公司具体规章；提请聘任或者解聘公司副经理、财务负责人；聘任或者解聘除应由董事会聘任或者解聘以外的管理人员；董事会授予的其他职权；公司章程对经理职权另有规定的，从其规定。经理列席董事会会议。股东人数较少或者规模较小的有限责任公司，执行董事可以兼任公司经理。

（6）监事会

有限责任公司的监事会是公司的内部监督机构。《公司法》规定，有限责任公司经营规模较大的，设立监事会，其成员不得少于3人。监事会应在其组成人员中推选1名召集人。股东人数较少或者规模较小的有限责任公司，可以设1~2名监事，不设监事会。

监事会应当包含股东代表和适当比例的公司职工代表，其中职工代表的比例不得低于1/3，具体比例由公司章程规定。监事会中的职工代表由公司职工通过职工代表大会、职工大会或者其他形式民主选举产生。董事、高级管理人员不得兼任监事。监事会设主席1人，由全体监事过半数选举产生。监事会主席召集和主持监事会会议；监事会主席不能履行职务或者不履行职务的，由半数以上监事共同推举1名监事召集和主持监事会会议，监事的任期每届为3年。监事任期届满，连选可以连任。

根据《公司法》的规定，监事会或者监事行使下列职权：检查公司财务；对董事、高级管理人员执行公司职务的行为进行监督，对违反法律、行政法规、公司章程或者股东会决议的董事、高级管理人员提出罢免的建议；当董事、高级管理人员的行为损害公司的利益时，要求董事、高级管理人员予以纠正；提议召开临时股东会会议，在董事会不履行《公司法》规定的召集和主持股东会会议职责时召集和主持股东会会议；向股东会会议提出提案；对董事、高级管理人员提起诉讼；公司章程规定的其他职权。

监事可以列席董事会会议，并对董事会决议事项提出质询或者建议。监事会或者监事发现公司经营异常，可以进行调查，必要时，可以聘请会计师事务所等协助其工作，费用由公司承担。监事会会议每年度至少召开一次，监事可以提议召开临时监事会会议。监事会会议的议事方式和表决程序，除《公司法》有规定的外，由公司章程规定。监事会应当将监事会会议所议事项的决定做成会议记录，出席会议的监事应当在会议记录上签名。监事会决议应当经半数以上监事通过。

5）一人有限责任公司的特别规定

一人有限责任公司是有限责任公司的一种，是指只有一个自然人股东或者一个法人股东的有限责任公司。

一个自然人只能设立一个一人有限责任公司，该公司不能投资并设立新的一人有限责任公司；同时一人有限责任公司也应当在公司登记中明确是自然人独资还是法人独资，并在公司经营执照中载明；公司章程需由股东制定；公司不设立股东会，股东做出公司的经营方针决定和投资计划决定时，应当采取书面形式，并由股东签名后置于公司；公司也应当在每一会计年度终了时编制财务报表，并需经过会计师事务所进行审计；公司的股东不能证明公司财产独立于股东自己财产的，应当对公司债务承担连带责任。

6）有限责任公司的优势和劣势

（1）有限责任公司的优势

①有限责任。由于公司拥有法人资格，所有的责任均由法人承担，股东个人承担的责任仅以所出的股本为限，其他个人资产不受牵连，降低了个人投资风险。

②运行稳定。注册有限责任公司时，要求公司制定完善的管理与财务制度，同时股东在入股后不得抽回出资，这在法律上保证了公司资金的充裕与运行机制的完善。股东变动小，不会因为个人股东的变故而使企业发生巨大的动荡。

（2）有限责任公司的劣势

①股权转让不易。股东一旦对公司进行出资，其所出资的资金就不能进行撤回，股东享受股权带来的收益，不能随便转让其拥有的股权。

②信贷信誉不高，发展空间受限。由于公司一般自身所有的资本不多，而且公司的全体股东也只负有限责任，在公司由于经营管理不善等造成亏损甚至破产的时候，债权人将遭受巨大的损失，这对债权人的利益保护不利。

相关数据显示，我国有2/3的企业采用了公司的形式，如果考虑到企业综合的成本支出与收益，年营业额在3万元以下的可以选择个体工商户或者独资企业的形式进行公司注册；年营业额在3万~10万元可以选择注册合伙企业的形式；年营业额处于10万~50万元则可以选择合伙企业或者有限责任公司的形式。

7.1.2　合伙企业

合伙企业就是自然人、法人和其他组织按照《中华人民共和国合伙企业法》（以下简称《合伙企业法》）在中国境内设立的普通合伙企业和有限合伙企业。普通合伙企业由普通合伙人组成，合伙人对合伙企业的债务承担无限连带责任；有限合伙企业由普通合伙人和有限合伙人组成，普通合伙人对合伙企业债务承担无限连带责任，有限合伙人则以其认缴的出资额为限对合伙企业债务承担连带责任。合伙企业是一种非常灵活、简便又不丧失一定规范与规模的企业组织形式。

1）合伙企业的设立条件

设立合伙企业，应当具备以下四个条件：

（1）合伙人应当为2个或2个以上的具有完全民事行为能力的人。合伙企业设立时，无民事行为能力人与限制民事行为能力人不得作为合伙人；法律、行政法规禁止从事营利性活动的人不得成为合伙企业的合伙人，例如国家公务人员。合伙人都应当依法承担无限责任，不存在承担有限责任的合伙人。

（2）合伙企业必须有书面合伙协议。合伙协议是由各合伙人协商一致，明确各合伙人权利和义务的法律文件。合伙协议应采取书面方式订立，经全体合伙人签名、盖章后生效。合伙人依照合伙协议享有权利、承担义务。合伙协议生效后，全体合伙人经协商一致，可以修改或者进行补充。

合伙协议应当载明下列事项：合伙企业的名称和主要经营场所的地点；合伙目的和合伙企业的经营范围；合伙人的姓名及其住所；合伙人的出资方式、数额和缴付出资的期限；利润分配和亏损分担办法；合伙企业事务的执行；入伙与退伙；合伙企业的解散与清算；违约责任。

（3）有各合伙人实际缴付的出资。合伙协议生效后，合伙人应当按照合伙协议约定，履行出资义务。根据《合伙企业法》的规定，合伙人可以用货币、实物、土地使用权、知识产权或者其他财产权利出资。上述出资应当是合伙人的合法财产及财产权利。对于货币以外的出资需要评估作价的，可以由全体合伙人协商确定，也可以由全体合伙人委托法定评估机构进行评估。经全体合伙人协商一致，合伙人也可以用劳务出资，其评估办法由全体合伙人协商确定。

（4）有合伙企业的名称、经营场所和从事合伙经营的其他必要条件。

2）合伙企业的财产

（1）合伙企业财产的性质。合伙企业存续期间，合伙人的出资和所有以合伙企业名义取得的收益均为合伙企业的财产。

合伙企业的财产由全体合伙人依照法律共同管理和使用。在合伙企业存续期间，除非出现退伙等法定事由，合伙人不得请求分割合伙企业的财产。

对于货币以外的出资需要评估作价的，可以由全体合伙人协商确定，也可以由全体合伙人委托法定评估机构进行评估。

（2）合伙企业财产的转让。合伙企业存续期间，合伙人向合伙人以外的人转让其在合伙企业中的全部或者部分财产份额时，须经其他合伙人一致同意。

合伙人之间转让在合伙企业中的全部或者部分财产份额时，应当通知其他合伙人。合伙人依法转让其财产份额的，在同等条件下，其他合伙人有优先受让的权利。经全体合伙人同意，合伙人以外的人依法受让合伙企业财产份额的，经修改合伙协议即成为合伙企业的合伙人，依照修改后的合伙协议享有权利、承担责任。

合伙人以其在合伙企业中的财产份额出资的，须经其他合伙人一致同意。未经其他合伙人一致同意，合伙人以其在合伙企业中的财产份额出资的，其行为无效，或者作为退伙处理；由此给其他合伙人造成损失的，依法承担赔偿责任。

3）合伙企业事务的执行

合伙企业不像公司企业那样有完整的组织机构，合伙企业事务的执行有其自身特点：

（1）合伙企业事务执行的方式。合伙企业事务的执行可以采取两种方式：一是由全体合伙人共同执行合伙企业事务；二是由合伙协议约定或者全体合伙人决定，委托一名或者数名合伙人执行合伙企业事务。委托一名或者数名合伙人执行合伙企业事务的，其他合伙人不再执行合伙企业事务。

（2）合伙人在执行合伙企业事务中的权利。包括：各合伙人对执行合伙企业事务享有同等的权利；执行合伙企业事务的合伙人对外代表合伙企业；不参加执行合伙企业事务的合伙人有权监督执行事务的合伙人，检查其事务执行情况；合伙人为了解合伙企业的经营状况和财务状况，有权查阅账簿。

合伙人可以对其他合伙人执行的事务提出异议。提出异议时，应暂停该项事务的执行，如果发生争议，可由全体合伙人共同决定。被委托执行合伙企业事务的合伙人不按照合伙协议或者全体合伙人的决定执行事务的，其他合伙人可以决定撤销该委托。

（3）合伙人的义务。根据《合伙企业法》的规定，由一名或者数名合伙人执行合伙企业事务的，应当依照约定向其他不参加执行事务的合伙人报告事务执行情况，以及合伙企业的经营状况和财务状况。

合伙人不得自营或者与他人合作经营与合伙企业相竞争的业务。除合伙协议另有约定或者经全体合伙人同意外，合伙人不得与合伙企业进行交易，合伙人不得从事损害合伙企业利益的活动。

（4）合伙事务执行的决议办法。合伙人依法或者按照合伙协议对合伙企业有关事项做出决议时，除另有约定外，经全体合伙人决定可以实行一人一票的表决办法。

根据《合伙企业法》的规定，合伙企业的下列事务必须经全体合伙人同意：处分合伙企业的不动产；改变合伙企业名称；转让或者处理合伙企业的知识产权和其他财产权利；向企业登记机关申请办理变更登记手续；以合伙企业名义为他人提供担保；聘任合伙人以外的人担任合伙企业的经营管理人员；合伙协议约定的其他事项。

（5）合伙企业的损益分配。合伙损益包括合伙企业的盈利和亏损。《合伙企业法》规定合伙损益由合伙人依照合伙协议约定的比例分配和分担；合伙协议未约定利润分配和亏损分担比例的，由各合伙人平均分配和分担。合伙协议不得约定将全部利润分配给部分合伙人或由部分合伙人承担全部亏损。

合伙企业存续期间，合伙人依照合伙协议的约定或者经全体合伙人决定，可以增加对合伙企业的出资，用于扩大经营规模或者弥补亏损。合伙企业年度或者一定时期的利润分配或者亏损分担的具体方案，由全体合伙人协商决定或者按照合伙协议约定的办法决定。

4）入伙与退伙

（1）入伙。它是指在合伙企业存续期间，原合伙人以外的第三人加入合伙企业，取得合伙人的资格。《合伙企业法》规定，新合伙人入伙时，应当经全体合伙人同意，并依法订立书面入伙协议。订立入伙协议时，原合伙人应当向新合伙人告知原合伙企业的经营状况和财务状况。入伙的新合伙人与原合伙人享有同等权利，承担同等责任；入伙协议另有约定的，从其约定。入伙的新合伙人对入伙前合伙企业的债务承担连带责任。

（2）退伙。它是指合伙人退出合伙企业，丧失合伙人资格。根据《合伙企业法》的规定，退伙主要有两种情况：自愿退伙和法定退伙。

自愿退伙是指合伙人出于真实意愿而退伙。自愿退伙分以下情形：

①合伙协议约定合伙企业的经营期限，有下列情形之一出现：合伙协议约定的退伙事由出现；经全体合伙人同意退伙；发生合伙人难以继续参加合伙企业的事由；其他合伙人严重违反合伙协议约定的义务。

②合伙协议未约定合伙企业的经营期限，合伙人在不给合伙企业事务执行造成不利影响的情况下，可以退伙，但应当提前30日通知其他合伙人。

合伙人违反上述规定，擅自退伙的，应当赔偿由此给其他合伙人造成的损失。

法定退伙是指合伙人出现法定事由而退伙，包括当然退伙和除名两种情况。

《合伙企业法》规定，合伙人有下列情形之一的当然退伙：①死亡或者被依法宣告死亡；②被依法宣告为无民事行为能力人；③个人丧失偿债能力；④被人民法院强制执行在合伙企业中的全部财产份额。

合伙人有下列情形之一的，经其他合伙人一致同意，可以决议将其除名：①未履行出资义务；②因故意或者重大过失给合伙企业造成损失；③执行合伙企业事务时有不正当行为；④合伙协议约定的其他事由。

对合伙人的除名决议应当书面通知被除名人，被除名人自接到除名通知之日起，除名生效，被除名人退伙。被除名人对除名决议有异议的，可以在接到除名通知之日起30日内，向人民法院起诉。

合伙人死亡或者被依法宣告死亡的，对该合伙人在合伙企业中的财产份额享有合法继承权的继承人，依照合伙协议的约定或者经全体合伙人同意，从继承开始之日起，即取得该合伙企业的合伙人资格。合法继承人为未成年人的，经其他合伙人一致同意，可以在其未成年时由监护人代行其权利。

合伙人退伙的，其他合伙人应当与该退伙人按照退伙时合伙企业的财产状况进行结算，退还退伙人的财产份额。退伙时有未了结的合伙企业事务的，待了结后进行结算。退伙人在合伙企业中的财产份额的退还办法，由合伙协议约定或者由全体合伙人决定，可以退还货币，也可以退还实物。退伙人对其退伙前已发生的合伙企业债务，与其他合伙人承担连带责任。

5）合伙企业的解散

合伙企业解散是指合伙人解除合伙协议，终止合伙企业的行为。《合伙企业法》规定，合伙企业有下列情形之一时应当解散：①合伙协议约定的经营期限届满，合伙人不愿继续经营的；②合伙协议约定的解散事由出现；③全体合伙人决定解散；④合伙人已不具备法定人数；⑤合伙协议约定的合伙目的已经实现或者无法实现；⑥被依法吊销营业执照；⑦出现法律、行政法规规定的合伙企业解散的其他原因。

6）合伙企业的清算

合伙企业解散后，应当进行清算，程序如下：

（1）通知和公告债权人。

（2）确定清算人。合伙企业解散，清算人由全体合伙人担任；未能由全体合伙人担任清算人的，经全体合伙人过半数同意，可以自合伙企业解散后15日内指定一名或数名合伙人，或者委托第三人，担任清算人。15日内未确定清算人的，合伙人或者其他利害关系人可以申请人民法院指定清算人。

《合伙企业法》规定，清算人在清算期间执行下列事务：①清理合伙企业财产，分别编制资产负债表和财产清单；②处理与清算有关的合伙企业未了结的事务；③缴清所欠税款；④清理债权、债务；⑤处理合伙企业清偿债务后的剩余财产；⑥代表合伙企业参与民事诉讼活动。

（3）财产清偿。《合伙企业法》规定，合伙企业财产在支付清算费用后，按下列顺序清偿：合伙企业所欠招用职工的工资和社会保险费用、合伙企业所欠税款、合伙企业的债务返还合伙人的出资。

合伙企业财产按上述顺序清偿后仍有剩余的，由合伙人依照合伙协议约定的比例进行分配；合伙协议未约定比例的，由各合伙人平均分配。合伙企业清算时，其全部财产不足清偿其债务的，由合伙人以个人财产按照合伙协议约定的比例进行清偿；合伙协议未约定比例的，由各合伙人平均承担清偿责任。

合伙企业解散后，原合伙人对合伙企业存续期间的债务仍应承担连带责任，但债权人在5年内未向债务人提出偿债请求的，该责任消灭。

需要注意的是，我国法律意义上的合伙企业仅限于由市场监督管理部门登记的、以自然人为合伙人的企业，不包括法人之间的合伙。另外，目前采用合伙制的律师事务所、会计师事务所、医生诊所等也都不属于合伙企业，它们归各自的行政主管机关登记管理。所以，《合伙企业法》的适用范围在一定程度上受到了限制。

7.1.3　个人独资企业

个人独资企业是指由一个自然人投资，全部资产为投资人个人所有，投资人以其个人财产对企业债务承担无限责任的经营实体。个人独资企业非法人型企业，其典型特征是个人在无法清偿债务时，由投资人以个人独资企业以外的财产承担。个人独资企业尤其适合初涉市场、资金实力有限的创业者。

1) 个人独资企业的设立条件

《中华人民共和国个人独资企业法》（以下简称《个人独资企业法》）规定，设立个人独资企业应当同时具备下列条件：①投资人为一个自然人；②有合法的企业名称；③有投资人申报的出资；④有固定的生产经营场所和必要的生产经营条件；⑤有必要的从业人员。

此外，个人独资企业的名称应当与其责任形式及从事的业务相符合。个人独资企业的名称中不得使用"有限"、"有限责任"或者"公司"字样。个人独资企业不得从事法律、行政法规禁止经营的业务；从事法律、行政法规规定须报经有关部门审批的业务，应当在申请设立登记时提交有关部门的批准文件。

2) 个人独资企业的投资人与事务管理

除法律、行政法规禁止从事营利性活动的人，如国家公务员，不得作为投资人申请设立个人独资企业外，其他人都可以作为个人独资企业的投资人。个人独资企业的投资人对本企业的财产依法享有所有权，其有关权利可以依法进行转让或继承。

个人独资企业的投资人在申请企业设立登记时，明确以其家庭共有财产作为个人出资的，应当依法以家庭共有财产对企业债务承担无限责任。

个人独资企业的投资人可以自行管理企业事务，也可以委托或者聘用其他具有民事行为能力的人负责企业的事务管理。投资人委托或者聘用他人管理个人独资企业事务的，应当与受托人或者被聘用的人签订书面合同，明确委托的具体内容和授予的权利范围。委托人或者被聘用的人员应当履行诚信、勤勉义务，按照与投资人签订的合同负责个人独资企业的事务管理。

3) 个人独资企业的解散与清算

个人独资企业有下列情形之一时应当解散：①投资人决定解散；②投资人死亡或者被宣告死亡，无继承人或者继承人决定放弃继承；③被依法吊销营业执照；④法律、行政法规规定的其他情形。

个人独资企业解散，由投资人自行清算或者由债权人申请人民法院指定清算人进行清算。投资人自行清算的，应当在清算前15日内书面通知债权人，无法通知的，应当予以公告。债权人应当在接到通知之日起30日内，未接到通知的应当在公告之日起60日内，向投资人申报其债权。个人独资企业解散后，原投资人对个人独资企业存续期间的债务仍应承担偿还责任，但债权人在5年内未向债务人提出偿债请求的，该责任消灭。

个人独资企业解散的，财产应当按照下列顺序清偿：①所欠职工工资和社会保险费用；②所欠税款；③其他债务。清算期间，个人独资企业不得开展与清算目的无关的经营活动。在按前述规定偿还债务前，投资人不得转移、隐匿财产。个人独资企业财产不足以清偿债务的，投资人应当以其个人的其他财产予以清偿。

7.1.4　个体工商户

根据《中华人民共和国民法典》（以下简称《民法典》）的规定，自然人从事工商业经营，经依法登记，为个体工商户。

1）个体工商户的设立条件

个体工商户的设立条件较为简单，包括以下两个方面：①有经营能力的城镇待业人员、农村村民以及国家政策允许的其他人员；②申请人必须具备与经营项目相应的资金、经营场地、经营能力及业务技术。

2）个体工商户的优势和劣势

个体工商户的优势包括以下三个方面：①对注册资金实行申报制，没有最低限额的基本要求；②注册手续简单，费用低；③税收负担轻。

个体工商户的劣势包括以下三个方面：①信誉较低，很难获得银行大额贷款；②经营规模小，发展速度慢；③管理不规范，有的个体工商户甚至对经营所得和工资所得都不加以区分。

3）个人独资企业与个体工商户的区别

虽然个人独资企业和个体工商户都是自然人出资，但是两者还是存在明显差别。

（1）适用的法律不同。个人独资企业依照《个人独资企业法》设立，个体工商户依照《民法典》《促进个体工商户发展条例》的规定设立。

（2）承担责任的财产范围不同。个人独资企业的出资人在一般情况下仅以其个人财产对企业债务承担无限责任，只是在企业设立登记时明确以家庭共有财产作为个人出资的才依法以家庭共有财产对企业债务承担无限责任。而根据《民法典》的规定，个体工商户的债务，个人经营的，以个人财产承担；家庭经营的，以家庭财产承担。

（3）法律地位不同。个人独资企业是经营实体，是一种企业组织形态；个体工商户则不采用企业形式。区分两者的关键在于是否进行了独资企业登记，并领取独资企业营业执照。

（4）出资人不同。个人独资企业的出资人只能是一个自然人；个体工商户既可以由一个自然人出资设立，也可以由家庭共同出资设立。

7.1.5　股份有限公司

1）股份有限公司的设立方式

股份有限公司的发起人是指依法办理筹建股份有限公司事务的法人或者自然人。依据《公司法》的规定，股份有限公司的设立可以采取发起设立或者募集设立两种方式。发起设立是指由发起人认购公司应发行的全部股份而设立公司。募集设立是指由发起人认购公司应发行股份的一部分，其余部分向社会公开募集或者向特定对象募集而设立公司。

2）股份有限公司的设立条件

《公司法》规定，设立股份有限公司，应当同时具备下列条件：

（1）发起人符合法定人数。根据《公司法》的规定，设立股份有限公司，应当有

2个以上200个以下的发起人，其中须有过半数的发起人在中国境内有住所。

（2）有符合公司章程规定的全体发起人认购的股本总额或者募集的实收股本总额。

（3）股份发行、筹办事项符合法律规定。股份有限公司采取发起设立方式设立的，注册资本为在公司登记机关登记的全体发起人认购的股本总额。在发起人认购的股份缴足前，不得向他人募集股份。以募集设立方式设立股份有限公司的，注册资本为在公司登记机关登记的实收股本总额，发起人认购的股份不得少于公司股份总数的35%，法律、行政法规另有规定的，从其规定。

（4）发起人制定公司章程，采用募集方式设立的须经创立大会通过。

（5）须有公司名称和符合股份有限公司要求的组织机构。

（6）有公司住所。

3）股份有限公司的设立程序

《公司法》对股份有限公司设立的程序做了如下规定：

（1）发起人发起。股份有限公司发起人承担公司筹办事务。发起人应当签订发起人协议，明确各自在公司设立过程中的权利和义务。

（2）制定公司章程。股份有限公司章程应当载明下列事项：公司名称和住所；公司经营范围；公司设立方式；公司股份总数、每股金额和注册资本；发起人的姓名或者名称、认购的股份数、出资方式和出资时间；董事会的组成、职权和议事规则；公司法定代表人；监事会的组成、职权和议事规则；公司利润分配办法；公司的解散事由与清算办法：公司的通知和公告办法；股东大会会议认为需要规定的其他事项。

（3）认购股份。以发起设立方式设立股份有限公司的，发起人应当书面认定公司章程规定其认购的股份；一次缴纳的，应即缴纳全部出资；分期缴纳的，应即缴纳首期出资；以非货币财产出资的，应当依法办理其财产权的转移手续；发起人不依照规定缴纳出资的，应当按照发起人协议承担违约责任。发起人向社会公开募集股份，必须公告招股说明书，并制作认股书。招股说明书应当附有发起人制定的公司章程，并载明下列事项：发起人认购的股份数；每股的票面金额和发行价格；无记名股票的发行总数；募集资金的用途；认股人的权利、义务；本次募股的起止期限及逾期未募足时认股人可以撤回所认股份的说明；发起人向社会公开募集股份，应当与银行签订代收股款协议。代收股款的银行应当按照协议代收和保存股款，向缴纳股款的认股人出具收款单据，并负有向有关部门出具收款证明的义务。

（4）验资机构验资并出具证明。

（5）募集方式设立必须召开创立大会。发起人应当在创立大会召开15日前将会议日期通知各认股人或者予以公告。创立大会应有代表股份总数过半数的发起人、认股人出席，方可举行。

（6）申请登记注册。

（7）建立公司的组织机构。在发起设立的情况下，发起人的出资到位并经法定验资机构验资后，由全体发起人选举公司的董事、监事，组成董事会、监事会。在募集设立的情况下，创立大会将选举出公司的董事、监事，组成董事会、监事会等公司组织机构。

4）股份有限公司的组织机构

依照《公司法》的规定，股份有限公司的组织机构包括股东大会、董事会、经理和监事会。

（1）股东大会。股份有限公司股东大会由全体股东组成。股东大会是公司的权力机构，依照《公司法》行使职权。

股东大会应当每年召开一次年会。有下列情形之一的，应当在2个月内召开临时股东大会：董事人数不足《公司法》规定人数或者公司章程所定人数的2/3时；公司未弥补的亏损达实收股本总额的1/3时；单独或者合计持有公司10%以上股份的股东请求时；董事会认为必要时；监事会提议召开时；公司章程规定的其他情形。

股东大会会议由董事会召集，董事长主持；董事长不能履行职务或者不履行职务的，由副董事长主持；副董事长不能履行职务或者不履行职务的，由半数以上董事共同推举一名董事主持。董事会不能履行或者不履行召集股东大会会议职责的，监事会应当及时召集和主持；监事会不召集和主持的，连续90日以上单独或者合计持有公司10%以上股份的股东可以自行召集和主持。

（2）董事会。股份有限公司设董事会，其成员为5~19人。董事会成员中可以有公司职工代表。董事会中的职工代表由公司职工通过职工代表大会、职工大会或者其他形式民主选举产生。董事会设董事长一人，可以设副董事长。董事长和副董事长由董事会以全体董事的过半数选举产生。董事长召集和主持董事会会议，检查董事会决议的实施情况。副董事长协助董事长工作，董事长不能履行职务或者不履行职务的，由副董事长履行职务；副董事长不能履行职务或者不履行职务的，由半数以上董事共同推举1名董事履行职务。

董事会每年度至少召开2次会议，每次会议应当于会议召开10日前通知全体董事和监事。代表1/10以上表决权的股东、1/3以上的董事或者监事，可以提议召开董事会临时会议。董事长应当自接到提议后10日内，召集和主持董事会会议。董事会召开临时会议，可以另定通知方式和通知时限。

董事会会议应有过半数的董事出席方可举行。董事会做出决议，必须经全体董事的过半数通过。董事会决议的表决，实行一人一票制。董事会会议，应由董事本人出席；董事因故不能出席，可以书面委托其他董事代为出席，委托书中应载明授权范围。董事会应当将会议所议事项的决定做成会议记录，出席会议的董事应当在会议记录上签名。

（3）经理。股份有限公司设经理，由董事会决定聘任或者解聘。公司董事会可以决定由董事会成员兼任经理。

公司不得直接或者通过子公司向董事、监事、高级管理人员提供借款。公司应当定期向股东披露董事、监事、高级管理人员从公司获得报酬的情况。

（4）监事会。有限公司设监事会，其成员不得少于3人。监事会应当包括股东代表和适当比例的公司职工代表，其中职工代表的比例不得低于1/3，具体比例由公司章程规定。监事会中的职工代表由公司职工通过职工代表大会、职工大会或者其他形式民主选举产生，监事会设主席1人，可以设副主席。监事会主席和副主席由全体监事过半数选举产生。

监事会主席召集和主持监事会会议；监事会主席不能履行职务或者不履行职务的，由监事会副主席召集和主持监事会会议；监事会副主席不能履行职务或者不履行职务的，由半数以上监事共同推举1名监事召集和主持监事会会议。

董事、高级管理人员不得兼任监事。监事会行使职权所必需的费用，由公司承担。监事会至少每6个月召开一次会议。监事可以提议召开临时监事会会议。监事会决议应当经半数以上监事通过。监事会应当将所议事项的决定做成会议记录，出席会议的监事应当在会议记录上签名。

5）股份有限公司的优势和劣势

股份有限公司的优势包括以下三个方面：

（1）资本证券化。实行股份的等额化和转让自由化，对股东身份、人数都没有限制，因而能广泛筹集资金，有利于企业规模扩大。

（2）个人财产与企业财产完全分离。

（3）所有权与经营权分离，股东不参与经营，企业经营权由董事会和经理掌握。

股份有限公司自身的特点，导致其要求较高的注册资本和较复杂的设立程序，不适合创业初期的小企业，这是股份有限公司的劣势。

7.1.6 选择企业类型时需要考虑的因素

不同类型的企业，在责任形式、法律地位、出资额度、清算方式等方面都有各自的规定。作为一名创业者，应在考虑创业内容的基础上，考虑更适合哪种企业类型，哪种企业类型更能促进企业今后的发展。以下从四个方面来说明选择企业类型时需要重点考虑的因素。

1）所选行业

我国将产业划分为第一、第二、第三产业。第一产业指的是农、林、牧、渔业。第二产业指的是采矿业、制造业、电力、燃气以及水的生产和供应业、建筑业。第三产业包括的内容较为广泛，除第一、第二产业以外的其他行业为第三产业，如交通运输、仓储和邮政业，信息传输、计算机服务和软件业，批发和零售业，住宿和餐饮业，金融业，房地产业，租赁和商务服务业，科学研究、技术服务和地质勘查业，水利、环境和公共设施管理业，居民服务和其他服务业，教育，卫生、社会保障和社会福利业，文化、体育和娱乐业，公共管理和社会组织，国际组织等行业。对于刚刚步入社会的毕业生来说，首次创业的行业大部分集中在第三产业，而企业类型则更多地集中在个体工商户、合伙企业、有限责任公司。

个体工商户多数处于批发零售业，因为这类行业的要求资质不高，其规模较小、数量较多，经营也相对灵活。经营食品、烟草、药品以及医疗器械等产品必须要注册公司，同时还需要具有法人资格以及获得其他的准入资格。另外，如果选择批发零售业创业，当经营规模达到一定程度后可注册为有限责任公司，这也有利于公司的长远发展。其他的行业类型多采用合伙企业与有限责任公司，常见的有会计师事务所、律师事务所，国家对这类公司有相关规定。互联网的发展带动了网络购物迅速发展，国家市场监督管理总局已经将网络购物纳入监管范围，自 2021 年 5 月 1 日开始实施的《网络交易监督管理办法》对网络商品经营做了相关规定。

2）注册难度

按照现有的相关政策与法律规定，股份有限公司与有限责任公司的注册流程相对来说还是比较复杂的，对于法人资格、注册资金等要求都相对较高，其审查的程序也相对复杂。合伙企业与个体工商户的申请条件、资金的要求和审批程序相对简单些。

根据《国务院机构改革和职能转变方案》的规定，国家逐步放开了市场主体准入管制，优化了营商环境，取消了股份有限公司最低注册资本限制，实施注册资本认缴登记，市场监管部门只登记公司认缴的注册资本总额，无须登记实收资本，不再收取验资证明文件，不再实行先主管部门审批再市场监管部门登记的制度。这些相关制度和实施措施大大减少了企业注册办理的环节，缩短了企业注册办理的周期，提升了企业注册的效率。

3）税收政策

根据我国的政策，不同类型的企业，所需要承担的税负也有所不同。个体工商户一般实行定期定额纳税，也就是按照行业、面积、设备、地段等内容核定每月应缴纳税款的额度，该额度相对来说较小。合伙企业必须缴纳增值税、个人所得税等，但是无须缴纳企业所得税。有限责任公司则必须缴纳增值税、企业所得税、城市维护建设税、教育费附加、印花税、个人所得税等。总体来说，个体工商户与合伙企业所缴纳的税种都较为单一，缴纳的方式也相对简单，有限责任公司涉及的税种更多一些。因此，我们在决定采取何种企业类型的时候，还需要考虑到税收政策等多种因素。

4）其他因素

除了以上所说的几种因素以外，在选择企业类型的时候还应该考虑到合作伙伴、启动资金、企业的风险等其他因素的存在。

7.2 创业企业的命名、经营范围与组织结构设计

7.2.1 企业的命名

注册公司的第一步是要到当地的市场监管部门办理企业名称核准登记，办理程序如下：

第一步，咨询后领取并填写"名称（变更）预先核准申请书""投资人授权委托意见"，同时准备相关资料；

第二步，递交"名称（变更）预先核准申请书""投资人授权委托意见"及相关资料，等待名称核准结果；

第三步，领取"企业名称预先核准通知书"或"企业名称变更核准通知书"。

需要注意的是，最好多准备几个企业名称，以免出现相同或近似名称。企业名称一般由四部分依次组成：企业所在地行政区划名称、字号（商号）、行业（或经营）特

点、组织形式。

1）企业所在地行政区划名称

企业名称中的行政区划是本企业所在地县级以上行政区划的名称或地名。具备下列条件的企业法人，可以将企业名称中的行政区划放在字号之后、组织形式之前：①使用控股企业名称中的字号；②该控股企业的名称不含行政区划。

使用其他国家（地区）出资企业字号的外商独资企业，可以在名称中间使用"中国"字样。

2）字号（商号）

企业名称中的字号应当由两个及两个以上汉字组成，行政区划不得用作字号，县以上行政区划地名具有其他含义的除外。企业名称可以使用自然人投资人的姓名作为字号。

3）行业（或经营）特点

企业名称中的行业表述应当是反映企业经济活动性质所属国民经济行业或者企业经营特点的用语。企业名称中行业用语表述的内容应当与企业经营范围一致。企业经济活动性质分别属于国民经济行业不同大类的，应当选择主要经济活动性质所属国民经济行业类别用语表述企业名称中的行业。

企业名称中不使用国民经济行业类别用语表述企业所从事行业的，应当符合以下条件：①企业经济活动性质分别属于国民经济行业五个以上大类；②公司注册资本（或注册资金）1亿元人民币以上或者公司是企业集团的母公司；③与在同一市场监督管理机关核准或者登记注册的企业名称中字号不相同。

企业为反映其经营特点，可以在名称中的字号之后使用国家（地区）名称或者县级以上行政区划的地名。有些地名不视为企业名称中的行政区划，如"北京×××四川火锅有限公司""北京×××韩国烧烤有限公司"，"四川火锅""韩国烧烤"均视为企业的经营特点。企业名称不应当或者暗示有超越其经营范围的业务。

4）组织形式

依据我国《公司法》《外商投资法》申请登记的企业的名称，其组织形式为有限公司（有限责任公司）或者股份有限公司；依据其他法律、法规申请登记的企业的名称，不得申请为有限公司（有限责任公司）或股份有限公司，非公司制企业可以申请用"厂""店""部""中心"等作为企业名称的组织形式，如"北京×××食品厂""南京××商店""杭州××技术开发中心"。

企业只准使用一个名称，在某一个市场监督管理辖区内，冠以同一行政区划名称的企业不得与登记注册的同行业企业名称相同或近似。

企业名称的确立在不同国家和不同年代有不同的色彩，它与一个国家的政治制度、经济制度、思想文化的发展有很大关系。在生产资料私有制条件下，企业名称一般是企业创始人的名字或吉祥、响亮、含蓄、趣味的词语。在计划经济时期，企业名称的构成绝大多数为三段式（地名+经营业务名称+企业组织形式，如上海汽水厂）或"四段式"（在"三段式"的基础上再加上财产责任形式，如国营南京无线电厂）。用这两种方法命名企业，不仅可以体现企业的所有制性质，而且可以体现企业的所在地及企业生产什么产品，但不能体现企业产品的知名度与竞争力。

市场经济的发展使企业名称及其构成发生了重大变化，即在企业名称中出现了字号，如北京四通集团，其中"四通"是企业字号。用于区别不同企业的企业名称的基本构成变成两段式：地名+字号，如西安杨森；字号+经营业务名称，如春兰空调；字号+企业组织形式，如海尔集团。而无论哪种形式，字号都是必不可少的。

字号虽然只是几个汉字的组合，但表现的绝不仅是几个汉字所固有的含义。作为企业标识，它包含着企业资信及其产品的市场竞争力等信息，这就使其成为商誉的载体而具有财产价值。例如，万宝路的商誉价值已高达440亿美元，相当于其年营业额的2倍；家喻户晓的可口可乐，其商誉价值已超过550亿美元。早在1967年，可口可乐公司就宣称，即使公司一夜之间化为灰烬，照样可以起死回生。因为凭商誉立即就有大银行找上门来向其提供贷款，这就是著名字号所独有的魅力。

7.2.2　企业的组织结构设计

组织结构是表明组织的各个部分的排列顺序、空间位置、聚散状态、联系方式以及各个要素之间的相互关系的模式，同时也是整个管理系统的框架。组织结构也是组织的全体成员共同为实现组织的目标，在管理工作中所进行的分工协作，在职务范围、责任、权力方面所形成的结构体系。组织结构还是组织在职、责、权三个方面的动态结构体系，其本质也是为了实现组织的战略目标所采取的一种分工协作体系，组织结构必须随着组织的重大战略调整而调整。

有序、有效地进行分工和协作是组织结构设计的目的之一，但还是有很多企业的员工和客户并不十分清楚企业的组织结构和各个部门的职责范围，甚至不知道哪些业务应该找哪个部门办理。遇到了需要跨部门协作的事务，由于缺乏明确的协作责任规定，各个部门相互推诿、扯后腿的现象也较为常见。

对于初创企业来说，正式和规范的组织结构往往有些可望而不可即，一个三五人的小型企业甚至不可能有什么组织结构，但是企业想要做大做强，就必须要合理设计组织结构。组织结构对于企业的经营管理的重要性，正如木桶上的一块木板，虽然不是唯一重要的也不是最重要的，但却是不可缺少的。

案例讨论7-1

欣隆科技有限公司（以下简称欣隆公司）是一家中型合资企业，公司主要生产电子元器件、机电设备，以及手机电池和蓄电池等。按照产品类型的不同，欣隆公司成立了三个产品分部，各产品分部总经理直接向执行副总裁汇报工作（欣隆公司组织结构如图7-1所示）。这三个产品分部的厂房比较集中，分布在以公司总部办公大楼为中心方圆3千米的厂区范围内。总部办公大楼是公司的中枢神经，公司总裁办公室、副总裁办公室、人力资源部门以及财务部门等都集中在此。各产品分部总经理分别对利润负责，而且各自拥有独立的生产设施、内部营销机构等。三个产品分部的产品有所不同，但基本原料都是类似的共同性物料，尤其是一些化工原料和工装模具，而且消耗量都很大。但由于采购方面职权的分散，一直以来各产品分部都独立进行采购运作，从没有过协商，有时甚至还出现过相互抬价的情况，结果损害的还是公司的整体利益。

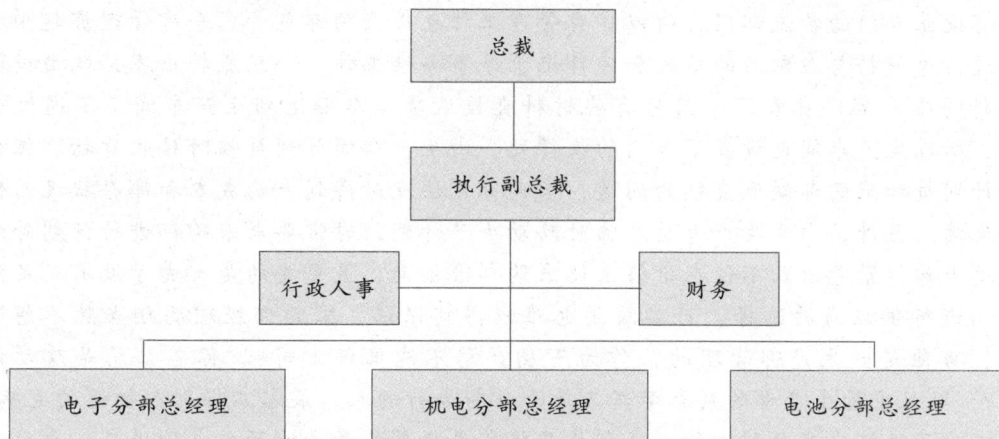
图7-1 欣隆公司组织结构

电池分部主要生产手机电池和蓄电池。根据业务流程，电池分部的生产部有三个生产车间，分别是电极车间、化成车间和装配车间，另外设备部和采购部也归属生产部管理。电池分部的组织结构如图7-2所示。电池分部总经理顾远征是主管生产出身。在他看来，采购经理的主要职责就是及时保证生产线上物料的供应，只有生产部的负责人才直接对降低整个分部生产成本负责。所以在电池分部成立时他将采购部设置在生产部之下，并认为采购部只是一个辅助部门。其实由于产品的特点，电池分部的材料成本占销售收入的比重接近50%，所以每一分采购成本的节约就等于一分利润的增加，况且采购成本的降低要比销售收入的增加容易得多。采购部的运作绩效直接影响生产部成本节约和盈利能力，可是在实际操作中，采购部遇到的问题还真不少。

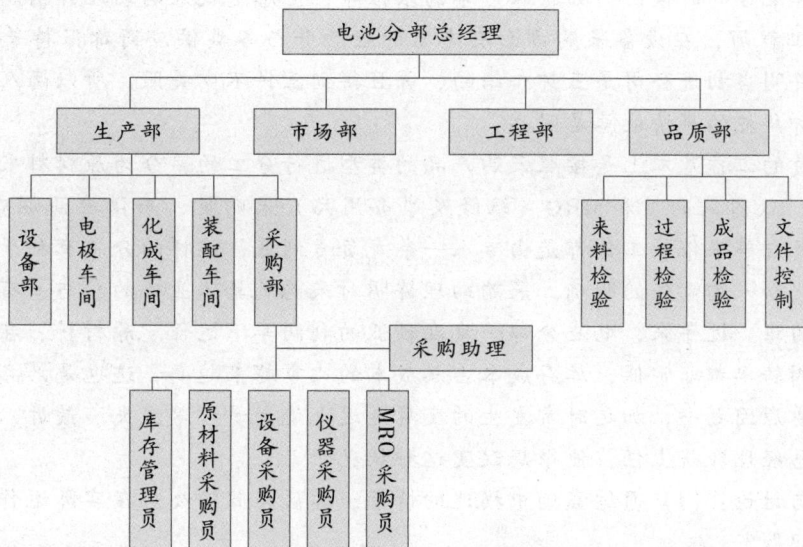
图7-2 电池分部的组织结构

采购部经理高翔能力很强，拥有十多年的生产、工程和采购方面的经验，但自从来到欣隆公司电池分部就一直有很多怨言，觉得工作不好开展。原因是电池分部没有设立专门的物流部门，所以库存管理工作也由采购部负责。仓库管理员赵阳主要进行原材料与在制品的接收和库存记录等事务性工作，一旦原料出库，就由提取原料的生产部门负责了。因为有些材料直接从货车车厢运到生产车间而不通过仓库，所以生产车间也设置了专门的收货处，由生产车间计划员临时接收货物。但由于计划员和采购部缺乏直接的沟通，采购部无法及时得到采购成本和库存状况的信息反馈。另外，由于生产部总是临时改动生产计划，时常要求采购部进行计划外的紧急采购，紧急采购不仅在价格上使采购部很被动，最重要的是，由于没有充足的时间进行供应商的选择，产品质量也难以得到保证。采购部经理高翔当然不想这样，可他是归生产部管理的，作为下属，总不能批评上司："你怎么总是改动计划？"况且主管生产部的副总李军又是个独断专行的人，最容不得别人挑他的毛病。所以为了保证生产顺利进行，高翔总是将各类原料尽量多地预先采购进来，存放在仓库中，以免造成缺货以及紧急采购的发生。这就导致了欣隆公司的库存成本总是居高不下，库存周转率也极低。

最让高翔感到头疼的是自己的权力受到很大干涉。电池分部销售经理王钟实际上对很多产品行使着全面控制权，甚至在某种程度上超越了采购部经理高翔。王钟是个急性子，做事总想一揽子全包，他认为自己是最了解客户信息的，所以总是自行指定采购零件的品牌和供应商，甚至在采购部下订单前就直接和供应商进行谈判。高翔不止一次试图阻止。有几次由于王钟在没有通知采购部的情况下私自向供应商下订单，造成了金额巨大的重复订单，甚至还出现过合同上的纠纷。高翔曾几次通过 E-mail 的形式向生产部副总李军反映情况，但似乎没有引起李军的重视，自然也没起到什么效果。高翔和王钟两人之间的矛盾日益激化，甚至已经到了互不理睬的地步。当王钟需要采购部配合的时候，例如特殊订单的跟催等，他总是找采购助理许明。许明是一名资深的工程师，在设备采购方面有丰富的经验并与各类供应商都保持着良好的关系。因为许明当初进公司是王钟介绍的，并且得到王钟不少关照，所以两人关系一直不错，王钟拜托的事情他总是照办。

采购员的工作基本上是按照采购产品的类型进行分工的，分为原材料采购员、设备采购员、仪器采购员和 MRO（维修及事务用品）采购员，而供应商调查、选择、评价，以及订单跟催等工作都是由专人一条龙负责到底，这样的分工有利于培养采购员的专业化和采购责任的明确。采购助理许明对采购员具体业务的参与，有时候也让采购员很为难。近年来，电池分部一直在较低的利润率下运作。原材料、在制品和产成品库存周转率都非常低，库存成本占总成本的比重越来越高，这也是产品价格居高不下的主要原因之一，加之时常发生的交货延迟也使大量订单流失。最近，一位新的电池分部总经理即将上任，他很想改变这种状况。

思考与讨论：（1）通过案例中描述的情景，你认为欣隆公司在实际运作中存在哪些方面的问题？

（2）如果你是这位即将上任的电池分部总经理，你将采取什么措施来改善这些状况？说说你的理由。

1）组织结构类型

由于每个企业的组织目标、所处的环境，以及所拥有的资源不尽相同，因此公司的组织结构也必然会有所区别。但是，各种组织结构之间有很大的相似性，关键的组织结构类型有以下五种：

（1）直线制组织结构。它是一种最早也是最为简单的集权式组织结构形式，其领导关系也按垂直系统建立，不设立专门的职能机构，自上而下形同直线。直线型组织结构的特征就是企业各级行政单位从上到下实行的是垂直领导，下属部门也只接受一个上级的指令。这要求各级主管通晓多种知识和技能，亲自处理各种业务。在业务较为复杂、企业规模较大的情况下，把所有的管理职能都集中在最高主管一个人身上，这显然是不现实的。因此，直线型组织结构只适用于规模较小、生产技术较为简单的企业，并不适用于生产技术和经营管理复杂的企业。直线制的组织结构如图7-3所示。

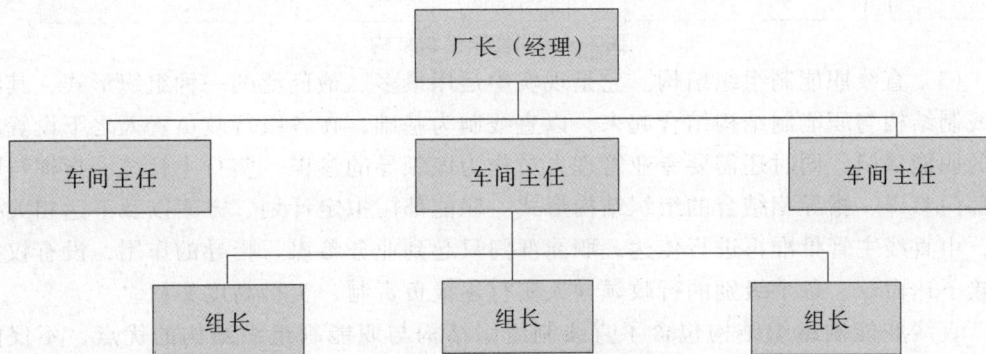

图7-3　直线制组织结构

（2）职能制组织结构。它是将行政组织同一层级横向划分为若干个部门，每个部门的业务性质及基本的职能相同、相互分工合作的组织形式。职能制组织结构有利于行政组织按照职能或业务的性质进行分工管理，所选聘的专业人才，能够发挥其专业特长；也有利于业务专精，提高管理的水平；同类型业务归属同一部门，职能各有专司，责任确定，利于建立和维护有效的工作秩序，防止顾此失彼和互相推诿，适应现代化工业企业生产技术比较复杂、管理工作比较精细的特点；能够充分发挥其职能结构的专业管理作用，同时也能够减轻直线型领导人员的工作负担。但是，职能制组织结构也妨碍了必要的集中领导和统一指挥，形成了多个领导，这不利于建立健全各个行政负责人和职能科室的责任制，在中层管理者中往往会出现有功劳大家抢、有失误大家推的现象。另外，在上级行政部门与职能机构的命令与指导发生矛盾的时候，下级就无所适从，会影响到工作的正常进行，也容易造成纪律松弛、生产管理秩序的混乱。而且，职能制组织结构不便于行政组织间的整体协作，容易造成部门间各自为政的现象，使得行政领导难以对工作进行良好的协调。因此，职能制组织结构通常要与层级制相结合。其结构如图7-4所示。

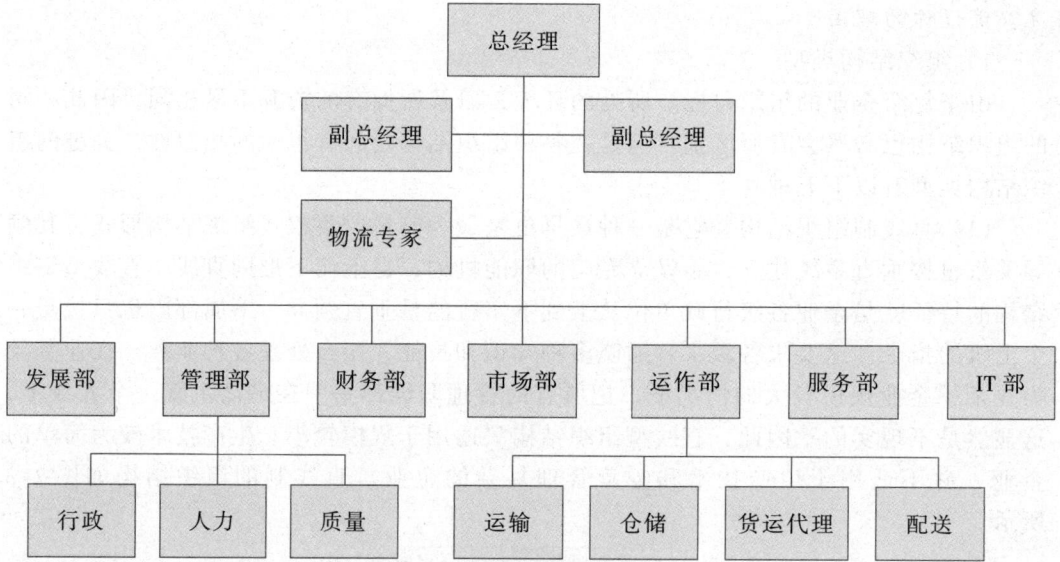

图7-4 职能制组织结构

（3）直线职能制组织结构。它是现实中运用最多、最广泛的一种组织形式，其将直线制结构与职能制结构结合起来，以直线制为基础，在各级行政负责人之下设置相应的职能部门，同时还需要专业管理人员作为该领导的参谋，实行主管统一指挥与职能部门参谋、指导相结合的组织结构形式。职能部门拟定计划、方案以及下达相关指令，由直线主管批准再进行传达；职能部门只起到业务参谋、指导的作用，没有权力直接下达命令，各个级别的行政领导人实行逐级负责制，实行高度集权。

直线职能制组织结构包含了直线制组织结构与职能制组织结构的优点，不仅能统一指挥，又能发挥参谋人员的作用；其分工精细、责任清楚，各个部门仅仅对自己应该做的工作负责，效率较高；组织的稳定性也较高，在外部环境变化不大的情况下，有利于发挥组织的集团效率。但是，该结构的职能部门之间横向联系较差，信息传递路线较长，矛盾也较多，上层主管的协调工作量较大；系统刚性也大，适应性较差，容易因循守旧，对新情况不容易及时做出反应。直线职能制组织结构如图7-5所示。

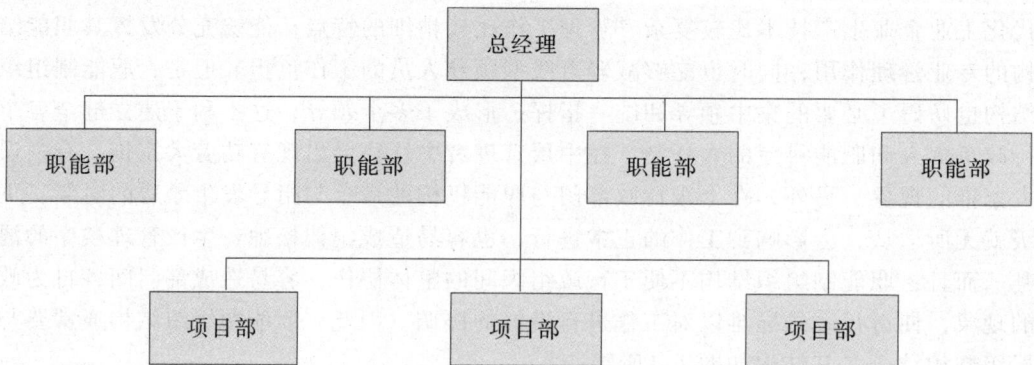

图7-5 直线职能制组织结构

（4）事业部制组织结构。它就是以某个产品、地区或者顾客为依托，将相关的研究开发、采购、生产、销售等部门结合成一个相对独立的组织形式。事业部制组织结构具体表现为：在总公司的领导下设立多个事业部，各个事业部有独立的产品或者市场，在经营管理上有着很强的自主性，能够实行独立核算，是一种分权式管理结构。事业部制组织结构又称M型组织结构，即多单位企业、分权组织或部门化结构。事业部制组织结构最早起源于美国的通用公司，按照其经营事业类型，或者按照产品、地区、顾客（市场）等来划分部门，设立若干个事业部。

事业部是在企业宏观领导下，拥有完全的经营自主权，实行独立经营、独立核算的部门，既是受公司控制的利润中心，具有利润生产和经营管理的职能，同时也是产品责任单位或市场责任单位，对产品设计、生产制造及销售活动负有统一领导的职能。事业部制的组织结构主要适用于产业多元化、产品品种多样化、各个产品均有独立的市场、市场环境变化较快的大型企业。其组织结构如图7-6所示。

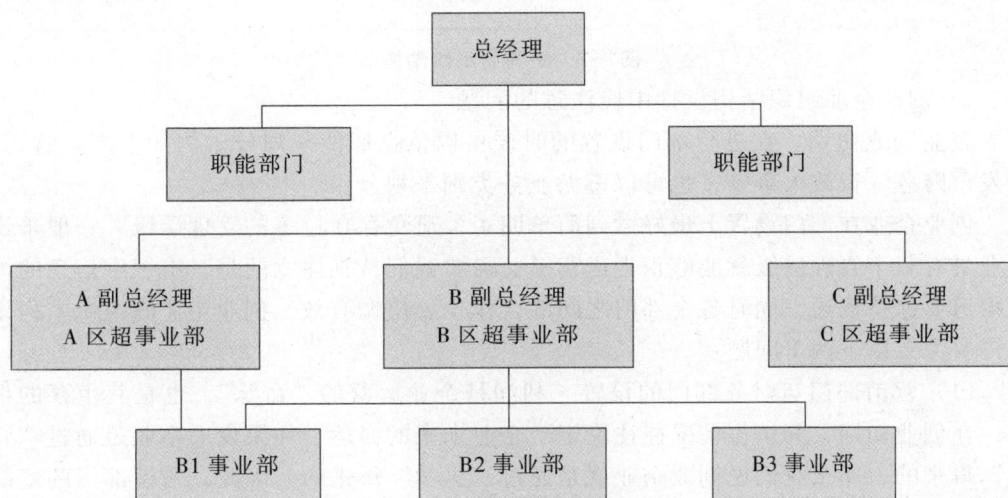

图7-6 事业部制组织结构

（5）矩阵制组织结构。它既包含了按职能划分的垂直领导系统，同时又具有按照产品的项目划分的横向领导系统。矩阵制组织结构是为了能够合理改进直线职能制组织横向联系差的问题，弥补其缺乏弹性而形成的一种组织结构形式。它可以围绕某项专门任务成立跨职能部门的专门机构。例如，组成一个专门的产品项目小组从事新产品开发工作，在研究、设计、试验、制造各个不同阶段，由有关部门委派人员参加，力图保障条块结合，以协调有关部门的工作，保障任务的良好完成。矩阵制组织结构是固定不变的，但其工作人员却是不断变动的，需要谁就由谁来做，任务完成后就离开。项目小组与项目负责人也是临时组织和委任的，任务完成后就会解散，有关人员回原部门工作。因此，这种组织结构非常适用于横向协作和攻关项目。其组织结构如图7-7所示。

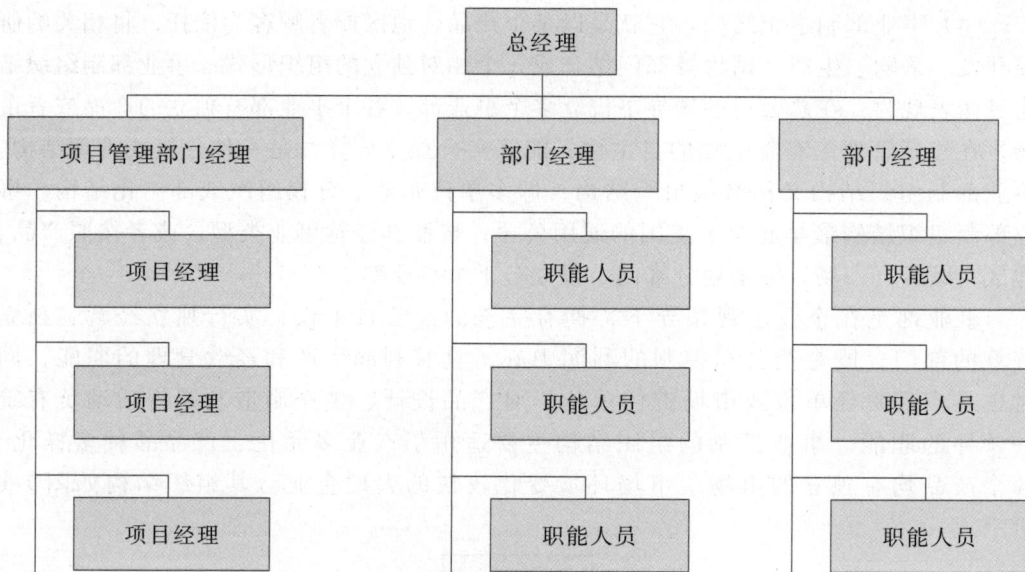

图7-7 矩阵制组织结构

2）创业企业组织结构设计中应注意的问题

企业创业初期，在进行部门设置的时候可以依据职能来划分，例如生产、营销、研发、财务、行政人事等，也可以遵循业务类别来划分。

创业企业在部门设置上最好做到简单明了，避免存在过多的管理层级，一般来说企业具有三个管理层级就能够正常运营了。需要我们特别注意的是，组织中信息的沟通渠道要保持畅通，同时各个部门之间的合作也要协调有效。创业企业的组织结构设计需要注意以下两个问题：

（1）营销部门与财务部门的设置。利润是企业运营的"命脉"，也是其生存的根本，在创业初期，其销售情况往往决定了企业未来的命运，如果说大企业是通过"管理"得来的，那么我们说创业企业就是通过"买卖"得来的。因此，营销部门的组织结构设计就显得尤为重要。市场与销售两个部门的职能是否分开，定价权与推广费用的批准权如何进行分配，基层的员工对销售需要负何种责任等，都是需要我们慎重考虑的问题。

相关研究表明，许多在一年内就倒闭的创业企业，大多是财务管理出现问题而导致的，尤其是应收账款中的坏账太多，频繁地发生流动资金的短缺等。企业如果想要良好地运营下去，就需要创业者将注意力着重放在财务监控上，不能简单地把财务管理视作"记账"，要由具备专业技能的人员来负责，还需要具有相应的激励机制，并建立评估体系。

（2）因人设职还是因事设职。通常来说，企业应因事设职，但是在实际的管理工作中，很多管理者会因人设职，有时虽不是主观意愿上的，但往往人才难遇，他们也不愿意放过稍纵即逝的机会。初创企业大多会面临人才短缺的问题，这是因为创业者一般不可能具备所有的专业管理知识体系，但又承担不起专业营销经理、财务经理等的薪酬。与大型企业相比，初创企业往往更依赖于某一个人或者某几个人来为企业获取收入来源。在这种情况下，很大程度和范围内的因人设职也成为企业非常必要的存在。但仍需要创业者注意的是，因事设职才是主流，因人设职只能作为个例出现。

7.3 创业企业注册流程及相关事项

7.3.1 创业企业注册

创业者注册公司需要到当地市场监督管理部门办理相关手续，手续办理的具体流程如下：

（1）预先登记公司名称（预先核准名称）。提供公司名称和大概经营范围，在市场监督管理部门查询和审核，预定公司名称。

（2）开户入资。在银行开立资本金账户，支付开户费用，入资。

（3）验资。以实物、无形资产出资的，须请会计师事务所进行评估；评估结束，注册资金到位后，请会计师事务所进行验资，取得验资报告，支付验资费用。

（4）办理、领取营业执照。到市场监督管理部门办理营业执照时需要带上以下资料：注册地址证明（租赁合同、房产证等），股东会决议，股东、法定代表人身份证，验资报告，公司章程，以及"公司设立登记表""企业名称预先核准通知书"等。

（5）刻章。凭营业执照到公安局指定地刻公章、财务专用章、法人章、合同章。

（6）开立基本存款账户。持营业执照去银行开立基本存款账户。

（7）办理税务登记。领取营业执照30日内到当地税务部门办理税务报到。税务部门将核定企业缴纳税金的种类、税率等事宜。

（8）办理税务登记。办理税务登记时，由税务机关出具"应纳税税目表"，告知纳税时间和税率。

（9）购置账簿，购买财务软件，建账。

7.3.2 入资

入资是创业过程中非常重要的一步，因为资金是企业起步的根基所在，所以创业者必须清楚企业入资的整个操作流程。

股份制企业和集体企业设立登记、增加注册资本（金），应将缴付或增加的注册资本（金）存入入资专户。按照以下程序办理入资、划资手续。

（1）持"企业名称预先核准通知书"（设立时出示）或营业执照（增资时出示）到市场监督管理部门确认的入资银行（以下简称经办行）开立入资专用账户。

（2）将认缴的出资存入经办行专用账户。

（3）凭经办行出具的"交存入资金凭证"到具有法定验资资格的机构进行验资（有实物出资的，须做资产评估）。

（4）办理注册登记、领取营业执照、选择银行，开立企业的银行基本账户。

（5）到市场监督管理部门办理划资手续，领取"划转入资资金通知书"。

（6）到经办行办理将入资专用账户上的资金划转到企业的银行基本账户上的手续。

7.3.3 验资

对创业公司入资后就需要对资本进行检验，验资的具体程序如下：

（1）到市场监督管理部门进行公司名称核准，领取公司名称核准通知书。

（2）起草公司章程，并由各股东签字盖章确认。公司章程需明确规定各股东的投资金额、所占股权比例及出资方式（现金或实物资产、无形资产）。

（3）凭市场监管部门开具的公司名称核准通知书到银行开设公司临时账户。

（4）各股东全部以现金出资的，应根据公司名称核准通知书及公司章程规定的投资比例及投资金额，分别将投资款缴存公司临时账户。缴存投资款可采用银行转账或直接缴存现金两种方式。需注意的是，股东在缴存投资款时，应在银行进账单或现金缴款单的"款项用途"栏填写"××（股东名称）投资款"。

（5）股东如以实物资产（固定资产、存货等）或无形资产（专利、专有技术）出资，则该部分实物资产或无形资产需经过具有资产评估资格的会计师事务所或资产评估公司评估，并以经评估后的评估价值作为股东的净投入额。以实物资产作价投入的，所作价投入的实物资产不得超过公司申请的注册资本额的50%；以无形资产作价投入的，所作价投入的无形资产不得超过公司申请的注册资本额的20%。

（6）与会计师事务所签订验资业务委托书，委托会计师事务所验资。向会计师事务所提供资料。

（7）协助会计师事务所到公司开户银行询证股东投资款实际到位情况。

（8）1个工作日后到会计师事务所领取验资报告，并到市场监管部门专门登记备案。

7.3.4 办理工商注册登记

1）工商注册的基本条件

企业法人申请开业登记程序是指有关法规、规章所规定的企业法人申请开业登记应遵循的步骤和过程，它有两个基本要求：

（1）企业开业要符合国家规定的开业条件。根据《中华人民共和国市场主体登记管理条例》的规定，创业企业申请登记时，应符合下列基本条件：有固定的生产经营场所和必要的设施；有固定的人员；有必要的资金；有明确的生产经营范围并符合国家有关政策法令。

（2）备齐相关法律文件，包括企业筹建人签署的申请书、主要经营场所的相关文件、企业的章程或者合伙企业合伙协议，法律、行政法规和市场监督管理部门规定提交的其他材料等。

2）工商注册的基本程序

（1）领取并填写工商注册登记表，提交相关文件、资料，办理入资、验资手续，登记主管机关受理、审查、核准、发照等环节完成之后，领取工商营业执照。营业执照分为正、副本，正本为悬挂式，用于企业亮证经营；副本为折叠式，用于外出携带进行经营活动。

创业者如果需要进行基本建设，还需向市场监督管理部门申请筹建登记并领取筹建许可证。

（2）进行组织机构代码登记，刻公章。企业应自领取营业执照或许可证照之日起30日内前往市场监督管理部门办理组织机构代码证（个体工商户免办组织机构代码证），办理时需携带相关证明材料。申请后3个工作日后领取组织机构代码正副本。

企业在取得市场监督管理局核发的营业执照后前往公安局指定地点刻制公章。

（3）到税务机关申报办理税务登记。

（4）办理各种社会保险统筹及就业证。

7.3.5 税务登记

新创企业注册后应当向主管国家税务机关申报办理税务登记。税务登记程序如下：

（1）自领取营业执照后30日内主动向税务机关提出办理税务登记书面报告，即填写"申请税务登记报告书"。

（2）根据《中华人民共和国税收征收管理法实施细则》的规定，提供相应证件和资料。

（3）如实填写"税务登记表"。

（4）税务机关审核通过后发给税务登记证，纳税人凭税务登记证办理以下税务事项：申请办理减税、免税、退税；申请办理外出经营税收管理证明；领购发票；申请办理税务机关规定的其他有关税务事项。

如果税务登记内容发生变化，企业还要办理变更登记手续。

7.4 新创企业相关的法律问题

创业过程难以预测，具有不确定性和模糊性。在创建期，新创企业必须处理好一些重要的法律问题。创业涉及的法律问题相当复杂，创业者不仅要具有管理才能及技术才能，还应培育法律风险管理及防范意识，从创业之初就以法律法规为经营准绳，规范创业企业的行为。同时，还要懂得运用法律保护企业的相关权益。

在企业的创建阶段，创业者面临的法律问题包括确定企业的形式、设立适当的税收记录、协调租赁和融资问题、起草合同，以及申请专利、商标或版权保护等。当新企业创建起来并开始运营后，仍然面临与经营相关的法律问题。例如，劳动法规可能会影响员工雇佣、报酬以及工作的评定；安全法规可能会影响产品的设计和包装、工作场所和机器设备的设计与使用、环境污染的控制以及物种的保护等。

尽管许多法律法规可能在企业达到一定规模时才适用，但事实是，新创企业都追求发展，这意味着创业者很快就会面临这些法律问题。

与创业有关的法律法规主要涉及知识产权、竞争、质量和劳动等方面，具体包括

《中华人民共和国专利法》《中华人民共和国商标法》《中华人民共和国著作权法》《中华人民共和国反不正当竞争法》等。知识产权是人们对自己通过智力活动创造的成果所依法享有的权利，包括专利、商标、版权等，是企业的重要资产。知识产权可通过许可经营或出售带来许可经营收入。知识资产现在已逐渐成为创业企业（尤其是技术型创业企业）中最具价值的资产，因此为了有效保护自己的知识产权并且避免无意中侵犯他人的知识产权，了解知识产权的内容及相关法律，对创业者来说就显得非常重要。

1）专利与相关法律法规

专利是指由政府机构或者代表若干国家的区域性组织根据申请而颁发的文件，用来记述一项发明，并且创造一种法律状况，在这种状况下专利发明通常只有经过专利权所有人的许可才可以被利用。专利制度主要解决发明创造的权利归属与发明创造的利用问题。专利法可以有效地保护专利拥有者的合法权益。创业者对其个人或企业的发明创造应及时申请专利，以寻求法律保护，使自己的利益不受侵犯，或者在受到侵犯时，依据法律提出诉讼，要求侵害方予以赔偿。

2）商标与相关法律法规

商标是指在商品或者服务项目上所使用的，由文字、图形、字母、数字、三维标志和颜色，以及上述要素的组合构成的显著标志，用于识别不同经营者所生产、制造、加工、拣选、经销的商品或者提供的服务。商标是企业的一种无形资产，具有很高的价值。这种价值体现在独特性和所产生的经济利益上。保护和提高商标的价值可以为企业带来巨大的收益。商标包括注册商标和未注册商标，目前我国只对人用药品和烟草制品实行强制注册，通常所说的商标均指注册商标。注册商标包括商品商标、服务商标、集体商标和证明商标。注册商标的有效期为10年，可以申请续展，每次续展注册的有效期也为10年。商标注册申请人必须是依法成立的企业、事业单位、社会团体、个体工商户、个人合伙，以及符合《中华人民共和国商标法》第九条规定的外国人或者外国企业。

3）著作权与著作权法

著作权也称版权，是指作者对其创作的文学、艺术和科学作品依法享有的权利。著作权包括发表权、署名权、修改权、保护作品完整权、复制权、发行权、出租权、展览权、表演权、放映权、广播权、信息网络传播权、摄制权、改编权、翻译权、汇编权，以及应当由著作权人享有的其他权利。对著作权的保护就是对作者原创工作的保护。著作权的保护期限为作者有生之年加上去世后50年。我国实行作品自动保护原则和自愿登记原则，即作品一旦产生，作者便享有版权，登记与否都受法律保护；自愿登记后可以起证据作用。国家版权局认定中国版权保护中心为软件登记机构，其他作品的登记机构为所在省级版权局。

■ 复习与思考

1.谈谈创业者应该了解哪些企业设立应注意的法律问题。

2.新创企业组织形式的选择依据是什么？

3.企业注册的一般流程是什么？

第8章

创业机会的识别、评价与选择

▨ 知识目标

（1）了解创业机会的价值。
（2）熟悉创业机会的主要来源和识别方法。
（3）理解创业机会评价的准则和方法。
（4）了解创业项目的类型和选择方法。

▨ 素养目标

培养学生勤奋踏实、精益求精的工匠精神。

案例导入 　　　　　　　　　**在海岛卖鞋**

　　一家制鞋公司派了一名推销员前往某个岛国，调查该国鞋类产品市场情况。这个推销员到达后不久就给总部发回了一封电报："这里的人都习惯赤脚，鞋类产品没有市场。"这名推销员很快就从那个岛国离开了。公司随后又派去了一名推销员。第二个推销员到达后也给总部发回一封电报："在这里的发现让我异常兴奋，因为这里的人都赤脚，还没有一人穿鞋，这里市场潜力巨大。"于是他开始在岛上卖鞋。该公司觉得情况有些蹊跷，于是派出了第三个推销员。三个星期后，他发回了一封电报："这里的人不穿鞋，但有脚疾，需要鞋。不过不需要我们生产的鞋，因为我们的鞋太窄，我们必须生产宽一些的鞋。这里的部落首领不让我们做买卖，我们只有向他进献一些礼物，才能获准在这里经营。我们需要投入大约1.5万美元，他才能开放市场。因此，我建议公司开辟这个岛国市场。"该公司董事会采纳了这位推销员的建议，并通过适宜的营销组合，最终成功地开拓了这个岛国市场。

　　【思考与讨论】该案例给了你哪些启示？创业机会如何识别？

8.1 创业机会的识别

8.1.1 创业的核心是创业机会

1）创业机会的界定

创业机会就是一个可以在市场环境中行得通的创意，这个创意所提供的产品或服务，不但能给某些人带来实际的好处和用处，而且他们支付的金钱可以使你获得利润。没有人要的产品或服务肯定不是创业机会，没有利润的产品或服务也不是创业机会。创业机会是一组有利于创造出新的产品、服务或企业的环境因素的组合。例如，豆浆是中国人经常消费的食品，但制作豆浆很不方便，耗时长且工序烦琐，消费者通常只能到外面购买，因此市场上存在家庭快速制作豆浆的需求，以九阳为代表的一批豆浆机生产企业实现了成功创业。"大众创业，万众创新"是充分激发亿万群众智慧和创造力的重大改革举措，是实现国家强盛、人民富裕的重要途径，互联网、物联网、大数据和云计算等引领的技术变革正在衍生出无穷无尽的创业机会。

创业的出发点往往是未被满足的顾客需求。例如，阿里巴巴公司发现银行卡支付十分不便，这种不便之中蕴含着商业机会，因此着手开发了支付宝，解决了快捷支付难题。苹果手机、优步打车软件、支付宝等新生事物的出现，不仅使创业者填补了市场空白，满足了消费者的需求，也使乔布斯等创业者们创造出一系列连消费者自身都没有意识到的包含某种功能或服务的产品。创业机会存在于外生的客观环境中，等待有特质有创业警觉性或者认知差异的个体去发掘。通常，新企业诞生的三个阶段为商业创意、商业机会和新创企业，在这个过程中，商业创意是发掘商业机会的开始。

2）从创意到创业的过程

所谓创意，简单可以称为创新的思维或想法，是一种独特的思维方式、想法甚至理论，一种独到的、与众不同的观点或者独特视角，它与普通、平庸是对立的。大多数情况下，市场机会来自某一商业创意，在创业实践中，创业者往往有很多创意和新想法，但每一个创意与新想法不一定会产生具体的创业项目，也就是说全世界每天都有成千上万的创意产生，但最终变成事业的却屈指可数，其中的许多创意都夭折在了最初一英里阶段。畅销书作家斯科特安索尼在2015年出版了一本书，名字就叫《最初一英里》，告诉创业者和创业团队如何把创意变成为赚钱的商业模式，如何进行创意管理，让过程成本更低、效率更高。当下一些人认为商业机会就是创业机会，实际上并不尽然，创业机会仅仅是适用于创业的商业机会，创意是实现某种目的的可行的突破口、切入点、环境条件等，商业机会则是实现某种商业营利目的的可行的突破口、切入点、环境条件等。商业机会分为两类：一类是昙花一现式的一般性商机，另一类会持续一段时间，且不需要较多初始投入，这才是适于创业的商业机会，即创业机会。创业机会有三个重要特点：一是可持续一段时间，二是市场会成长，三是创业者有条件利用。毫无疑问，成功创业是建立在对机会的发现、构建与把握的基础之上的。从创业实践来看，创业者的很多创意都不会产生创业或商业机会，机会的产生往往与很多创意新想法有关，它们之间不是一一对应关系，创业机会与商业或事业的成功也不是一一对应关系，机会有很多，只要把握住其中之一就能促成某项商业和事业的成功。

3）商业创意的产生

商业创意无外乎三类：一是新市场，即用原来的产品或服务满足新的市场需求；二是新技术，即创造人们需要的新产品或新服务；三是新利益，即让产品质量和服务质量更好、功能更多、成本更低。很多人认为创意是瞬间产生的，事实上通过系统分析研究也可以获得商业创意。

（1）通过分析事件寻找商业创意。例如，美国一家炼钢厂因为资金不足不得不购买小型锅炉，事后竟然发现其创造的利润率要高出大型锅炉许多，后来经过分析发现钢铁市场结构已发生变化，因此该公司将投资重点放在小型专业炼钢技术上。

（2）通过分析矛盾寻找商业机会。例如，金融机构提供的服务与产品大多针对专业投资者，但市场上占比很大的普通投资者却没有受到应有的重视，这样的矛盾显示出为普通投资者提供服务的市场是极具潜力的。

（3）通过分析作业程序，寻找商业创意。例如，分析很多行业的生产作业流程可以挖掘软件开发和信息服务的机会。

（4）通过分析产业与市场结构变迁的趋势，寻找商业机会。例如，在国有企业体制机制改革和公用事业领域开发过程中，可以在能源、电信、交通等产业中挖掘得到更多的商业构思。

（5）通过分析人口统计资料的变化趋势，寻找商业机会。例如，人口老龄化、教育信息化为业余充电学习等提供了机会。

（6）通过分析价值观念和认识，寻求商业创意。例如，随着人们对健康饮食认识的不断加深，健康食品市场方兴未艾。

（7）通过新知识的产生寻找创意。例如，"人类疾病细胞图谱研究的关键科学问题"学术研讨会预计会给生物与医疗服务领域带来商机。

（8）通过复制外地市场寻找创意。商业创意也可以来自生活中的观察和体验，如个人生活经历和工作经历，个人爱好，通过媒体获得的相关信息，接受培训或教育等。

8.1.2 创业机会的六个来源

创业要从商业机会中产生，那么哪些情况代表机会呢？机会无时不在、无处不在，通常可以关注以下6个方面：

1）问题

顾客需求在被满足前就是问题，寻找创业机会的一个重要途径是善于发现和体会自己及他人在需求方面的问题或生活中的难处。例如，上海一名大学毕业生发现远在郊区的本校师生往返市区交通十分不便，便创办了一家客运公司。此外，针对双职工家庭没有时间照顾小孩，可以创办家庭托儿所；针对上班族没有时间买菜，可以成立社区生鲜团购公司。这些都是把问题转化为创业机会的成功案例。

2）变化

创业的机会大都产生于不断变化的市场环境，市场环境改变了市场需求，市场结构也必然发生变化。著名管理大师彼得·德鲁克将创业者定义为：那些能寻找变化并积极反应，把它当作机会充分利用起来的人。这种变化包括产业结构的变动、消费结构升级、城市化加速、人口结构变化、价值观与生活形态的变化、政府政策的变化、人口结构的变化、居民收入水平提高、全球化趋势等。例如，随着居民收入水平提高，私人轿车的拥有量将不断增加，这就会派生出汽车销售、汽车修理、清洁装潢、二手车交易、代驾等诸多创业机会。人口结构变化可以产生为老年人提供保健用品、为独生子女提供服务、为年轻女性和上班女性提供化妆用品、为家庭提供文化娱乐用品等机会。

3）创造发明

创造发明提供了新产品、新服务，更好地满足顾客需求，同时也带来了创业机会。例如，随着电脑的发明，电脑维修、软件开发、电脑操作培训、图文制作、信息服务、网上开店等创业机会随之而来，即使不发明新的东西，也能为销售和推广新产品的人带来商机。

4）新知识、新技术的产生

近年来，美国新设立的风险投资公司中，计算机行业占25%，医疗和遗传基因行业占16%，半导体电子零件行业占13%，通信行业占9%，可见新知识、新技术的产生带来了许多市场机会。例如，随着人类基因图谱的破译，可以预期在生物科技和医疗服务等领域必然带来极多的新机会。又如，随着健康知识的普及和科技的进步，水就带来了许多创业机会，水净化设备、功能性饮料的商机不断涌现。

5）竞争对手的缺陷

机会并不只蕴含于高科技领域，在运输、金融、保健、餐饮、流通等传统领域也有机会，关键在于如何开发，如果你能弥补竞争对手的缺陷和不足，这也将成为你的创业机会。看看你身边的公司，你能比他们更快、更可靠、更便宜地提供产品或服务吗？你能做得更好吗？如果能，你也许就找到了机会。

6）顾客的差异

机会不能从全部顾客身上去找，因为共同需要容易识别，很难再找到突破口。实际上，每个人的需求都是有差异的，如果我们时常关注某些人的日常生活和工作就会从中发现某些机会，因此在寻找机会时应习惯把顾客进行分类，如公务员、大学老师、报社编辑、小学生、单身女性、退休职工等，认真研究各类人群的需求特点，自然会发现机会。

案例讨论8-1　　　　　　　　　**另类的录像带出租商店**

当吉姆·麦凯布作为一个心理学家的生活结束时，他和当律师的妻子简决定开创一项事业。麦凯布夫妇喜欢电影，因而办一家录像带出租商店似乎是很自然的选择，并且选择的是那些在其他录像带出租商店不常见的电影录像带。

当他们的"录像天地"在弗吉尼亚开业时，除了在柜台内摆放常见的好莱坞电影录像带外，还准备了许多稀奇古怪的电影录像带，并打出了"保证供应城内最早的电影"的招牌。结果顾客蜂拥而至，来租电影院通常不愿放映的电影录像带。

麦凯布夫妇通过免费电话向全美出租电影录像带，一年的营业额高达500万美元。吉姆·麦凯布说："我们发现了一个活动空间，并在竞争中获胜。我们的经验是，小经营者必须使自己与别人有所不同。"

8.1.3 创业机会识别的过程

1）创业机会识别的影响因素

（1）先前经验。在特定产业中，先前经验有助于创业者识别机会。例如，调查数据表明，43%的被调查者是在为同一产业内企业工作期间获得自己的创业灵感的，这个发现与美国独立工商企业联合会的研究一致——在某个产业工作的个体可能识别出未被满足的利基市场。另外，创业经验也非常重要，一旦拥有创业经验，创业者就很容易发现新的创业机会，这被称为走廊原理，意指创业者一旦创建企业，他就开始了一段旅程，在这段旅程中通向创业机会的走廊将变得清晰可见。这一原理揭示了某个人一旦投身于某产业创业，将比那些从产业外观察的人更容易看到产业内的新机会。调查发现，创业者创业前所担任过管理职位越多，行业经验相关性越强，往往越能收获更好的企业绩效，相对于创新性较弱的机会而言，创新性较强的机会，更多地被经验多的创业者所识别和开发。

（2）认知因素。有些人认为创业者的第六感是他们能看到别人错过的机会，多数创业者以这种观点看待自己，认为他们比别人更警觉，警觉在很大程度上是一种习得性的技能，拥有某个领域更多知识的人倾向于比其他人对该领域内的机会更警觉。例如，一位计算机工程师就比一位律师对信息产业的机会和需求更警觉。有些研究人员认为，警觉不仅是敏锐地观察周边事物，还包括个体头脑中的意识行为。研究发现，发现机会者与未发现机会者之间最重要的差别在于他们对市场的相对评价，换句话说，创业者可能比其他人更擅长估计市场规模，并推断可能的含义，因此目前不少学者利用认知心理学乃至社会心理学的理论知识研究创业行为。

（3）社会关系网络。个人社会关系网络的深度和广度影响着机会识别，建立了大量社会与专家联系网络的人比那些拥有少量网络的人容易得到更多机会和创意。按照关系的亲疏远近，可以将社会网络划分为强关系与弱关系，强关系以频繁相互作用为特点，形成于亲戚朋友之间。若关系已不平凡，这种相互作用特点形成于同事、同学或一般朋友之间。研究显示，创业者通过弱关系比通过强关系更可能获得新的商业创意，因为强关系主要形成于具有相似意识的个人之间，从而倾向于强化个人已有的见识与观念，另外在弱关系中个人之间的意识往往存在较大差异，因此某个人提出的某些看法，可能会激发其他人的创意。

（4）创造性。它是产生新奇或有用创意的过程，从某种意义上讲，机会识别是一

141

个创造过程，是创造性思维反复实践的过程。在听到更多新奇消息的基础上，你会很容易看到创造性，包括在许多产品和服务研发过程中，创造性思维很难找准定位，但有时它又非常具体，几乎每家创业企业都希望能尝试一些创新。不难发现，在不同的背景下，那些具有前瞻性思维的创业者不仅自身具备了一些高效的创造性思维习惯，而且早已把培养创造性思维的文化潜移默化到企业之中。

2）创业机会识别的总体框架和阶段

（1）创业机会识别的总框架。

图8-1勾勒出了创业机会识别过程，从图中可以看出，机会识别是创业者与外部环境机会来源互动的过程，创业者利用各种渠道、各种方式获取并掌握有关细节，从而发现在产品（服务）供给、原材料供应、组织方式等方面存在的差距或缺陷，找出改进的可能性，最终识别出可能带来新产品、新服务、新原料和新组织方式的创业机会。

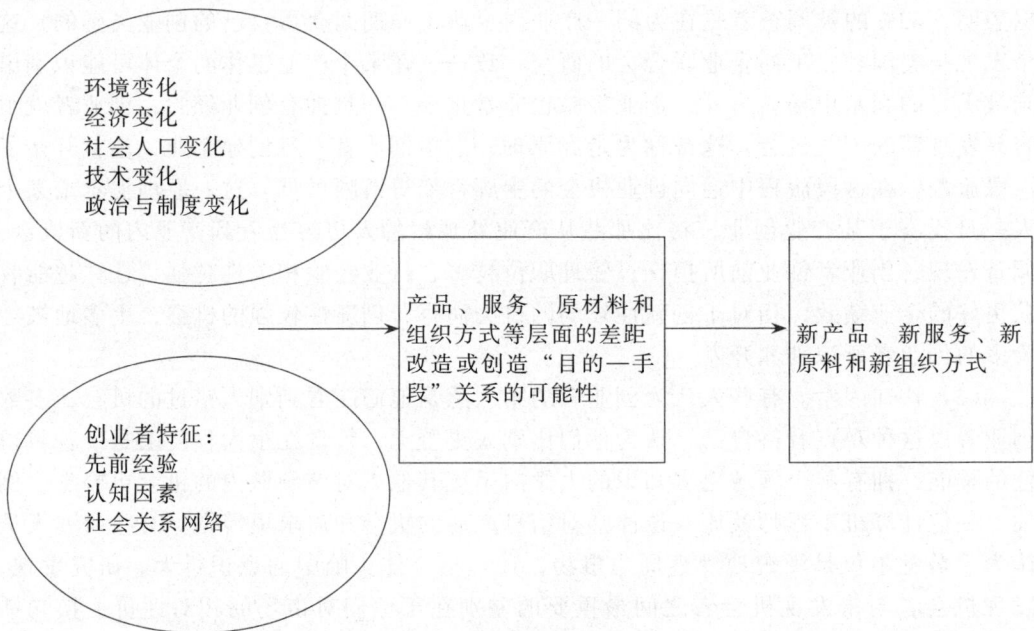

图8-1　创业机会识别过程

（2）创业机会识别的阶段。对创业者个体而言，创业机会的识别过程可分为五个阶段。

第一，准备阶段。这是创业者带入机会识别过程中的背景经验和知识的阶段。正如运动员必须训练才能变得优秀一样，创业者需要通过经验来识别机会。研究发现，50%～90%的初创企业创意，都来自个人的先前经验。

第二，孵化阶段。这是个人仔细考虑创意或思考问题的阶段，也是对事情进行深思熟虑的时期，有时是有意识的行为，有时是无意识的行为。

第三，洞察阶段。这个阶段，有时被称为灵感体验阶段，是创业者识别出机会的时刻，在这个阶段，有时个人经验会推动过程向前发展，有时又促使个人返回到准备阶段。例如，创业者可能意识到机会的潜力，但在追求机会之前需要进行更多思考。

第四，评价阶段。这是创业机会识别过程中仔细审查创意并分析其可行性的阶段，许多创业者往往错误地跳过了这个阶段，他们在确定创意可行性之前就去设法实现它。评价是创业机会识别过程中特别具有挑战性的阶段，因为这要求创业者对判断创意的可行性采取一种公正的态度。

第五，阐述阶段。这是创意变为最终形式的过程，详细情节已构思出来，将创意变为有价值的东西，注入新产品、新服务或新商业元素，形成了能够实现价值的商业模式。

3）创业机会识别的方法

常用的创业机会识别方法有以下五种，其中一些来自启发或者经验，操作难度低；另一些操作较复杂，需要市场研究专家等外部力量的支持。

（1）市场调研。阅读某人出版的作品，利用互联网搜索信息，查找相关报刊等，都是调查的形式。在调查中要学会提问，通过不断地获取信息培养自己的直觉和眼力，学会看待问题的新方法。

（2）系统分析。实际上多数机会都可以通过系统分析得以发现，人们可以从企业面对的宏观环境（政治、法律制度、人口等）和微观环境（顾客、竞争对手、供应商等）的变化中发现机会，这是发现机会的一般规律。

（3）问题分析。从一开始就要找出个人或组织的需求以及面临的问题，这些需求和问题可能很明确，也可能很含糊，创业者可能抓住它们也可能忽略它们。一个有效的解决方法，对创业者来说是识别机会的基础，既要照顾到顾客的需求，又要列出满足这些需求的手段。

（4）顾客建议。一个新的机会很可能被顾客识别出来。顾客的建议多种多样，既有非正式建议（如："那样的话不是会很棒吗？"），也有相对正式的建议（采取提案或建议形式），将他们的诉求诉诸潜在供应商。无论使用什么样的手段，一个讲究实效的创业者总是渴望从顾客那里得到建议。

（5）创造需求。这种方法在新技术行业中最为常见，可能始于在明确市场需求的基础上，积极探索相应的新技术，也可能始于一项新技术发明，进而积极探索新技术的商业价值。通过创造需求获得创业机会，比其他任何方式的难度都大，风险也更高，如果能够成功，其回报也更大，这种情况下产生的创新在人类具有重大影响的创新中处于主导地位。

8.2　创业机会的评价

所有的创业行为都来自绝佳的创业机会，但是如何才能判断自己的创业机会是否具有发展前景呢？我们知道，几乎九成以上的创业梦想最后都会落空，事实上新创企业获得成功的概率非常低，创业本身是一种高风险行为。如果创业者能够提前以比较客观的方式进行评估，创业成功的概率就可以大幅提升。

8.2.1 影响机会评价的因素

1）机会评价总是受到人的价值观的制约

机会评价总是受到人的价值观的制约，因此参与机会评价的人如能具备以下条件，评估结论将更为准确。

（1）拥有创办新企业的经历。

（2）国外专家研究表明，具备5年以上的企业运营经验才能识别出各种商业行为，并获得创造性的预见能力和捕捉商机的能力。

（3）具有管理经验，尤其是担任过决策层的经验。

创业机会的开发和识别至少要求创业者与其他人的价值判断不同。如果资源所有者和创业者对资源生产力的判断一致，那么资源所有者就可以通过提高资源的定价来分享利润，从而使创业者的利润趋于零；如果其他创业者也有同样的创业判断，就会产生竞争，直到利润消失。

2）商业机会的开发和识别与时间有关

某些时候看起来似乎不可能成功的商业机会，到下一时段，就可能出现完全不同的结果。通常人们所说的"时机"这两个字代表市场机会的价值与时间关系密切，而且时间的机会窗口也不是永远打开的，很多时候需要我们判断一个机会窗口是否有足够的获利回收的时间长度。关于美国风险投资行业的一项调查研究发现，当机会窗口的时间短于3年，新创企业的失败率高达80%以上，如果机会窗口的时间超过7年，则几乎所有新创企业都能获得丰厚的回报。

3）影响市场机会评估的因素以及是否具备配套的资源和专业能力

好的机会必须在适当的环境和良好的执行下，才能验证其获利能力。

8.2.2 创业机会的评估准则

如何评估创业机会？针对创业机会的市场与效益，刘长勇教授提出了一套评估准则，可以作为创业者评估创业机会及项目投入的决策参考。

1）市场评估准则

（1）市场定位。一个好的创业机会必然具有特定市场定位，专注于满足顾客需求，同时能为顾客带来增值的效果，因此在评估创业机会的时候，可由市场定位是否明确、顾客需求分析是否清晰、顾客接触通道是否流畅、产品是否持续衍生等，来判断创业机会可能创造的市场价值。创业带给顾客的价值越高，创业成功的机会也会越大。

（2）市场结构。针对创业机会的市场结构，可进行多项分析，包括进入障碍，供销商、顾客、经销商的谈判力量，替代性竞争产品的威胁，以及市场内部竞争的激烈程度。由市场结构分析可以得知新企业未来在市场中的地位，以及可能遭遇竞争对手反击的程度。

（3）市场规模。市场规模的大小与成长速度也是影响新企业成败的重要因素。一般而言，市场规模大，进入障碍相对较低，市场竞争激烈程度也会略微下降。如果要进入的是一个十分成熟的市场，那么纵然市场规模很大，由于已经不再成长，利润空间必然很小，因此不值得新企业投入；反之，一个正在成长中的市场，通常也会是一个充满商机的市场，所谓水涨船高，只要进入时机正确，就必然会有获利的空间。

（4）市场渗透力。对于一个具有巨大市场潜力的创业机会而言，市场渗透力是一项非常重要的评估指标，明智的企业家会选择最佳时机进入市场。

（5）市场占有率。预期可取得的市场占有率可以显示新企业未来的市场竞争力。一般而言，要成为市场的领导者，企业最少需要拥有20%的市场占有率，尤其是在具有赢家通吃特征的高科技产业中，新企业必须拥有成为市场前几名的能力，才具有一定的投资价值。

（6）产品的成本结构。它可以反映新企业的前景是否广阔。例如，从物料与人工成本所占比重，变动成本与固定成本所占比重以及经济规模、产量大小角度，可以判断企业创造附加价值的能力以及未来的获利空间。

2）效益评估准则

（1）合理的税后净利润率。一般而言，具有吸引力的创业机会，需要能够创造15%以上的税后净利润率，如果创业预期的税后净利润率在5%以下，那么它就不是一个很好的投资机会。

（2）达到损益平衡所需的时间。通常应该在两年以内达到损益平衡，如果三年时间还达不到，恐怕就不是一个值得投入的创业机会。不过，有的创业机会确实需要经过比较长的耕耘时间，通过这些前期投入，创造进入障碍，保证后期持续获利，在这种情况下，可以将前期投入视为一种投资，才能容忍较长的损益平衡时间。

（3）投资回报率。考虑到创业可能面临各项风险，合理的投资回报率应该在25%以上，一般而言，投资回报率在15%以下的创业机会是不值得考虑的。

（4）资本需求。投资者一般比较欢迎资本需求量较低的创业项目，事实上许多个案显示，资本额过高其实并不利于创业成功，有时还会带来稀释投资回报率的负面效果。通常，知识越密集的创业项目，对资金的需求量越低，投资回报率反而越高，因此在创业开始的时候，不要募集太多资金，最好通过盈余积累的方式来积累资金，比较低的资本额有利于提高每股盈余。

（5）毛利率。毛利率高的创业机会相对风险较低，也比较容易取得损益平衡；反之，毛利率低的创业机会风险较高，遇到决策失误或市场行情变化较大的时候，企业很容易就遭受损失。一般而言，理想的毛利率是40%左右，当毛利率低于20%的时候，这个创业机会就不值得考虑。另外，软件开发与信息技术服务业的毛利率通常都很高，所以只要能获得足够多的业务量，新企业在财务上遭受严重损失的风险相对会比较低。

（6）策略性价值。新企业能否在市场上创造策略性价值，也是一项重要的权益评价指标。一般而言，策略性价值与产业网络规模、利益机制、竞争程度密切相关，而创业机会对于产业链所能创造的增值效果，也与它所采取的经营策略与经营模式密切相关。

（7）资本市场活力。当新企业处于一个具有高度活力的资本市场时，它的获利回收机会相对也比较高。不过，对投资者而言，市场低点的成本较低，有的时候反而会提高投资回报率。一般而言，新企业活跃的资本市场比较容易创造增值效果，因此资本市场活力也是一项用来评价创业机会的外部环境指标。

（8）退出机制与策略。所有投资的目的都在于获利，因此退出机制与策略就成为一项评估创业机会的重要指标。企业的价值一般要由具有客观鉴定能力的交易市场来决定，而这种交易机制的完善程度也会影响新企业退出机制的弹性。由于退出的难度普遍要高于进入的难度，所以一个具有吸引力的创业机会应该要为所有投资者考虑退出机制，并做出退出的策略规划。

8.2.3　创业机会评价的定量方法

John G.Burch 提出了4种公认的评价方法：

1）标准打分矩阵

通过选择对创业机会有重要影响的因素，并由专家小组对每一个因素进行极好（3分）、好（2分）、一般（1分）三个等级的打分，最后求出每个因素的加权平均分，从而对不同的创业机会进行比较。表8-1列出了其中10项主要的评价标准，在实际使用时可以根据具体情况进行选择。

表8-1　　　　　　　　　　　　　标准打分矩阵

标准	专家评分			
	极好（3分）	好（2分）	一般（1分）	加权平均分
易操作性				
质量和易维护性				
市场接受度				
增加资本的能力				
投资回报				
专利权状况				
市场的大小				
制造的简单性				
广告潜力				
成长的潜力				

2）Westinghouse法

Westinghouse法实际上就是计算和比较各个机会的优先级，公式为：

技术成功率×商业成功率×平均年销售量×（价格−成本）×投资生命周期/总成本=机会优先级

在该公式中：技术成功率和商业成功率介于0至100%之间；平均年销售量按销

售的产品数量计算；成本按单位产品成本计算；投资生命周期是指可以预期的年均销售量保持不变的年限；总成本是指预期的所有投入，包括研究、设计、制造和营销费用。对于不同的创业机会，将具体数值代入以上公式进行计算，特定机会的优先级越高，该创业机会越有可能成功。例如，假设一个创业机会的技术成功率为80%，商业成功率为60%，在9年的投资生命周期中，年均销售数量预计为20 000个，净销售价格为120元，每个产品的全部成本为87元，研发费用为500 000元，设计费用为140 000元，制造费用为230 000元，营销费用为50 000元，把这些数值代入公式之中，可以计算得出机会优先级约等于6。

$$0.8 \times 0.6 \times 20\,000 \times (120-87) \times 9 / (50\,000+140\,000+230\,000+50\,000) \approx 6$$

3）Hanan Potention Meter法

它是指设计一份选项式问卷，针对不同因素的不同情况预先设定权值，由创业者填写，进而快捷地得到特定创业机会的成功潜力指标（见表8-2）。对每个因素来说，不同选项的得分区间为 [-2，2]，通过对所有因素的得分加总得到总分，总分越高说明特定创业机会成功的潜力越大，只有那些得分高于15分的创业机会才值得创业者进行下一步的策划，低于15分的创业机会都应被淘汰。

表8-2 　　　　　　　　　　　　Hanan Potention Meter法的评分规则

因素	得分
对税前投资回报率的贡献	
预期的年销售额	
生命周期中预期的成长阶段	
从创业到销售额高速增长的预期时间	
投资回收期	
成为领先者的潜力	
商业周期的影响	
为产品制定高价的潜力	
进入市场的难易程度	
市场试验的时间范围	
对销售人员的要求	

4）Baty选择因素法

在Baty选择因素法中，通过11个选择因素的设定来判断创业机会，如果某个创业机会只符合其中的6个或者更少的因素，则这个创业机会就很可能不可取；相反，如果某个创业机会符合其中的7个或7个以上的因素，那么这个创业机会将有很大的希望。Baty选择因素法的主要内容如下：

（1）这个创业机会在现阶段是否只有你一个人发现了？

（2）初始的产品生产成本是否可以承受？

（3）初始的市场开发成本是否可以承受？

（4）产品是否具有高利润回报的潜力？

（5）是否可以预期产品投放市场和达到盈亏平衡点的时间？

（6）潜在的市场是否巨大？

（7）你的产品是否为一个高速成长的产品家族中的第一个成员？

（8）你是否拥有一些现成的初始用户？

（9）是否可以预期产品的开发成本和开发周期？

（10）是否处于一个成长中的行业？

（11）金融界能否理解你的产品和顾客对它的需求？

8.3 创业项目的选择

8.3.1 创业项目的类型

如何正确地选择创业项目是每个创业者都要思考的问题，拥有合适的创业项目是创业成功的基础，每一位创业者都要对创业项目的选择秉持极其谨慎的态度，要根据自身技能、技术、经验、资金实力等实际情况对各类项目加以甄选。不同的项目面对不同的客户群体，需要不同的创业资源和不同的技能与经验，因此项目分类对于自主创业具有更为现实的参考意义，在这里初步归纳出以下几种创业项目的类型。

1）资源类项目

资源类项目要求创业者拥有大多数人不具备的资源，这些资源可以是自然资源（如石油），也可以是人脉资源。一般来说，作为自主创业项目，拥有垄断性自然资源的可能性非常小，拥有人脉资源的可能性比较大，但必须注意这种资源的持久性以及变化可能带来的巨大风险。

2）制造类项目

适合自主创业的制造类项目大致可以分为三类：

（1）配套制造。此类制造属于某个整机制造项目的一部分，无须考虑全局，也无须拥有创新技术，只需要把负责加工的零部件做到性价比最高。由于环节简单，此类项目不需要复杂的管理流程，但需要一个良好的外部整体产业环境，我国从事此类生产经营活动的企业常见于江浙地区。

（2）技术制造。此类制造属于拥有自主创新的技术，或者拥有某种技术优势，能够制造出大多数人无法制造的产品或服务。在我国的北京、深圳、上海、南京等城市科技优势明显，此类技术制造企业较为多见。

（3）改良制造。此类制造需要创造性思维，需要善于捕捉现有产品不足的能力，并通过自己的努力改良原有产品。此类制造需要创业者具备能够降低成本或提高利润的能力。

需要注意的是，制造类项目由于需要专业生产工具，投入一定的固定资产，因此一旦进入该领域，则受整个产业环境和产业技术进步的影响比较大，业务调整的灵活度比较小。

3）技术创新类项目

技术创新类项目涉及范围相当广泛，按国家有关标准划分，主要有四大类：

（1）技术开发类项目。如果选该类项目，就要突出关键技术或者系统集成的创新性。此类项目对行业技术进步和产业结构有优化升级的作用，对于自主创业者来说，可以选择的项目较多。

（2）社会公益类项目。如果选该类项目，就要突出关键技术，有推广的应用价值、社会效益以及对科技发展和社会进步的推动意义。例如，标准计量、科技信息、科技档案等科学技术基础性项目，环境保护、医疗卫生、自然资源调查和合理利用、自然灾害监测预报和防治等社会公益性项目，这些对于创自主创业者来说也有一定的选择空间。

（3）国家安全类项目。国防和军队建设，以及相关活动中产生的项目，对推进国防现代化建设、增强国防实力和保障国家安全具有重要意义的科学技术成果。

（4）重大工程类项目。如果选择该类项目，就要突出团结协作、联合攻克关键核心技术难关或者系统集成的创新特征，具备良好的经济效益或者社会效益，以及对推动本领域科技发展，对经济社会发展和国家安全有战略意义的项目。具体来说，此类项目是指列入国民经济和社会发展计划的重大综合性基本建设工程、科学技术工程和国防工程等，其中综合性是指需要跨学科跨专业进行协作研究、联合开发并对经济社会发展具有战略意义，对国家科技实力、国防实力的整体提高产生重要影响。在项目选择的过程中，除一般性的服务行业外，项目最好接近或考虑到行业与技术及其配套服务的发展趋势。

8.3.2 创业项目的选择方式

1）从熟悉的领域中选择项目

作为一名创业者，你可能是白手起家，但应该有在其他企业工作的经验，你可以通过分析原来公司运作的情况发现新的业务机会。对于熟悉的领域，你总能够发现一些待开发的项目。

2）通过重新确认生意所属的范围来选择项目

在划分生产经营的门类属性时，有时你会发现并没有确认经营中全部的潜在范围（例如肥皂应归属清洗生意，卡车应归属运输生意），在对生产经营进行清楚而全面定义后，可能会发现额外的商机。

3）利用市场的转换选择项目

当客户群体从一类产品转移到另一类产品上时，可能会带来新的市场机会，也就是说市场转换将创造对新产品和新服务的需求。

4）借助产业增长趋势选择项目

当越来越多的人对某产业或活动感兴趣时，就会出现增长趋势。创业者可以利用这种增长趋势提供与增长产业或活动相关的产品或服务。

5）利用市场间隙来选择项目

当消费者所需要的产品或服务无法获得，或需求大于目前的供应时，就会导致市场间隙或不足，这对那些提供产品或服务的进入者而言就意味着存在生意机会。

6）利用社会事件或形势选择项目

消费产品或服务，可以配合某一事件进行，这些事件包括社会事件、经济形势变化、产业发展动态、新法规的颁布等。

7）利用被遗弃的市场选择项目

利用被遗弃的市场意味着进入被其他公司舍弃的领域。

8）瞄准大市场下的小市场选择项目

市场如此之大，以至于其中一小块市场就能够使人获利。

案例讨论 8-2

快餐业的市场非常大而且在不断增长。一位创业者在小城镇开了一家以鱼为主要食材的小餐馆，虽然快餐连锁巨头们在此区域也设有连锁店，但是他的餐馆依然非常成功。

一个小饮料厂瞄准服务于一小部分特定人群，经营获得成功，并且也没有对饮料业巨头们构成威胁。

一些软件公司通过提供定制软件，服务于特定市场，实现了盈利。

9）扩大市场区域选择项目

当区域性的生意获得成功时，或许会存在扩大市场区域的机会，进而在其他地方也取得成功。

10）模仿成功产品

有时候找出一个成功的产品或服务来进行模仿也是可行的。

举例1：

某个制衣厂模仿时尚品牌的衣服并以较低的价格供应市场。

有些公司制造流行的拼图游戏的模仿品。

一个甜品店全面模仿国外一家非常成功的甜品店。

11）寻找很好但失败了的产品

一个好的产品或服务有时会因为诸如不恰当的市场策略、低效的生产方法、时机不成熟或其他原因而导致失败。在这种情况下，确认失败的原因然后将其消除，这样仍然具备成功的机会。

举例2：

一种足部按摩器的市场开拓失败。一位具有市场知识和经验的女性接手了该产品，通过不同的市场策略使其获得了成功。

一家餐馆因为管理不善而失败，在新的管理制度下，第二次尝试获得了成功。

12）发明新的产品或服务

发明新产品或服务可以创造非常好的创业机会。

举例3：

一位创业者认识到医院工作人员将病人从病床上扶起来的工作量很大，就发明了医院机械床。

有人发现壁橱里的东西容易摆放混乱，就发明了壁橱管理器。现在这种壁橱管理器在大多数家居用品商店都有销售。

13）改进现有产品或服务

一般情况下，现有的产品或服务可以通过如下方法进行改进。

（1）提升质量。

（2）降低生产成本。

（3）降低价格。

（4）提高耐用性。

（5）提升功效。

（6）将其做得更大或更小。

（7）使其更容易使用。

（8）使其具有更多的功能。

（9）更新生产过程、原材料或生产技术。

依照上述方法进行的改进将提升产品或服务的价值，这不同于向产品或服务中添加价值。当你只是改进一个产品时，使用的虽然是原来的创意，但这种改进创造出新的东西。当你向产品或服务中添加价值时，新产品只是对原产品进行添加或改变。

举例4：

某公司对胶片处理机的出口进行改进，使胶片处理速度比其他公司快许多，从而改进了服务。

一位业务员为计算机软件程序另外写了说明书，他的说明书比随软件附带的原厂说明书更易于使用和理解。

14）装配产品

产品包装市场为创业人群提供了许多新的商业机会。例如，过去人们想装配一个架子就需要购买板子和两种尺寸的螺丝钉。虽然每种螺丝钉只需要6个，但必须各购买一个整单元包装（如24个或更多）的螺丝钉，同时要购买些固定件。现在，许多厂家或商店在销售此类商品时会考虑到这些因素，使一个整体包装中的配件正好可以装配一个架子。因为方便，人们非常愿意购买这类整体包装，然后将它们组合在一起形成最终产品。

举例5：

现在几乎所有领域都在销售组件，如急救包、野外生存包、木屋工具箱等。

一个修理公司向购买轿车组件的消费者提供装配服务。

许多计算机经营商为用户提供安装软件和配置计算机的服务。

一个由学生组建的公司提供运动、娱乐场地设备组件，包含各种形状的管子，同时提供装配大型场地的服务。

15）现有产品的再循环

当你考虑准备再循环使用一个产品时，意味着你将取得的是其使用价值即将耗尽的产品。你可以重建它，使它"像新的"，或者将其重新变成其他的产品。

举例6：

一家车辆修理公司回收事故车辆的零部件，翻新后再销售。

翻新有故障或被丢弃的家用设备，然后销售。

一家公司从废旧车辆中取出发动机，改造成船用发动机。

一家公司用废旧轮胎生产用于车间或花圃的地板垫。

16）向现成产品中添加价值

在购买现成的产品或服务的基础上，通过添加价值，创造出更有价值的最终产品，并且可以转手再销售这些增值的产品。

你可以通过下述方法添加价值：①将产品进行附加处理；②将该产品与其他产品结合；③将该产品作为其他更大的打包服务的一部分进行销售；④去除一些东西以改变产品的用途；⑤提高服务水平。

举例7：

一个运营家庭粉刷生意的经营者通过先购买家具，上油漆后再销售的方式扩大自己的生意。

一个汽车服务中心向其顾客打电话，跟踪近期的修理工作质量，结果促销了附加的服务。

17）替换现有产品的材料

现有产品有时可以通过改变制造材料而加以改进，这样做可以轻易改变产品的特性，使它更轻、更灵活、造价更便宜、更环保，形成具有不同特性的产品，进入目标市场。

举例8：

一家公司用塑料代替金属制造鱼钩，使鱼钩价格更低、重量更轻、避免锈蚀。

一家塑料生产商为谷仓制造塑料内胆。这和以前使用的金属内胆相比有了较大改进，因为这些塑料材质不会产生凹陷，也不会生锈。

18）找寻废料的用途

只要你留意，有时可以找到废料（由个人或公司遗弃的副产品、边角料以及其他来源的废料）的用途。这些材料经常可以免费获得或者购买价格极低。它们经过处理，可以生产出有用的物品。

举例9：

一家美国公司从其他公司那里购买老式计算机，回收其中的贵金属和合金，再循环用于其他产品制造。

一位生意人购买废旧家具，将木头加工成细条，压实处理后作为装饰墙板销售。

一家发电厂利用产生的余热供应邻近的温室，在冬天种植蔬菜，供应当地市场。

19）生意或产品组合

一般情况下，我们可以将两种或多种生意或产品组合在一起，创造出新的形象。如果组合后的新生意、新产品是独特的，就是成功的。

举例10：

一家日光浴店和美容院合并后提供更多的服务，结果两者生意都有所改善。

橘汁与其他果汁混合在一起产生一系列新饮品，销量戏剧性地迅速增长。冰茶经过调味并装瓶销售，创造出成功的新饮料产品系列。

几位商人合并了他们的服务，提供完整的家用电器维护和修理业务。

20）打包或拆分现有产品

对现有的产品进行包装、再包装（或拆分）可能促进销售。大宗销售的商品可以进行包装后再销售，也可以混装销售；对已经包装的商品可以改换包装以变得更加吸引人、更加方便；可以将包装物分拆，以便使用和存放。

举例11：

草莓通常是大家成堆购买的商品，可以分成小份，加上有吸引力的包装后再销售。

一家公司批量购买牛排和龙虾尾，将两者包装在一起，作为美食组合向食品商店供货。

一家公司购买大批量鲑鱼，分成小包装后作为飞机上的食品销售。

21）许可证书的制造与销售

拥有专利或受保护商标的持有个人或制造商可向其他人颁发许可证，利用其设计进行生产并以其名义进行销售。这种许可证授予的某特定区域或特定市场内的排他性权力，一般有期限限制。许可证的更新往往与经营水平挂钩。

举例12：

在加拿大发明的用于伐木工业的大型载重车，其生产和销售许可证却被卖给了BLACK+DECKER。

一个加拿大企业家与美国一家玩具制造商取得联系，获得了在加拿大生产该玩具的权利。

8.4 创业风险的来源与分类

8.4.1 创业风险的来源

创业环境的不确定性，创业机会与新企业的复杂性，创业者、创业团队与创业投资者的能力与实力的有限性，是创业风险的根本来源。研究表明，创业的过程往往是将某一构想或技术转化为具体的产品或服务的过程，在这一过程中，存在着几个基本的、相互联系的缺口，它们是上述不确定性、复杂性和有限性的主要来源，也就是说，创业风险在给定的宏观条件下，往往就直接来源于这些缺口。

（1）融资缺口。其存在于学术支持和商业支持之间，是研究基金和投资基金之间存在的断层。其中，研究基金通常来自个人、政府机构或公司研究机构，它既支持概念的创建，还支持概念可行性的最初论证；投资基金则将概念转化为有市场的产品原型（这种产品原型有令人满意的性能，对其生产成本有足够的了解并且能够识别其是否有足够的市场）。创业者可以证明其构想的可行性，但往往没有足够的资金将其商品化，从而给创业带来一定的风险。通常，只有极少数基金愿意鼓励创业者跨越这个缺口，如风险投资和政府资助计划等。

（2）研究缺口。其主要存在于仅凭个人兴趣所做的研究判断和基于市场潜力的商业判断之间。当一个创业者最初证明一个特定的科学突破或技术突破可能成为商业产品基础时，他仅仅停留在自己满意的论证程度上。然而，在将预想的产品真正转化为商业化产品（大量生产的产品，即具备有效的性能、低廉的成本和高质量的产品）的过程中，为了在市场竞争中生存，需要进行大量复杂而且可能耗资巨大的研究工作（有时需要几年时间），从而形成创业风险。

（3）信息和信任缺口。其存在于技术专家和管理者（投资者）之间。也就是说，在创业过程中存在两种不同类型的人：一种是技术专家；另一种是管理者（投资者）。这两种人接受不同的教育，对于创业有不同的预期、信息来源和表达方式。技术专家知道哪些内容在科学上是有趣的，哪些内容在技术层面上是可行的，哪些内容根本就是无法实现的。在失败案例中，技术专家要承担的风险一般表现在学术上、声誉上受到影响，以及没有金钱上的回报。管理者（投资者）通常比较了解将新产品引进市场的程序，但当涉及具体项目的技术部分时，他们不得不相信技术专家，可以说管理者（投资者）是在拿别人的钱冒险。如果技术专家和管理者（投资者）不能充分信任对方，或者不能够进行有效的交流，那么这一缺口将带来更大的风险。

（4）资源缺口。资源与创业者之间的关系就如颜料和画笔与艺术家之间的关系。没有颜料和画笔，艺术家即使有了构思也无法实现。创业也是如此。没有所需的资源，创业者将一筹莫展，创业也就无从谈起。在大多数情况下，创业者不一定也不可能拥有所需的全部资源，这就形成了资源缺口。如果创业者没有能力弥补相应的资源缺口，要么创业无法起步，要么在创业中受制于人。

（5）管理缺口。它是指创业者并不一定是出色的企业家，不一定具备出色的管理才能。进行创业活动主要有两种：一是创业者利用某一项新技术进行创业，他可能是技术方面的专业人才，但不一定具备专业的管理才能，从而形成管理缺口；二是创业者往往有某种"奇思妙想"，可能是新的商业点子，但在战略规划上不具备出色的才能，或不擅长管理具体的事务，从而形成管理缺口。

8.4.2 创业风险的分类

1）按风险来源的主客观性划分，创业风险分为主观创业风险和客观创业风险

主观创业风险，是指在创业阶段，由于创业者的身体与心理素质等主观方面的因素导致创业失败的可能性。客观创业风险，是指在创业阶段，由于客观因素导致创业失败的可能性，如市场的变动、政策的变化、竞争对手的出现、创业资金缺乏等。

2）按风险的内容划分，创业风险分为技术风险、市场风险、政治风险、管理风险、生产风险和经济风险

技术风险，是指由于技术方面的因素及其变化的不确定性而导致创业失败的可能性。

市场风险，是指由于市场情况的不确定性导致创业者或创业企业损失的可能性。

政治风险，是指由于战争、国际关系变化或有关国家政权更迭、政策改变而导致创业者或企业蒙受损失的可能性。

管理风险，是指因创业企业管理不善产生的风险。

生产风险，是指创业企业提供的产品或服务从小批试制到大批生产的风险。

经济风险，是指由于宏观经济环境发生大幅度波动或调整而使创业者或创业投资者蒙受损失的风险。

3）按风险对所投入资金及创业投资的影响程度划分，创业风险分为安全性风险、收益性风险和流动性风险

安全性风险，是指从创业投资的安全性角度来看，不仅预期实际收益有损失的可能，而且专业投资者与创业者自身投入的其他财产也可能蒙受损失，即投资方财产的安全存在危险。

收益性风险，是指创业投资的投资方的资本和其他财产不会蒙受损失，但预期实际收益有损失的可能性。

流动性风险，是指投资方的资本、其他财产以及预期实际收益不会蒙受损失，但资金有可能无法按期转移或支付，造成资金运营的停滞，使投资方蒙受损失的可能性。

8.5 风险投资

8.5.1 风险投资的特点

（1）高投资额，高技术密集。

（2）高风险。

（3）高收益。

（4）很强的参与性，风险投资者在向高技术企业投入资金的同时，也参与企业或项目的经营管理。

（5）风险资金的再循环性。

8.5.2 风险投资的构成要素

1）风险技术

风险技术多指在世界上尚未成熟、对社会发展具有深远影响的新技术。

（1）生物技术：对生物或生物的成分进行改造和利用的技术。

（2）航天技术：为航天活动提供技术手段和保障条件的综合性工程技术。

（3）信息技术：用于管理和处理信息所采用的各种技术。

（4）激光技术：采用激光的手段，对特定目标进行加工或者检测的技术。

（5）自动化技术：与控制论、信息论、系统工程、计算机技术、电子学、液压气压技术、自动控制等都有着十分密切的关系的一门综合性技术。

（6）能源技术。

（7）新材料：新发现的正在研制的具有优异性能和特定功能的材料。

2）风险资金

投资者协助具有专门科技知识而缺乏资金的人创业、并承担失败风险的资金，特点是甘冒风险而追求较高的投资回报。

3）风险投资公司

运营专门风险基金（或风险资本），把所掌管的资金有效地投入富有盈利潜力的高科技企业，并通过后者的上市或被并购而获取资本报酬的企业。这类企业为风险企业提供资金，协助寻找投资伙伴并参与管理，具有三种模式：第一种是以私营风险投资公司为主的美国模式；第二种是以大公司大银行为主的日本模式；第三种是以国家为主体的西欧模式。

4）风险企业

这种企业专门在风险极大的高新技术产业领域进行开发、生产和经营，以高新技术项目、产品为开发生产对象，使之快速实现商品化、产品化，并能很快投放占领市场，获得一般企业所不能获得的高额利润。

8.5.3 风险投资的功能

1）资金的放大器

通过吸收社会上的各种资金进行运作，获得较高的收益，有利于提高全社会资源的利用效率，优化了资源配置。风险投资的目的是取得最大的资本增值，而不是保本付息，表现出比其他投资工具（如政府债券、股票等）更高的回报率。只有最具成长性的项目才可能吸引风险资本。

2）风险的调节器

（1）由于投资项目多元化，风险企业的风险最终由个人来承担。

（2）风险投资通过投资组合降低风险。

（3）由于出资人、风险投资机构和项目之间建立了规范的委托-代理关系，可以最大限度地降低风险。

3）企业的孵化器

风险投资公司参与创业，协助经营，为企业营造良好的创业环境。风险投资的过程通常如下：

（1）播种期：投入相当的资金（即种子资本）进行发展研究，取得的成果可视为"样品"，并形成完整的工业生产方案。通常情况下，此阶段的资金由创业者自己负担。

（2）创新期：投入创业资本，形成生产能力，进入产品试销阶段。由于不能在银行贷款，而且资金需求量较大，存在技术风险、管理风险，创业者通常寻求风险投资机构进行投资。一般来说，创业期短至六个月，长至四五年。

（3）扩展期：投入成长资本，进行创新活动，实现科技成果的转化。这一阶段的工作重点是占领市场，提高产品质量，降低生产成本，研发新产品。创业者可以从银行获得贷款，或者从风险投资公司寻求投资。

（4）成熟期：投入扩展资本。这一阶段市场已打开，企业逐步走向成熟，经营风险降低，银行愿意贷款，风险投资进入退出阶段。

与此相适应，风险投资公司的投入也有四个阶段：播种期后期的小投入，创新期的中投入，扩展期的大投入及成熟期的部分投入。

8.5.4   风险投资应遵循的原则

1）择优原则

考察项目，要点包括：是否具有超前意识，能否顺利实施；是否符合国家产业发展和生态环境保护政策；能否大幅提高劳动生产率，技术优势能否带来巨大经济效益。

2）分散组合原则

分散投资不同的行业、企业、产品。

（1）资金投向分散法。不要集中投放于一个领域，更不要集中投放于一个企业或项目群，要对项目范围进行科学规划，降低风险。

（2）阶段分散法。阶段时长划分：早期占45%，发展阶段占44%，其他占11%。投资分配比例为：期初35%，发展期52%，其他13%。

（3）投资不同类型的产品。通常将产品分为四种类型：换代型、创新型、改进型、调整型。

3）联合原则

对资金需求大的风险企业，风险投资公司可联合其他风险投资机构、金融机构、企业共同投资，这样既可分散、降低风险，又可以借助其他投资者的经验和资金，使风险企业迅速发展，达到合理规模，并尽早获得收益。

4）区别对待、及时转移原则

风险转移是指通过契约，将让渡人的风险转移给受让人承担的行为。通过风险转移有时可大大降低经济主体的风险程度。

5）匹配原则

风险投资与风险企业的投资要有一定的比例。国外对风险投资的强制性规定使风险投资公司在一家风险企业中只需投入相对较小的资金量，即使对风险项目的投资失败，也不会对风险投资公司造成重大影响。

6）限额原则

通过对风险进行分析、评估，确定风险类别及危害，进而确定合作主体，以便风险发生时共同抵御。风险分担主要是通过合同结构和合同条款定义的。风险发生时，合同双方按照合同约定分别履行各自的义务，共同承担风险，从而实现既发风险的现实分担。

■ 复习与思考

1.什么是创业机会？

2.创业机会有哪些特征？

3.创业机会识别过程包括哪些阶段？

4.如何进行创业机会识别？有哪些技巧？

5.什么是机会窗口？以一个具体的产品或服务的例子来说明。

第9章

商业模式设计

知识目标

（1）了解商业模式的概念与构成要素。

（2）熟悉商业模式的类型。

（3）掌握商业模式设计方法与框架。

素养目标

培养开拓进取的创新精神，包括解放思想、与时俱进、锐意革新、坚持不懈等精神。

案例导入　　　　　　　《囧妈》颠覆电影发行行业模式

2019年11月，横店影业以24亿元的价格获得了《囧妈》的发行权，欢喜传媒从这笔交易中获得了至少6亿元的保底收益。如果影片放映的票房收入高于24亿元，那么超出部分35%的收益归欢喜传媒所有，其余65%的收益归横店影业所有。其实，《囧妈》的拍摄成本为2.17亿元，这就意味着电影还没有上映，欢喜传媒就赚了3.83亿元。

2020年1月23日，受疫情影响，《囧妈》《唐人街探案3》等电影纷纷撤档。1月24日，欢喜传媒官方公告称，欢喜传媒将终止与横店影业的保底发行协议，改为与字节跳动签订合作协议。最终，欢喜传媒以6.3亿元的价格授权给字节跳动。字节跳动将在旗下多个平台免费播出《囧妈》，《囧妈》成为春节期间第一部网络在线播出的热门电影。这一行为受到网友的热烈欢迎，但大大损害了院线的利益。

免费在线播出《囧妈》对欢喜传媒和字节跳动来说是一个双赢的操作。《囧妈》与字节跳动的协议达成后，除了上映前净赚的3.83亿元以外，欢喜传媒港股股价大涨43.07%，一天之内市值暴涨18.6亿港元！而对字节跳动来说，其公司旗下的12个App在消息公布的几个小时后，下载量直线上升，占据下载排行榜前列。

创业通常需要有好的创意，然后设计适合企业的商业模式和运行机制。企业创造的价值取决于它采取的商业模式，同样的技术，采取不同的商业模式结果可能大相径庭。商业模式的设计如果充分考虑客户的利益，能切实为客户带来价值，就一定会有理想的商业回报。

资料来源　佚名.《囧妈》线上免费看,徐峥成了"叛变者"?[EB/OL].[2020-01-25].https://www.sohu.com/a/368897759_703564.有改动.

【思考与讨论】如何设计独特的商业模式让企业走向成功?

9.1　商业模式的概念与构成要素

9.1.1　商业模式的概念

在评价新企业时,商业模式(Business Model)几乎是使用最广泛的一个术语。那么,究竟什么是商业模式?创业者们如何确定商业模式?在有关商业模式的诸多定义中,有两个活动要素是共通的:价值的创造和实现。这两个活动要素代表着企业为顾客创造价值和长期生存的基本逻辑。首先,一家企业必须通过与竞争对手的差异化或满足市场中尚未得到满足的需求来创造价值。其次,企业还必须通过将产品货币化来实现价值。也就是说,企业家必须知道如何在经营活动中赚钱。所有这些活动都是在一个价值网络中发生的,价值网络的构成包括合作伙伴、供应商和价值链上与企业有生意往来的其他成员。

表9-1描述了商业模式中所涉及的各种因素:定价、收入、价值主张、业务流程和互联网。成功的商业模式通常是难以复制的,因为它深刻地理解了顾客需求,并以独特的方法满足这些需求,能够建立起阻止竞争对手进入的壁垒,为企业带来竞争优势。淘宝网的商业模式是让每个人都能够以很低的成本成为卖家,不仅拥有广阔的市场,还能自主控制自己的产品和价格,这在互联网时代到来之前是无法做到的。随着顾客行为习惯和偏好的改变,商业模式也会不断地发生改变。例如,当顾客开始偏好网上购物时,传统超市的商业模式就会受到冲击,迫使企业做出改变。当然,商业模式也可能很快被竞争对手复制,此时,企业将陷入价格战。

商业模式日益受到重视,它不仅可以为创业活动提供指导,也能为既有企业的经营提供指导;不仅是创业者创业活动的蓝图和工具,也是企业创新发展的重要指导工具。今天,数不清的商业模式创新正在涌现,采用全新商业模式的新兴产业正在成为传统产业的掘墓人。新贵正在挑战守旧派,而有些守旧派正在慌乱中重塑自己。技术派的创业者往往容易忽视商业模式的价值,但是大量的企业案例都验证了商业模式对于创业和企业经营的重要性。从早期的施乐复印机的发展Betamax制式和VHS制式的录像机之争到后来的等离子电视与液晶电视之争,大量案例证明,如果忽略了商业模式,再先进的技术也没有意义。在没有考虑清楚商业模式之前就去创业,风险会成倍增加,学习了本章内容能够有效降低创业风险,使创业者的创业工具箱里多出一件创业指导工具,让创业者对创业有更清醒的认识。

表9-1 商业模式构成要素

定价模式	市场定价 成本加成 GPM（千次展示成本） 增值服务价格
收入模式	交易收费 注册或会员费 许可费 广告费 计数或计次收费
价值主张	显著价值、高成本、高定价 相同成本、相同价格、更高的价值 低成本、低价格、较低的价值
业务流程	直销 中介销售：分销与零售 实体店 完全网上销售 组合销售
互联网应用	聚合（如垂直电子商务） 创造市场（如平台电子商务） 价值网络（价值随用户数量急剧上升） 整合服务（一站式解决方案） 虚拟供应链（B2B业务）

商业模式这个概念刚出现时并没有引起多大的关注，直到20世纪90年代，随着互联网时代的到来和电子商务的蓬勃发展，商业模式逐渐引起了一些学者的关注，成为当代管理学研究和讨论的热点之一。同时，这一概念也逐渐被企业家、创业者和风险投资者津津乐道，但是并没有形成一个公认或统一的认识，在理论研究中，学者们往往根据自己的研究目的给出相应的定义。实业界对商业模式的理解也比较混乱，很多企业家和创业者完全根据自己的感觉来理解商业模式，把商业模式与管理模式混为一谈，把网络模式等同于商业模式，把商业模式等同于盈利模式，甚至错把新型商业业态当作商业模式，例如，将O2O、B2C等电子商务新业态当作商业模式等。

9.1.2 商业模式的构成要素

由于学者们对商业模式定义的差异以及基于不同的研究背景，对商业模式构成要素的研究结论也存在很大差别。

2003年，迈克尔·莫里斯（Michael Morris）梳理了相关的文献，第一次较为系统地总结了商业模式的构成要素。他发现，不同的研究者认为商业模式的构成要素数量从3个到8个不等，共有25个项目是商业模式可能构成的要素。在这些研究中，被多次提到的要素有价值提供（12次）、经济模式（11次）、用户界面与关系（9次）、伙伴关系（7次）、内部基础设施/活动（7次）。此外，目标市场、资源与能力、产品和收入来源也被多次提到。因而，这些要素可以视为构成商业模式的关键要素。

亚历山大·奥斯特瓦德（Alexander Osterwalder）在综合了各种研究结论的基础上，提出了一个商业模式参考模型。该模型包含9个要素：价值主张、客户细分、渠道、客户关系、核心资源、关键业务、重要伙伴、成本结构和收入来源。他认为，通过这9个要素的组合就可以很好地描述并定义商业模式，清晰地解释企业收入的来源。他在此基础上发明了商业模式画布，使商业模式的设计和执行更易于操作。

商业模式画布的出现受到了全球创业者和企业家的欢迎。但是，慕尔雅（Ash Maurya）研究了商业模式画布以后，根据自己的创业经验认为，商业模式画布更适合既有企业和已经开始创业的企业，对类似大学生这样的群体来说并不是特别适合。例如，对还没有开始创业的大学生以及处于创业初期阶段的创业者来讲，几乎没有任何外部合作伙伴，也没有多少外部资源，更没有实际的业务活动，尚未形成有效的客户关系。因此，他以精益创业理论为指导，在商业模式画布的基础上提出了"精益画布"的概念。他认为，创业者必须认识和理解的商业模式要素包括问题、解决方案、关键指标、独特卖点、门槛优势、渠道、客户群体分类、成本分析和收入分析这9项。这个模型根据大学生等创业者的特点，对商业模式画布中的构成要素做了较大调整，较适合在校大学生和创业的准备者用来分析和设计自己的商业模式。

国内学者魏炜和朱武祥在梳理大量国内外既有企业商业模式的基础上，于2009年提出了魏朱六要素模型，认为一个完整的商业模式包含6个要素：定位、业务系统、关键资源能力、盈利模式、自由现金流结构和企业价值。

商业模式的构成要素虽然繁多，但并不是杂乱无章的。要素的构成有两种基本结构类型：一是横向列举式结构，即要素之间是横向列举关系，每个要素表示企业的某个独立方面，彼此重要性相当，必须共同发挥作用；二是网状式结构，即基本要素从纵向层次或另一视角综合考虑，要素之间密切联系，形成层级或网络，作为一个系统在企业中发挥作用。不管是哪种要素组合方式，要素之间都具有很强的逻辑关系，体现出商业模式的系统性和整体性。因此，一个成功的商业模式肯定是其每个构成要素协调一致发挥作用的结果，其要素之间存在合理、有效的逻辑关系。

9.1.3　商业模式创新

创业者在进行创业准备时可能希望模仿某成功企业的商业模式，这样做往往难以成功，原因有以下两个。首先，成功企业的商业模式通常是很难准确理解的。成功的商业模式可能来自企业初期的创业者团队技术路径或市场条件，而这些条件今天已经不再具备。例如，你也许有一个非常好的凉茶配方，但要在凉茶市场上再取得像王老吉、加多宝那样成功的机会非常小。其次，成功企业往往拥有特定的资源和能力，这些资源和能力是在它的发展过程中逐步建立起来的。新企业在这些方面却缺乏积累，可能会过分依赖狭窄的收入来源，而在以上任何一个方面受挫就会导致创业失败。与传统企业相比，创业者也有一个特别的优势，那就是可以做到不受传统商业模式的束缚。我们经常看到成功的创业企业实现了商业模式创新，从沃尔玛的物流管理创新到亚马逊的电子商务，从戴尔电脑的直销模式到特斯拉的电动车市场创新。

商业模式创新（Business Model Innovation）是指对产品生产、销售或服务方法的革命性改变。企业商业模式创新的成功还源自现有企业难以改变自己的商业模式以应对新模式的竞争。例如，传统百科全书出版企业的商业模式是依靠专业的销售人员队伍进行高价销售，而电子版百科全书则通过软件捆绑进行低价甚至免费销售，这样的竞争其结果是很容易想象的。即便是拥有了成功商业模式的企业也要不断进行创新，向顾客提供更大的价值。近年来，大型超市发展速度下降，但精品超市有了很大的发展，这说明超市行业因为注意到消费者购买习惯的改变并做出了商业模式上的调整。

9.1.4 商业模式失败的主要原因

研究发现，商业模式失败的主要原因可以分为四种：逻辑缺陷；缺少战略选择；价值创造和价值实现的假定不完美；错误的价值链假定。

1）逻辑缺陷

如果创业者对未来的设想发生错误，商业模式自然不会成功。例如，企业成功所必需的条件尚不具备或不可能在短期内出现，则创业者很难通过实施自己的聪明设计来实现预期的设想。许多创业企业都试图复制国际上已有的或已经证明有效的商业模式，这种做法能否成功主要取决于该模式所要求的背景条件在中国是否具备。香港莎莎化妆品以特卖而知名，是内地旅客来到香港后必到的商店。受到内地顾客需求的鼓励，莎莎在内地开设了店面。然而，由于内地的税收政策与香港不同，莎莎很难保持价格优势。同时，国际品牌在内地不愿意授权特卖，导致莎莎在内地失去了自己的优势。与此相似，美国和欧洲电器巨头百思买和万得城的成功秘诀是买断经营和注重体验的电器零售商业模式，然而在对价格极度敏感的中国市场同样难以发挥优势，不得不退出中国市场。

2）缺少战略选择

战略选择的灵活性反映在价值创造和价值实现两个方面。在互联网创业早期，许多企业除了证明自己能够在网络上实现销售之外没有任何其他价值创造。例如，许多网上书店在进货方面与传统书店相比没有优势，而送货成本却远远高于传统书店。除了在线销售之外，它们没有其他有助于实现竞争优势的战略。成功的网上书店通常拥有更多的战略，如当当网拥有同出版社的良好关系，建立了全品种库存的服务战略，而孔夫子旧书网定位于国内专业的古旧书交易平台，吸引了大量的学者和藏书人长时间在线关注与交易。在线下竞争中，我们同样可以看到战略选择对企业的影响。为了避免价格战，企业必须设法保持产品和服务的价值，不让它们成为大路货。这意味着企业必须持续创新、不断寻找满足顾客品位变化的新方法。

3）价值创造和价值实现的假定不完美

商业模式的一个重大挑战是为所创造的价值找到赚钱的方法。价值实现的错误假定可能导致企业缺少愿意付费的顾客，或者企业寄希望于付费的人却不是价值的获得者。例如，一种新药能够挽救病人的生命，但是，决定病人能否报销药费的却是相关医疗保险政策。病人和报销决策者有着不同的价值取向。例如，爱彼迎（Airbnb）是美国崛起的一家短租房服务商，通过汇集可供短期出租的房屋信息和短期旅行住宿的需求信息，为有闲屋出租的家庭和旅行者提供收费信息服务。然而，中国市场上用户和出租人之间往往缺乏信任，令复制这样的商业模式难以实现。

4）错误的价值链假定

创业者往往假定产品和服务的价值链是静态的，也就是价值链上当前的成员、当前的流程和信息流在明天也会一样。这是一个错误的假定。有竞争能力的企业可能会根据产业机会的出现随时进入新的产业，甚至推出与之前完全不同的产品或服务。例如，Google 推出开源的手机操作系统 Android，为许多提供移动软件和硬件产品的创业企业提供了机会。诺基亚未能认识到 Android 操作系统的市场潜力，拒绝开发基于 Android 系统的智能手机，这也是导致其陷入困境的原因之一。

9.2 商业模式的类型

9.2.1 多边平台式商业模式

多边平台式商业模式实际上是一种较为常见的商业模式。传统的农贸市场就是典型的多边平台式商业模式。某个机构提供一个固定场所，为到这个场所交易的多个购买者和销售者提供相应的服务，以此获得利润。这个平台至少有平台机构、销售者和购买者三方参与。在很长的时间里，这种模式并没有引起人们的过多关注，随着信息技术的发展，这种平台有了新的表现形式——基于互联网的交易平台，并得到了迅猛发展，多边平台式商业模式日益成为这个时代重要的商业模式。微软 Windows 操作系统、百度、微信、淘宝、京东商城、大众点评、亚马逊、当当网等都是利用现代信息技术发展成功的多边平台经典案例。

多边平台将两个或两个以上有明显区别但又相互依赖的客户群体集合在一起，通过促进各方客户群体共同互动来为参与各方创造价值。多边平台是连接各方客户的中介，必须能同时吸引和服务所有客户群体并以此来创造价值。例如，淘宝网连接了商家、消费者、广告商、金融机构等多方参与者，能够同时满足这些参与者交易的需要、资金安全的需要和信息分析的需要，因而获得了巨大的成功。多边平台需要不断吸引用户参与使平台价值得到提升，从而吸引更多参与者加入，提升平台价值。

大众点评的多边平台式商业模式

大众点评的核心价值主张是为消费者提供客观、准确的本地化消费信息指南，包括餐饮、休闲、娱乐等生活服务方面的信息评论和分享。大众点评不断加强多方合作，陆续推出便捷用户的各种服务方式。大众点评不仅吸引了新华网、千龙、21CN等网站以及光线传媒等媒体合作，还与中国国际航空公司、上海大众汽车俱乐部等开展合作，推出国内首家餐饮积分体系，提供积分兑换和积分抵扣等服务。截至2020年9月，大众点评的月度独立访问用户数达到3.3亿，日均独立访问用户数超过1亿，收录商户数量超过4 000万家，基本覆盖全国的各个城市并在美国、日本等国的部分城市设立分支机构。大众点评多次被清科投资、China Venture评为中国最具投资价值的企业之一。

资料来源　作者根据网络相关资料整理而成.

9.2.2　长尾式商业模式

传统的商业观念认为，企业只能面向大众用户大批量提供少数几种产品，通过规模效应降低成本和价格，以大批量的销售方式获得利润。随着信息技术的发展，物流和供应链技术与管理水平的大幅提升，现在为利基市场（即长尾市场）提供种类多而数量少的产品，也能够取得与追求规模化销售、为大众市场服务的企业同样的盈利水平，甚至更高。一大批经营或涉足经营利基产品的网络企业迅猛发展起来，乐高玩具、亚马逊、孔夫子旧书网、淘宝、百度、当当网、唯品会等都是其中的佼佼者。克里斯·安德森（Chris Anderson）针对这种现象提出了长尾理论。安德森认为，虽然长尾市场是以一种网络现象凸显出来的，但其起源要早于亚马逊和易趣这样的网络企业，甚至比网络还要早。"长尾"是一系列商业创新的巅峰，可以追溯到一个多世纪以前，网络只是使酝酿了几十年的供应链革命的诸多要素简单地结合在了一起。长尾市场作为一种新的市场形态，与传统大众市场相比，它能够满足被大众市场忽视或放弃的、认为没有盈利可能的客户需求。根据长尾理论，即使全世界只有一个消费者的产品也能实现交易并获利。长尾市场的出现代表着企业通过少数几种产品卖遍天下的时代正在结束，一个小众、个性化消费的时代正在来临。长尾市场不仅仅是互联网企业的专利，它几乎无处不在，从音乐、电影、电子图书、报纸等可数字化的媒体产品到食品、卫生清洁用品等实体产品都存在长尾市场，这样的案例不计其数。例如，激增的精酿啤酒等酒类长尾、个性化定制的T恤等服饰类时尚长尾、网络大学出现的教育长尾、网络书店出现的图书长尾等。在中国，存在于各地的利基市场、定制企业、小众市场、独特体验等，都非常符合长尾理论。长尾市场会为互联网时代的企业家、创业者带来无限的创业机会。

唯品会的长尾式商业模式

传统时尚零售行业由于长期存在信息不对称的状况，导致了巨大的商品溢价空间，也提高了消费者的消费成本，同时形成了过季产品的大量积压，这是传统时尚零售业面临的顽疾。唯品会是一家专门经营大幅折扣名牌商品的B2C企业，它执行的是闪购模式。其实并不复杂，核心就是帮助品牌商处理过季尾货，同时在互联网上利用限时特卖的方式，刺激和调动消费者的冲动型消费。因为专营折扣商品，唯品会一度被业内人士诟病，而其实时尚零售库存价值巨大。定位于时尚的行业有两大特点不容忽视：一个特点是产品的个性化特别强；另一个特点是产品的时效性特别强。用时尚衡量商品，一方面容易导致过时产品惨遭淘汰的厄运；另一方面，个性化的时尚选择让过时产品也有可能咸鱼翻身。在质量过硬的条件下，一些消费者对时尚零售折扣产品还是会产生极大的个性化需求。

唯品会定位于品牌特卖，不仅填补了为有时尚化个性需求的消费者提供集中打折商品的市场空白，同时为众多时尚品牌商提供了一个体面地处理库存的平台，从而保证了货源的充足。

资料来源 作者根据相关资料整理.

9.2.3 免费式商业模式

近年来，免费成为一种非常流行的商业模式，各种免费模式让人眼花缭乱，免费模式正在颠覆人们传统的商业观念，让消费者获得一种全新的商业体验。对企业来讲，免费模式已经成为突破旧的发展模式、实现后来居上的赶超模式。百度的绝大多数信息供用户免费搜索，绝大部分电子邮箱是免费使用的，微信免费给用户提供了一个社交场所。如果你用过滴滴出行这款App，那么从2012年至今，你可能享受过很多次免费或低价乘坐出租车的服务。你可以得到免费的饮水机、咖啡机这样的实物产品，也可以到某个4S店吃一顿免费的午餐等。有的人可能会想，这仅仅是互联网时代才有的现象。实际上，早在互联网出现以前，免费模式已经发挥了巨大的商业威力，人们熟知的吉列剃须刀就是以免费模式发展起来的，还有小孩喜欢吃的果冻，也是一种借助免费模式而流行起来的食品。克里斯·安德森针对这些现象提出了免费式商业模式的概念，并获得了广泛认同。

所谓免费式商业模式，就是在某个市场上至少有一个庞大的客户群可以持续享受到免费产品或服务，通过交叉补贴，即以其他细分客户付费的方式给免费客户提供补贴，支撑企业运营并实现盈利的商业模式。交叉补贴有很多种方式，用付费产品补贴免费产品，例如用昂贵的爆米花来补贴不怎么赚钱的电影票，或者反过来以免费或廉价的爆米花吸引观众来看电影；用日后付费补贴当前免费，移动通信公司赠送手机，但用户必须使用两年以上该公司的通信服务；付费人群给不付费人群补贴，用户可以通过百度免费得到想要的信息，广告商来替你支付相关的费用。

9.2.4 非绑定式商业模式

非绑定式商业模式认为，企业受到经济因素、竞争因素和文化因素三种因素驱动而形成了不同业务组合，这些业务包括产品创新型业务、客户关系型业务和基础设施型业务三种业务类型。发展的驱动因素各不相同，产品创新型业务的职责是开发新的和有吸引力的产品，客户关系型业务的职责是搜索和获取客户并与客户建立良好关系，基础设施型业务的职责是构建和管理平台，以支持大量重复性的工作。这三种业务类型受不同因素驱动，同一组织中这些业务类型彼此之间会发生冲突或导致不利的权衡妥协，因而不主张在一个企业内分离三种业务。一个企业的业务，应该聚焦于其中某一项，非绑定式商业模式，对综合性业务公司和为大企业服务的中小型企业的商业模式设计具有很好的参考意义。例如，传统的移动通信企业一般都同时经营三种产品业务（基础业务，包括语音数据和内容基础设施；管理业务，包括设备管理；网络维护与运营客户关系业务，包括客户获取、客户维护等），国外已有通信企业将网络维护与运营外包给电信设备制造商，国内通信企业经常与第三方在创新技术服务和媒体内容等方面展开合作，都取得了不错的效果。

9.3　商业模式设计的方法与框架

9.3.1　商业模式设计方法

在了解商业模式的构成框架之后就需要设计商业模式了，每个创业者都想为自己的企业设计一个独一无二的商业模式。虽然商业模式创新是一件非常困难的事情，但很多企业都是在模仿并改进现有的商业模式的基础上获得了巨大的成功。因此，在模仿与竞争中，设计商业模式显得尤为重要。

1）全盘复制法

全盘复制法比较简单，即对经营状况良好的企业的商业模式进行简单复制，根据自身企业状况稍加修正。全盘复制法主要适合同行业的企业，特别是细分市场、目标客户、主要产品相近或相同的企业，其甚至可以直接复制竞争对手的商业模式。全盘复制优秀企业的商业模式需要注意以下三点：复制不是生搬硬套，需要根据企业自身的区域、细分市场和产品特性进行调整；要注重对商业模式细节的观察和分析，不仅要在形式上进行复制，更要注重在流程和细节上进行学习；为避免和复制对象形成正面竞争，可在不同的时间和区域对商业模式进行复制。

案例讨论9-3　　　　　　　　　　　中国的 Airbnb——小猪短租

Airbnb成立于2008年8月，是一家联系旅游人士和家有空房出租的房主的服务型网站，它可以为用户提供各式各样的住宿信息，用户也可通过网络或App发布、搜索房屋租赁信息，并完成在线预订。2011年，Airbnb服务令人难以置信地增长了80%，用户遍布190个国家近3 400个城市，发布的房屋租赁信息达到5万条，被美国《时代》周刊称为"住房中的eBay"。与此同时，中国涌现出一大批效仿者，如小猪短租、途家、蚂蚁短租等。小猪短租的创始人陈驰把创业目光放在短租项目上并不是因为亲身体验或者灵光乍现，而是有同事向他介绍了Airbnb的模式，而当时他也正在OTA（在线旅行社）行业做酒店预订业务。陈驰听完同事的介绍之后，觉得这个项目在国内还没有开展，如果能抢占市场就会带来很大的商机。于是，小猪短租于2012年8月上线，运营不到半年就获得晨兴创投的千万美元融资。陈驰对小猪短租的商业模式毫不讳言，借鉴美国的Airbnb模式，提供平台为房东和用户做线上撮合性交易。这种线上预订交易根据房源不同又分为两种：一种是自有房东将自己的多余房间分享出租；另一种是职业租客在平台上出租。对于短租平台的精髓，陈驰总结为"分享经济、协同消费"。

资料来源　佚名．小猪短租完成近3亿美元新一轮融资 云锋基金二度领投［EB/OL］．［2018-10-10］．https：//baijiahao.baidu.com/s？id=1613906650527370959&wfr=spider&for=pc.有删减．

2）借鉴提升法

通过学习和研究优秀的商业模式，对商业模式中的核心内容或创新概念进行适当的提炼，并对这些创新点进行学习。如果这些创新点比企业现阶段商业模式中的相关内容更符合企业发展需求，企业就应结合实际需要，引用这些创新概念并使其发挥价值。通过引用创新点来学习优秀商业模式的方法适用范围最为广泛，对不同行业、不同竞争定位的企业都适用。

案例讨论9-4　　　　　　　　　　小猪短租玩起了"文艺范儿"

为了在激烈的同质化竞争中找到差异化的品牌特色，小猪短租开始突出"文艺"和"人情味的住宿"等特点。2015年7月完成了600万美元C轮融资之后，小猪短租特地聘请了作家、前媒体人潘采夫担任公关副总裁，推出了一系列名人跨界合作的项目。潘采夫通过自己原有的文艺圈人脉，为小猪短租营造了一个"文艺范儿"的品牌特性，希望吸引关注社交网络、喜爱尝试新鲜事物的文艺青年。首批名人房源有前国家女排名将薛明的花店住宿、作家古清生在神农架的深山小院、作家王小山在北京的四合院、导演高群书的电影主题房、红人作业本在北京的隐藏民居等。不过，对小猪短租和国内众多短租平台来说，目前最大的困难仍是如何吸引更多优质的房源和房客，由于征信机制不完善，出于安全、隐私和卫生考虑，人们对共享房屋的接受程度仍然有限。与国外相比，中国的房源也普遍缺乏文化气息和多样性，而与酒店相比，短租房屋也未必有价格优势，至于小猪短租的个性房源能在多大程度上培育这个市场，还需要时间来证明。

资料来源　佚名．想做"中国版Airbnb"的小猪短租玩起了文艺范儿的跨界营销［EB/OL］．［2015-11-20］．https：//m.jiemian.com/article/444205.html.有删减．

3）逆向思维法

通过对行业领导者商业模式或行业内主流商业模式进行研究与学习，模仿者有意识地实施反向操作，即市场领导者商业模式或行业内主流商业模式如何做，模仿者则反向设计商业模式，直接切割对市场领导者或行业内主流商业模式不满意的市场份额，并为它们打造相匹配的商业模式。

案例讨论9-5　　　　　　　奇虎360逆向思维颠覆了杀毒软件行业

2009年以前，杀毒软件行业看上去是一个很成熟的行业，软件厂商包括消费者在内，都一直信奉"一手交钱、一手交货"的杀毒软件经营思路。这个行业被瑞星、金山等几个巨头垄断，巨头之间的竞争基本陷入僵持状态。表面上看，这是一个饱和的、不可能让后来者进入的领域，后期的小公司在这个行业几乎没有生存空间。但是，奇虎360改变了既定规则。2009年，奇虎360在杀毒软件市场上推出了反其道而行的服务策略——杀毒软件终身免费，除了免费之外，它还将自己的产品定位从单纯的杀毒演进为电脑的"安全卫士"，给那些不懂也懒得去学习计算机知识的人使用，这个策略为其带来了惊人的用户量。奇虎360彻底颠覆了杀毒软件行业，其商业模式也逐渐演变为免费加收费模式。

资料来源 作者根据网络相关资料整理.

采用逆向思维法学习商业模式时有三个关键点：找到商业领导者或行业主流商业模式的核心点，并据此制定逆向商业模式；企业选择制定逆向商业模式时，不能简单追求反向，需确保能够为消费者提供更高的价值，并能够塑造新的商业模式；防范行业领导者的恢复行动，评估行业领导者有可能的反制措施，并制定相应的对策。

4）相关分析法

相关分析法是在分析某个问题或因素时，将与该问题或因素相关的其他问题或因素进行对比，分析其相互关系或相关程度的一种分析方法。相关分析法需要根据影响企业商业模式的各种因素，运用有关商业模式设计的一般知识，采用影响因素与商业模式一一对应的方法确定企业的商业模式。利用相关分析法，可以找出相关因素之间的联系，研究如何降低成本达到创造价值的目的。比如，eBay的网上拍卖灵感就来自传统的拍卖方式。

5）关键因素法

关键因素法是以关键因素为依据来确定商业模式设计的方法。商业模式中存在多个因素影响设计目标的实现，其中若干个因素是关键的和主要的。关键因素法通过对关键因素的识别，找出实现目标所需的关键因素集合，确定商业模式设计的优先次序。关键因素法主要有五个步骤：确定商业模式设计的目标；识别所有的关键因素，分析影响商业模式的各种因素及其子因素；确定商业模式设计中不同阶段的关键因素；明确各关键因素的性能指标和评估标准；制订商业模式的实施计划。

6）价值创新法

对一些从未出现过的商业模式，往往需要进行创新，即通过价值要素的构建、组合等设计出新的商业模式，这一点在互联网企业中表现得尤为明显。例如，盛大网络最先创建网络游戏全面免费、游戏道具收费的模式，开创了网游行业新的商业模式——CSP（Come-Stay-Pay）。至今，各大网游公司依旧沿用这个商业模式运营。Airbnb和Uber创建的通过共享资源而获取收益的模式，也在当前广为流行。

9.3.2 商业模式设计框架

商业模式设计框架如图9-1所示。

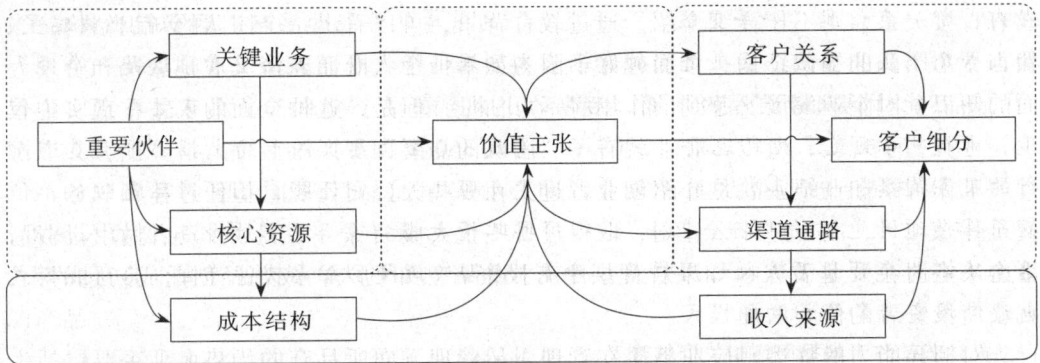

图9-1 商业模式设计框架

1）客户细分

客户细分用来描述一个企业想要接触和服务的不同人群或组织，主要回答以下问题：我们正在为谁创造价值？谁是我们最重要的客户？

一般来说，可以将客户细分为五种群体类型：

（1）大众市场，价值主张、渠道通路和客户关系全都聚集于一个大范围的客户群组，客户具有大致相同的需求和问题。

（2）利基市场，价值主张、渠道通路和客户关系都可以从某利基市场的特定关系中找到。

（3）区隔化市场，客户需求略有不同，细分群体之间的市场区隔有所不同，所提供的价值主张也略有不同。

（4）多元化市场，经营业务多样化，以完全不同的价值主张迎合不同需求的客户细分群体。

（5）多边平台或多边市场，服务于两个或两个以上的相互依存的客户细分群体。

2）价值主张

价值主张用来描述为特定细分客户创造价值的系列产品和服务，主要回答以下问题：

（1）我们应该向客户传递什么样的价值？

（2）我们正在帮助客户解决哪类难题？

（3）我们正在满足哪些客户需求？

（4）我们正在提供给客户细分群体哪些系列的产品和服务？

价值主张的简单要素主要包括以下几个方面：新颖的产品或服务，满足客户从未感受和体验过的全新需求；性能改善，产品和服务性能是传统意义上创造价值的普遍方法；定制化，以满足个别客户或细分客户群体的特定需求来创造价值；设计，产品因优秀的设计脱颖而出；品牌/身份地位，客户可以通过使用和显示某特定品牌而发现价值；价格，以更低的价格提供同质化的价值，以满足价格敏感客户细分群体；成本削减，帮助客户削减成本是创造价值的重要方法；风险抑制，帮助客户抑制风险也可以创造客户价值；可达性，把产品或服务提供给以前接触不到的客户；便利性/可用性，使事情更方便或易于使用，可以创造可观的价值。

3）渠道通路

渠道通路用来描述企业是如何与其细分客户接触、沟通，从而传递其价值主张，主要回答以下问题：

（1）每个客户细分群体希望我们与之建立和保持何种关系？

（2）我们已经建立了哪些关系？

（3）建立这些关系的成本如何？

（4）如何把它们与商业模式的其余部分进行整合？

4）客户关系

与消费者形成什么样的互动或者什么样的顾客关系决定了企业想通过什么样的方式来引领顾客消费。客户关系最终让消费者产生怎样的情感，如何互动尤为重要。

企业与顾客的关系有三个重要的驱动要素：一是开发新客户。企业的产品或者服务需要有很多的新客户来进行消费，开发新客户是一种进攻的战略，所以基于进攻开发新客户需要我们来建立一种新的客户关系。二是维护老客户。企业需要留住或者巩固老客户，老客户是非常重要的，通常开发一个新客户与巩固一个老客户所耗费的时间资源是不一样的，巩固一个老客户可能比开发十几个新客户要来得更直接、更有效。三是提高企业商品或者服务的销量、单价。这是一个重要的驱动因素。如何让企业的某个商品或者某一项服务提高销量，同时还提升价格？如果做到了这一点，就实现了一个很好的良性循环。

5）收入来源

收入来源用来描述企业从每个客户群体中获取现金收入（需要从收入中扣除成本），主要回答以下问题：

（1）什么样的价值能让客户愿意付费？

（2）他们现在付费购买什么？

（3）他们是如何支付费用的？

（4）他们更愿意如何支付费用？

（5）每个收入来源占总收入的比例是多少？

一般来说，收入来源可分为七种类型：资产销售，销售实体产品的所有权获得收入；使用消费，通过特定的服务收费；订阅收费，对重复使用的服务收费；租赁收费，通过暂时性排他使用权的授权收费；授权收费，通过知识产权授权使用收费；经济收费，提供中介服务收取佣金；广告收费，提供广告宣传服务获得收入。

6）核心资源

核心资源用来描述让商业模式有效运转所必需的最重要的因素，主要回答以下问题：

（1）我们的价值主张需要什么样的核心资源？

（2）我们的渠道通路需要什么样的核心资源？

（3）我们的客户关系需要什么样的核心资源？

（4）我们的收入来源需要什么样的核心资源？

一般来说，核心资源可以分为四种类型：实体资产，包括生产设施、不动产、运营系统、销售网点和分销网络等；知识资产，包括品牌、专有知识、专利和版权、合作关系和客户数据库；人力资源；金融资产。

7）关键业务

关键业务用来描述为了确保其商业模式可行，企业必须做的最重要的事情，主要回答以下问题：

（1）我们的价值主张需要哪些关键业务？

（2）我们的渠道通路需要哪些关键业务？

（3）我们的客户关系需要哪些关键业务？

（4）我们的收入来源需要哪些关键业务？

一般来说，关键业务可以分为三种类型：设计、制造及交付产品，是企业商业模式的核心；平台网络服务、交易平台，软件甚至品牌都可视为平台，与平台管理、服务提供和平台推广有关；问题解决，为客户提供新的解决方案，需要知识管理和持续业务培训。

8）重要伙伴

重要伙伴用来描述让商业模式有效运转所需的供应商与合作伙伴的网络，主要回答以下问题：

（1）谁是我们的重要伙伴？

（2）谁是我们的重要供应商？

（3）我们正在从重要伙伴那里获取哪些核心资源？

（4）重要伙伴都执行哪些关键业务？

（5）我们为重要伙伴带来了什么价值？

一般来说，重要伙伴可以分为四类：非竞争者之间的战略联盟关系；非竞争者之间的战略合作关系；为开发新业务而构建的合作关系；采购商与供应商的关系。

9）成本结构

成本结构用来描述运营商业模式所需要的所有成本，主要回答以下问题：

（1）什么是商业模式中最重要的固定成本？

（2）哪些核心资源花费最多？

（3）哪些关键业务花费最多？

一般来说，成本结构可以分为两种类型：成本驱动，创造和维持最经济的成本结构，增值采用低价的价值主张、最大限度的自动化和广泛外包；价值驱动，专注于创造价值、增值型价值主张和高度个性化服务，通常以价值驱动型商业模式为特征。

■ 复习与思考

1. 谈一下你对商业模式的本质的理解。
2. 商业模式的逻辑是什么?
3. 如何设计商业模式?
4. 如何讲述你的商业模式?

第 10 章

编制商业计划书

知识目标

（1）了解商业计划书的目的和作用。

（2）掌握商业计划书的基本结构和核心作用。

（3）掌握商业计划书的撰写和展示。

素养目标

以社会主义核心价值观为引领，端正大学生的创业价值追求，培养学生的团队精神和契约精神。

案例导入　今日头条的商业计划书：一张餐巾纸和26页BP

2012年大年初七，当时还在九九房担任CEO的张一鸣与海纳亚洲创投基金的董事、总经理王琼约在知春路的一家咖啡厅里见面。

张一鸣告诉王琼，他想在九九房之外再做点别的有意思的事情，抓住当时移动互联网的浪潮。但做什么，他又没完全想好，只有一个大概的构想，于是在咖啡厅的一张餐巾纸上画出了线框图，跟王琼讲解他构想中的产品原型，大体上，就是现在今日头条的样子。

王琼虽然似懂非懂，但觉得这件事很有意思，当即就敲定了对今日头条天使轮和A轮的融资。

为什么在商业模式和产品逻辑都没搞懂的情况下，仅凭一张餐巾纸，王琼就会投资张一鸣呢？

其实，王琼认识张一鸣是在2007年，也就是投资张一鸣的5年前。彼时还在酷讯网担任技术委员会主席的张一鸣，向整个董事会讲解房产搜索的布局，那时，张一鸣对技术的理解与驾驭以及他的视野和格局，就已经得到了王琼的认可。

所以，早期投资，关键是基于对创始人能力与认知的认可，投资人可以不懂他要做的方向，但一定要相信他具备选择正确方向的能力，而BP（Business Plan，商业计划书）就更不那么重要了。

不过，虽然凭借个人魅力和私人交情，今日头条很顺利地拿到了早期投资，可一旦公司达到数千万美元的估值，就必须要让接下来的投资人能够看懂公司实实在在的商业逻辑了。

在今日头条完成A轮融资后，一个很现实的问题是，整个资讯内容市场基本上已经被瓜分殆尽。网易、搜狐、腾讯、凤凰这些新闻客户端已经覆盖了几乎全部用户。投资人会问："已经有门户了啊？新浪、网易、搜狐都号称自己有几亿用户了。此外，还有很多垂直媒体客户端，如鲜果、无觅、ZAKER之类的，今日头条到底还有没有空间？"

2012年10月，张一鸣带着产品出去转了一圈，不是很顺利，这个时候，必须要有一份更详细和更有说服力的商业计划书了。而这份商业计划书，可以说是今日头条最用心也是最重要的一份商业计划书。毕竟，那个时候，今日头条虽然业务有些起色，但内容创业并不是当时的投资风口，而今日头条相比其他名义上的竞争者，也似乎没有什么优势。因此，必须有一份商业计划书，能够把自己的投资价值以及与竞争者相比的差异化优势，清晰而有说服力地给投资人讲明白。

凭借这样一份商业计划书，当然，也非常幸运地遇到了能够看懂今日头条商业价值的DST（全球最大的风投公司），今日头条拿到了非常重要的B轮融资，而之后，就是今日头条的一马平川了。

此后，上了轨道的今日头条，即便没有商业计划书，或者在商业计划书中无须再对投资亮点进行详细解释和反复阐明，也已经能够让后来的投资人很清晰地看到方向，并做出投资决策了。

资料来源　佚名．今日头条的融资历程：一张餐巾纸和一份26页的商业计划书［EB/OL］．［2019-11-20］．https://www.163.com/dy/article/EUE8D6AO05312FLM.html.有删减.

【思考与讨论】

（1）今日头条的商业计划书经历了怎样的转变？

（2）商业计划书的作用有哪些？

10.1　商业计划书的作用和基本格式

商业计划书是企业或项目单位以招商融资和其他发展目标为目的，在经过前期对项目科学的调研分析、搜集与整理有关资料的基础上，根据一定的格式和内容的具体要求而编辑整理的一份向投资者全面展示公司和项目目前状况、未来发展潜力的书面材料。有了好的商业计划书，融资就成功了一半。从某种意义上说，商业计划书就是创意的推销说明书，它不仅能说明技术优势、市场潜力和企业的发展规划，而且也是一个人思维方式的反映，是风险投资者特别看重的一份文件。企业的融资项目要想获得投资者的青睐，需要进行融资策划。其中，最重要的是编制符合国际惯例的高质量的商业计划书。商业计划书应能反映经营者对项目的认识及取得成功的把握，应突出经营者的核心竞争力，最大限度地反映经营者如何创造自己的竞争优势，如何在市场中脱颖而出，如何争取较大的市场份额，如何发展和扩张。这些构成商业计划书的主要内容，若只有远景目标、期望，商业计划书只是宣传口号而已。商业计划书通常全面描述企业所从事的业务，详尽地介绍公司的产品、服务、生产工艺、市场、客户和营销策略，人力资源组织架构对基础设施和供给的需求，融资需求以及对资金和资源的利用。商业计划书包含的范围很广，如经营者的理念、比较优势、对团队的管理、财务预测和风险因素等；对市场的分析应由大人小，从宏观到微观，以数据为基础，深入阐述项目在市场中的定位。通过编写商业计划书，经营者能更了解企业的整体情况及业务模型，亦能让投资者判断该企业的盈利性。它是市场融资的关键工具之一。

10.1.1 商业计划书的作用

商业计划书是创业者叩响投资者大门的"敲门砖"，是创业者计划创立业务的书面摘要。一份优秀的商业计划书往往会使创业者取得事半功倍的效果。商业计划书是一份全方位的商业计划，用于描述与拟创办企业相关的内外部环境和要素特点，为业务发展提供指示图和衡量其相关情况的标准。其主要用途是让投资者对企业或项目做出评判，从而使企业获得融资。通常，商业计划书是市场营销、财务、生产、人力资源等职能计划的综合，其作用主要体现在以下几个方面：

1）帮助创业者理清思路，准确定位

著名投资家尤金·克莱纳（Eugene Kleiner）说："如果你想踏踏实实地做一份工作，那么写一份创业计划，它能迫使你进行系统的思考。有些创意可能听起来很棒，但是当你把所有细节和数据写下来的时候，自己就崩溃了。"可能许多创业者在刚开始投入一项事业的时候凭借的仅仅是一腔热情，只有当真正着手去做一些事情的时候，才会发现需要考虑的地方不只是一两处。也许有些创业者只是在自己的脑海里形成一幅蓝图，想要有长远发展，就需要编制一份商业计划书，这样就不容易偏离原先预定的方向。

创业融资之前，商业计划书首先应该是给创业者自己看的。办企业不是"过家家"，创业者应该以认真的态度对自己所拥有的资源、已知的市场情况和初步的竞争策略做尽可能详尽的分析，并制订出初步的行动计划，使自己心中有数。

另外，商业计划书还是创业资金准备和风险分析的必要手段。对初创企业来说，商业计划书的作用尤为重要，一个酝酿中的项目往往很模糊，通过编制商业计划书，把各种风险因素都写下来，然后再逐步推敲，创业者就能对这一项目有更加清晰的认识。可以说，商业计划书首先是把计划要创立的企业推销给创业者自己。

2）帮助创业者获得融资

一位投资家曾经说过："企业邀人投资或加盟，就像向离过婚的异性求婚一样，双方各有打算，仅靠空口许诺是无济于事的。"对正在寻求资金的创业者来说，商业计划书编制得好坏往往决定了融资的成败。

除了使创业者更加清楚地了解自己要做的事情外，商业计划书更多地还是给别人看的，尤其是那些能给创业者提供一定资金帮助的人。所以，商业计划书的另外一个重要作用就是帮助创业者把计划中的企业推销给风险投资者。为此，商业计划书还要说明创办企业的目的、投资者值得为此注入资金等事项。此外，对已创建的企业来说，商业计划书还可以为企业的发展确定比较具体的方向，从而使员工了解企业的经营目标，并激励他们为共同的目标而努力。更重要的是，它可以使企业的出资者、供应商、销售商等了解企业的经营状况，让出资者（原有或新来的）为企业的进一步发展提供资金。

3）全面了解你的企业

通过编制相应的商业计划书，你会对自己的企业有一个全面的了解，它可以更好地帮你分析目标客户，规划市场范畴，形成定价策略，并对竞争性环境做出界定。商业计划书能够将影响这些方面的因素协调一致，另外在编制的过程中还能够发现企业颇具竞争力的优势，或者计划书本身所蕴藏的新机遇或不足。只有将计划付诸纸上，才能确保提高管理企业的能力，才能在情况恶化之前应对企业经营中出现的任何偏差，同样你也有足够的时间为未来做打算，做到防患于未然。

4）向合作伙伴提供信息

为业务合作伙伴和其他相关机构提供信息，也是编写商业计划书的主要目的，从而使企业充满活力，实现合作各方的共同发展。

10.1.2 商业计划书的基本内容

商业计划书摘要是风险投资者首先看到的内容，它浓缩了商业计划书的精华，反映了商业计划书的整体，是整个计划书的核心所在。它必须让风险投资者有兴趣，并渴望得到更多的信息。摘要的篇幅一般控制在 2 000 字左右。商业计划书主要包括以下几项内容：

（1）公司概述。其主要介绍公司的发展历史、现在的情况以及未来的规划。具体而言，主要包括公司的名称、地址、联系方式、自然业务情况、发展历史，以及对公司未来发展的预测、本公司的竞争优势或者独特性、纳税情况等。

（2）公司的研发情况。它主要介绍公司的研发人员情况和资金计划及所要实现的目标，包括研发资金投入、研发人数、研发设备、研发产品的技术先进性及发展趋势。

（3）产品或者服务。创业者必须向风险投资者介绍自己的产品或服务创意，主要包括下列内容：①产品的名称、特征、性能和用途；②产品的开发过程；③产品处于生命周期的哪一阶段；④产品的市场前景和竞争力如何；⑤产品的技术改进和更新换代计划及成本。

（4）管理团队。在考察企业时，人是风险投资者非常看重的因素。从某种意义上讲，创业者的创业能否成功，主要取决于该企业是否拥有一支强有力的管理团队，这一点特别重要。创业者要全面介绍公司的管理团队情况，主要包括公司的管理机构，主要的股东、董事、关键雇员，薪金，股票期权，劳动协议，奖惩制度及各部门的构成情况等；要展示公司管理团队的战斗力和独特性及与众不同的凝聚力。

（5）市场与竞争分析。创业者要对产品的销售额、增长率、产品或服务的总需求等做出有充分依据的判断。目标市场是企业将产品送达的目的地，而市场细分是对企业的定位，创业者应该细分各个目标市场，并且讨论到底想从各细分市场那里取得多少销售收入、市场份额和利润；同时，估计你的产品真正具有的潜力。

风险投资者不会因为一些简单的数字就相信你的商业计划，你必须对可能影响需求、市场和策略的因素做进一步的分析，以使潜在的风险投资者能够判断出目标的合理性，以及他们将承担的风险。此外，创业者一定要说明你是如何得出结论的。

（6）生产经营计划。其主要阐述创业者的生产、制造及经营过程。这一部分非常重要，风险投资者通过这一部分了解产品原料的采购及供应商的有关情况、雇员情况、生产资金的安排以及厂房、土地等。其内容要详细，细节要清楚。这一部分是之后投资谈判中对投资项目进行估值的重要依据，也是创业者分配股权的重要依据。生产经营计划主要包括以下内容：①新产品的生产经营计划；②公司现有的生产技术能力；③品质控制和质量改进能力；④现有的生产设备或者将要购置的生产设备情况；⑤现有的生产工艺流程；⑥对产品的经济分析及生产过程。

（7）财务分析和融资需求。财务分析是需要花费相当多的时间和精力来编写的一部分。风险投资者期望通过财务分析这部分来判断企业未来的财务状况，进而判断能否确保自己的投资获得理想回报。财务分析包括以下三个方面的内容：

第一，过去三年的历史数据和今后三年的发展预测，主要提供过去三年的现金流量表、资产负债表、利润表以及年度财务会计报告。

第二，投资计划。其包括：预计的风险投资数额，企业未来的筹资结构如何安排，获取风险投资的抵押、担保条件，投资收益和再投资的安排，投资者投资后双方的股权比例安排，投资资金的收支安排及财务报告编制，投资者介入公司经营管理的程度。

第三，融资需求。其包括：①资金需求计划，即为实现公司发展所需要的资金额、资金需求的时间表和资金用途（详细说明资金用途并列表）；②融资方案，即公司所期望的投资人和所占股份的说明、资金的其他来源（如银行贷款等）。

（8）风险因素。其详细说明项目实施过程中可能遇到的风险，包括技术风险、市场风险、管理风险、财务风险和其他不可预见的风险，并提出有效的风险控制和防范措施。

（9）投资者的退出方式。其包括：①股票上市。依照商业计划书，对公司上市的可能性进行分析，对上市的前提条件做出说明。②股权转让。风险投资者可以通过股权转让的方式收回投资。③股权回购。依照商业计划书，公司应向投资者说明所实施的股权回购计划。④利润分红。风险投资者可以通过公司利润分红达到收回投资的目的，按照商业计划书，公司应向投资者说明所实施的利润分红计划。

（10）附录。这是商业计划书中的一个重要组成部分。为了使正文言简意赅，许多不能在正文中过多叙述的内容都可以放在附录中，特别是一些表格、个人简历、与市场调查结果相关的辅助证明材料等。因此，附录绝不是可有可无的，它是正文的重要补充。

10.2　商业计划书的写作

10.2.1　商业计划书的写作原则

商业计划书的写作原则如下：

（1）目标性。创业的目的不仅是追求企业的发展，还要创造利润，要突出经济效益。

（2）完整性。运营计划应完整陈述，涵盖经营的各项功能，前后基本假设或预估相互呼应，逻辑合理。

（3）优势竞争性。其呈现创业团队在资源、经验、产品、市场及经营管理等方面的优势。

（4）团队及其协调性。其展现组建经营团队的思路、人员的互补作用，尽可能突出专家的作用、高管的优势、专业人才的水平，并明确领军人物。

（5）市场导向性。明确市场导向的观点，指出企业的市场机会与竞争威胁，充分展示对市场现状的掌握与对未来发展进行预测的能力。

（6）客观实际性。数据尽量客观、实际，以具体资料为证，同时明确可能采用的解决方法。切勿凭主观意愿估计，高估市场潜力或报酬，低估经营成本，夸大其词。工作安排应具有可操作性，并且要有条不紊、循序渐进。

10.2.2　商业计划书的写作程序

一份良好的商业计划书（包括附录在内）一般为 20～40 页，过于冗长的商业计划书会让阅读的人失去耐心。整个商业计划书的编制是一个循序渐进的过程，可以分成五个阶段：

第一阶段：初步提出计划的构想。

第二阶段：市场调查。与行业内的企业和专业人士进行接触，了解整个行业的市场状况，如产品价格、销售渠道、客户分布及市场发展变化的趋势等。可以自行发放调查问卷，在必要时也可以求助市场调查公司。

第三阶段：竞争者调查。确定潜在竞争对手并分析本行业的竞争方向。例如，分销问题如何解决，形成战略伙伴的可能性，谁是潜在盟友，可准备一份 1～2 页的竞争者调查小结。

第四阶段：财务分析，包括对公司的价值评估，必须保证所有的可能性都考虑到。财务分析应量化本公司的收入目标和公司价值，要求详细而精确地列出实现目标所需的资金，相关信息按照上面的结构进行调整。

第五阶段：商业计划书的编制与修改。利用收集到的信息制定公司未来的发展战略，从而完成整个商业计划书的编制。计划书完成以后仍然可以进一步论证其可行性，并跟踪信息的积累和市场的变化，不断完善。

10.2.3　商业计划书的写作方法和写作技巧

商业计划书编写的目的是为企业融资、宣传提供依据，同时作为创业计划实施的方案。因此，商业计划书的编写除了尽可能地展现创业项目的前景及收益水平外，还要体现出创业项目的可实现性。

1）商业计划书的写作方法

编写商业计划书时应遵循正确的方法：

（1）做好工作计划。一个好的工作计划能让商业计划书的编制工作井井有条。

（2）始终围绕产品或服务的价值展开。

（3）寻求有关人员的指导与协助。通常，创业者对商业计划书的写作缺乏一定的经验与技巧，可能会导致不能争取到创业资金，为了避免出现这种问题，每个创业者都应该发挥自己的最大能力，寻求有关人员的指导和协助，完善商业计划书。

（4）在不断地修改、补充中完善创业计划。任何一份商业计划书都不可能是一次性写就的，通常需要进行不断的修改、补充。一般来说，最终形成的商业计划书的正式文本与创业计划草案可能相差非常大，有的甚至截然不同。

（5）针对商业计划书的目标读者，设置项目的不同侧重点。风险投资者一般对商业计划书中的市场增长及营利性感兴趣，战略伙伴与主要客户关心产品、服务、市场、盈利及管理团队的运作能力，而雇员、管理队伍则主要想了解公司的发展历程及今后的发展前景。

2）商业计划书的写作技巧

任何商业计划书都必须注重管理层的背景，详细列举他们的姓名及令人信服的各种资料，这是对创业计划的基本要求，也是商业计划书包装的最基本要求。好的商业计划书包装还要说明你为什么要经营该项产品或服务，并由此获得大量收益。商业计划书主要的写作技巧包括：

（1）产品和服务具有独特性。你的企业有独一无二的优势吗？这些优势是否体现在技术、品牌、成本等方面？这些优势能保持多长时间也是投资者决定是否投资的重要影响因素之一。

（2）商业模式和盈利模式的可行性。商业模式是指如何生产产品，如何提供服务和进行市场策划等；盈利模式是指如何赚钱，如何把产品或服务转化为利润。商业模式和盈利模式的可行性最终又体现在企业的执行力上。

（3）高效的管理。大多数风险投资者认为，任何风险投资成功的关键都在于管理。风险投资领域的传统观念认为，如果点子有创意，但管理差，可能会失去机遇；如果点子创意一般，但管理好，则可能会抓住机遇。当然，其中"好"的含义也是多方面的。

（4）提供有说服力的公司财务增长预测。这是创业者义不容辞的责任。要想吸引投资者，商业计划书要写明企业的规模、计划、发展状况等。

（5）退出机制。如何摆脱某种状态是影响风险投资者投资决策的重要因素。也就是说，风险投资者一定会事先找到退出方式。其主要的退出方式有以下三种：①公司股票上市。这样，投资者可将自己拥有的该公司股权公开出售。②公司整体出售。投资者将风险资本公司拥有的权益与其他人拥有的公司权益同时出售给有关公司（通常为大公司）。③公司、个人或第三方团体把投资者拥有的本公司权益买下或卖回，商业计划书对有关事项应详细说明。

10.2.4　商业计划书的完善

商业计划书有多种形式，目前被广泛使用的有 PPT 和 Word 两种形式。由于两者具有不同特点，为了满足不同投资人的需求，通常会为投资人提供两个版本：一种是完整版本（Word形式），一种是摘要式版本（PPT形式）。

在商业计划书编制完成之后，融资企业还应对其进行检查和完善，以确保计划书能准确回答投资者的疑问，增强投资者对企业的信心。通常，可以从以下几个方面对计划书加以检查和完善：

（1）商业计划书是否显示出创业者具有管理公司的经验。如果创业者缺乏能力去管理公司，那么一定要明确说明公司已经雇用职业经理人来管理公司。

（2）商业计划书是否显示出企业有能力偿还借款。创业者要给预期的投资者提供一份完整的财务比率分析报告。

（3）商业计划书是否显示出企业已进行过完整的市场分析。创业者要让投资者坚信计划书中阐明的产品需求量是经过仔细评估得出的。

（4）商业计划书的内容是否容易被投资者所领会。商业计划书应该有索引和目录，以便投资者方便地阅读各个章节。此外，还应保证目录中的信息是有逻辑性的。

（5）商业计划书中是否有摘要并放在最前面，摘要是否写得引人入胜。

（6）商业计划书是否在文法上全部正确。如果不能保证，那么最好请人帮忙检查。

（7）商业计划书能否打消投资者对产品、服务的疑虑。如果有需要，企业可以准备一个产品模型。

10.2.5　商业计划书写作的注意事项

融资用的商业计划书"七分策划，三分包装"，可以说，商业计划书是技术和艺术的统一体。

1）尽量精练，突出重点

编制商业计划书的目的是让投资者在最短的时间内了解最多的商业计划，因此，商业计划书的内容必须紧紧围绕这一主题，开门见山。例如，要第一时间让投资者知道公司的业务类型，避免在最后几页才提及经营性质；要明确阐释公司的目标以及为达到目标所制定的策略与战术；陈述公司需要多少资金以及时间和用途，并给出清晰和符合逻辑的投资策略。一般摘要为2页，主体内容7~10页为佳；要注重企业内部经营计划和预算的编制，而一些具体的财务数据可留待下一次双方会见时再详细阐释。

2）换位思考

编制商业计划书的一个重要方法就是换位思考，即融资者假设自己是战略合伙人或风险投资者，自己最关心的问题是什么，自己的判断标准是什么。也就是说，要按照阅读商业计划书的投资者的思路去编制商业计划书，这样就很容易弄清楚哪些是重点，应该具体描述，哪些可以简单描述，哪些是不必要的内容，从而获得投资者的青睐。

此外，编制商业计划书应避免用过于技术化的语言来描述产品或生产营运过程，应尽可能用通俗易懂的语言，使投资者容易理解。

3）以充分的调查数据、信息为基础

市场销售是投资获利的基础，对此，融资人要充分考察市场的现实情况，广泛收集市场现有产品、现有竞争情况、潜在市场、潜在消费者等方面的具体信息，使市场预测建立在扎实的调查数据和信息的基础之上；否则，后面的生产、财务、投资回报预测就都成了"空中楼阁"。因此，商业计划书中不能有含糊不清或无事实依据的陈述。

此外，在收集资料时，一定要做到客观、公正，避免仅收集对自己有利的信息，而不去收集或者故意忽略对自己不利的信息。一般来说，战略投资者或风险投资者都是一些非常专业的人士，提出的问题会非常尖锐，如果只收集对自己有利的信息，在遇到质疑时就会显得考虑和准备不充分。

4）实事求是，适度包装

商业计划书的作用固然重要，但它仍然只是一块敲门砖。过度包装是无益的，企业应在盈利模式打造、现场管理、市场开拓、技术研发等方面下功夫；否则，即使有了机会也把握不住。

5）不过分拘泥于格式

商业计划书有很多约定俗成的格式，但很多风险投资者在阅读商业计划书时会忽略这些格式，而是直接关注几个关键点，关注他们想看到的东西。因此，企业在编制商业计划书的过程中，不要过分拘泥于固定的格式，只需把企业的优势、劣势都告诉别人，也许就是最后的赢家。

部分风险投资者或其代理机构有时候会要求企业提供固定格式的商业计划书，在格式上做文章，这有可能是融资骗局。

10.3　商业计划书的内容与要点

10.3.1　摘要

摘要是为了吸引战略合伙人与风险投资者的注意而将商业计划书的核心提炼出来制作而成的，是整个商业计划书的精华，涵盖了商业计划书的要点。一般要在所有主体内容编制完成后，再把主要结论性内容摘录于此，以求一目了然，在短时间内给投资者留下深刻的印象。在摘要中，企业必须回答下列问题：①企业所属行业、经营的性质和范围；②企业主要产品及功效；③企业的市场在哪里，谁是企业的顾客，他们有哪些需求；④企业的合伙人、投资人是谁；⑤企业的竞争对手是谁，竞争对手对企业的发展有何影响；⑥如何投资以及投资数量和方式。

10.3.2　企业介绍

企业介绍主要包括企业的名称、业务性质、注册场所、经营地点、公司的法律形式等。企业名称方面，包括企业的法律名称、商标或品牌名称、商用名称、子公司名称等内容。如果是准备成立的新企业，还没有固定名称，可以在商业计划书中采用一个弹性比较大、经营范围比较广的名称，以避免限制企业业务的拓展和经营方向的变化，并有利于企业的转让。

主要业务方面，应尽量做到用简短的几句话就能让风险投资者了解企业的产品或服务。例如，企业可以这样描述："本公司设计、制造和销售用于医疗的微型计算机。"接下来可以对相应产品或服务进行简单介绍。例如：

我公司是一家食品销售公司，主要向社会提供中等价位的高质量食品。我公司的宗旨是在盈利的同时，与顾客、雇员、社区以及环境保持良好的伙伴关系。我们的目标是保持中等程度的发展速度和盈利水平。在××之前，在服务、支持和培训方面，获得××万元的销售收入。

在企业的发展历史与现状这部分，介绍要简短切题，尽量不超过 1 页，主要介绍公司成立于何时，第一次生产产品或提供服务在什么时候，公司的发展经历了哪几个重要阶段等。面谈时，风险投资者通常会就公司业务发展（历史）提出一些问题，融资者可以再详细说明有关细节。在介绍公司历史时，要记住投资者需要了解公司的创立过程，创意源于什么，它是怎样进化的，谁是负责人。历史描述应当简洁，同时应该写出公司发展进程中重要节点的日期、背景等，从创业开始一直叙述到现在。在进行公司目标陈述时，切忌夸夸其谈，要一语道出公司的目标。要深思熟虑，你的公司是处于创立期还是成长期，或是所处的融资阶段；是寻找战略合作伙伴，还是准备上市，抑或准备近期并购或出售。

1）企业内利益冲突

无论本企业中存在什么样的潜在利益冲突，都要在本部分加以说明。例如，本企业董事长也是本企业某个供应商的所有人或董事长，或者是与本企业有相似业务的某个公司的所有者。此外，还应说明由管理层决定的交易中哪些是以不合理的价格采购的。

如果在商业计划书中没有提及这些利益冲突，一旦被风险投资者发现，就会失去他们的信任，最好的办法是企业从一开始就解决这个问题并告知风险投资者，或者向他们说明存在这种利益冲突会比没有这种情况做得更好。

2）诉讼

这里要说明与公司相关的所有诉讼事件，既包括外公司对本公司的诉讼，也包括本公司对外公司的诉讼。

3）知识产权

这里要描述公司现有和待申请的各种专利和商标，也可以说明专利获准的原因，目的是说明产品的技术壁垒，强调公司产品的独特性和唯一性。

4）企业与公众的关系

公众是指对企业利益和行为产生影响的群体。企业与公众关系的好坏将给企业的生产经营活动带来直接影响。这些公众包括融资公众（主要指银行、保险公司等金融机构）、媒体公众、政府公众和公民团体等。

5）主要合作伙伴

这里主要介绍本企业所需原材料及必要零部件的供应商、产品的经销商、广告商及公关代理商等，可以用表格形式列出 3~4 家主要的合作伙伴及其提供的产品和服务。风险投资者通常会给名单中的部分供应商打电话，以确认该名单的真伪。如果本企业产品从生产到销售的过程中还有其他一些协作者或分包人参与其中，通常也需要予以说明，内容包括协作人员名单、协作金额以及协作单位名称、地址及联系方式等。

10.3.3 管理团队介绍

在撰写商业计划书的过程中，管理团队是非常重要的一部分。一个成功的管理团队不仅能够在企业遇到风险的时候使企业转危为安，而且是企业在以后发展过程中的坚实后盾。管理团队介绍，主要是向投资者展现企业管理团队的结构、管理水平和能力、职业道德与素质，使投资者了解管理团队的能力，增强投资信心。融资者应主要介绍管理团队的工作简历、取得的业绩，尤其是与目前从事工作有关的经历。另外，可以着重介绍企业目前的管理模式。在编写商业计划书的过程中，首先必须对公司管理团队的主要情况做一个全面介绍，包括公司的主要股东及股权结构，董事、关键雇员以及公司其他管理人员的职权分配和薪金情况，必要时还要详细介绍他们的经历和个人背景。企业的管理人员应该是互补型的，而且要有团队精神。一个企业必须要有产品设计与开发、市场营销、生产作业管理、财务等方面的专业人才。此外，在管理团队介绍这部分，还应对公司组织结构进行简要介绍，包括公司的组织结构图、各部门的功能与职责、各部门的负责人及主要成员、公司的报酬体系等，应让投资者认识到管理团队具有与众不同的凝聚力，团队人才济济且结构合理，在产品设计与开发、财务管理、市场营销等方面均具有独当一面的能力，足以保证公司以后发展的需要；最后需要清晰明了地指出公司的战略目标，表明盈利是公司的最终目的，使投资者充分了解其准备投资的公司，建立起必要的信任关系。只有投资者充分信任管理团队，合作才有可能真正展开，开诚布公是建立信任关系的基础。

撰写商业计划书时，对管理团队的成功经历要进行展示，同时要对管理团队主要成员进行介绍。在这部分的写作过程中，要介绍企业的领导者以及其他对公司业务有关键性影响的人。通常，小公司不超过三个关键人物，大公司也不宜超过六个关键人物。在这里需要注意的是，风险投资者对关键人物十分关心，融资者应该从职务最高者起依次介绍；对管理人员主要从教育背景、工作经历、领导能力以及个人品质等方面进行介绍。

教育背景主要是介绍学历和相关的培训经历，强调与所担任职务的相关性，如果没有直接关系，则不作详细介绍。通过教育背景，可以看出一个团队的知识结构。当然，一个团队的知识结构越全面越好，因为如果一个人既懂经济又通晓法律和管理方面的知识，对企业发展所起到的作用将不可估量。但是，这种全面的人才在现实中较少，也有些不现实，所以，企业就有了"团队的需要"。

工作背景和业绩主要是介绍创业者过去在哪些大公司任职，担任过什么职务，负责过什么项目，制订过什么计划，取得过哪些重大成绩等。大多数投资者做出投资与否的决定时主要是看人，如果管理层中有投资者熟知的人，或曾经创业成功过的人，就会使投资者的信心增加。

对领导能力的描述，应花笔墨在管理人员管理方面所具有的优势上，主要包括生产管理、人员管理、财务管理、信息管理等方面的能力及特点。

对风险投资者来说，投资从根本上来说是投资"人"。对一个人的人品没有一个详尽的描述，一切都是空话，是不能让人信服的。人的品质是在工作和生活过程中养成的，并不是一朝一夕就可以改变的。所谓人品，就是人的内在价值。而人的内在价值包括很多方面，其中风险投资者最看重的就是人的信用程度以及真诚与否，这关系到投资者的资金安全。投资者不会将资金交给一个信用度很低的人。关于个人品质的描述，可以采用下面这样肯定的形式：管理层成员、董事会成员或本公司的主要投资者均不曾受到犯罪指控；以上人员均未破产过，无论是个人还是其曾创立过的企业。此外，要有能证明各个成员未曾拖欠债务的信用报告。

总之，创业者必须向风险投资者证明企业管理团队的成员都非常"干净"。在商业计划书的写作过程中，管理团队的介绍是非常重要的，一个有实力的管理团队不仅能够在企业遇到风险时应对自如，使风险得到有效控制，而且，一个领导能力强、取得过重大成绩的管理团队还能够增强投资者的信心。所以，管理团队的成功创业经历在商业计划书的写作过程中尤为重要，一定要突出优势去吸引投资者的目光。

任何伟大的事业都是相对容易创造，但难以组织和管理，对一个初创企业来讲也是同样的道理。大部分风险投资者都认为投资的关键因素是"人"。正如曾投资过Intel、Apple等公司的阿瑟·洛克（Arthur Rock）所说的，"我投资的是人，而不是生意"。据北京大学创业投资研究会的调查，风险投资者拒绝投资的理由有40%是因为对管理人员的能力和素质不满意，对创业者能否带领企业在竞争环境中成为市场的主导者持怀疑态度。所以，撰写商业计划书应首先以人为本，多用些笔墨在人身上。

10.3.4 技术产品（服务）介绍

产品（服务）是创业计划的具体承载物。要使投资者最终得到回报，企业的关键产品（服务）要有商业价值。企业要以市场而不是纯技术为导向，因为有市场机会的创意才最有价值，才能够满足目标市场的需求。创业者应将其描述得尽可能详细且清晰，应突出产品（服务）的特点和潜在的商业价值、技术的领先性。此外，创业者还要分析产品（服务）是否适应现有消费水平，对技术前景进行准确合理的判断。创业者应该充分信任风险投资者，不要因过分担心自己的技术专利会被风险投资者所窃取而有所隐瞒。

1）产品项目

在产品或服务介绍这部分，创业者要进行详细的说明。说明既要准确，也要通俗易懂，使不是专业人员的投资者也能明白。一般来讲，产品介绍都要附上产品原型、照片或其他资料，而且必须要回答以下问题：

（1）顾客希望企业的产品能解决什么问题，顾客能从企业的产品中获得哪些好处。

（2）企业的产品与竞争对手的产品相比有哪些优缺点，顾客为什么会选择本企业的产品。

（3）企业为自己的产品采取了何种保护措施，企业拥有哪些专利、许可证，或与已经申请专利的厂家达成了哪些协议。

（4）为什么企业的产品定价可以使企业获得足够的利润，为什么用户会大批量地购买本企业的产品。

（5）企业采用何种方式去改进产品的质量、性能，企业对开发新产品有哪些计划等。

产品或服务介绍通常比较具体，因而写起来相对容易，虽然夸耀自己的产品是推销所必需的，但企业所做的每一项承诺都是"一笔债"，在未来的运营中都得努力去兑现。由于创业者和投资者所建立的是一种长期合作的伙伴关系，空口许诺，往往只能得意一时。如果企业不能兑现承诺，不能偿还债务，企业的信誉必然要受到极大的损害，最终可能以创业失败而告终，这是创业者和投资者都不愿见到的。

2）技术项目

首先，要对技术的来源和所有权进行详细、诚实的说明。在我国，很多技术都来源于高校或研究所，而这就存在一个所有权的问题。如果在投融资双方已经着手合作、企业已有一定规模的时候，出现关于所有权的问题，常常会导致企业陷入困境。如果是创业者一方故意以此来欺骗投资者的话，更会打击投资者的信心。因此，投资者往往希望创业者在商业计划书中诚实地阐述技术的来源和所有权情况，以使自己无后顾之忧。

其次，在这一部分，创业者还要介绍企业的技术研发力量和未来的技术发展趋势，以及研发新产品的成本预算和进度安排。风险投资者主要关心企业的技术研发队伍是否有足够的实力把握市场上技术发展的脉搏，是否能够迎合顾客的需要开发新产品、开拓新市场，是否能够保证企业未来竞争发展对技术研发的需要。创业者应该在仔细评估自己实力的基础上，给出详细的说明。

3）产品或服务优势

（1）对产品或服务的说明。如果你的产品或服务具有创新性，你将不得不在某些细节上做出解释，向你的顾客介绍它的优点、价值，把它与竞争对手的产品或服务进行比较，讨论它的发展趋势，并列出初步开发它所需要的条件。只有当新的产品（服务）优于市场上的已有产品（服务）时，它才能受到消费者的青睐；要清楚地解释你的产品（服务）所具有的功能，使投资者/消费者认清它的所有价值。

如果市场上存在替代性产品（服务），你应该解释清楚你的产品（服务）有哪些额外的价值。当你处在消费者的角度去评价同类产品（服务）的优缺点时，对竞争者的产品（服务）也要做出同样的分析。

如果你提供几种产品，应把你的讨论集中在最重要的一个上，对其他产品做一个简单的介绍即可。

假设你是风险投资者，并且很想使你的风险最小化，可以试着避免技术细节并且使你的解释尽可能简单。制作出一个样品对证明你能够应对技术挑战是很有好处的。更好的办法是找一些已经用过此产品的顾客来给你作证。你应该解释你的技术创新和你的产品在竞争中具有的优势，也应该强调你所拥有的技术壁垒，或提供有效的专利证明，以显示你可以防止别人的盗用和模仿。如果发展中仍有未解决的问题，确认在你的商业计划书中讨论过对付它的办法。能否取得特殊产品（服务）的合法批准是另一种风险，你要说明你现在已经取得了什么执照，或者正在申请中和将要申请等。

（2）产品或服务的价格方面。在本部分主要对本企业的产品或服务做出准确的描述，要使读者读完后对本企业生产什么或打算生产什么不再存有疑虑。如果企业有好几种产品或服务，那么最好分成几个独立的小段进行描述，包括每一种产品的价格、价格形成基础、毛利及利润总额等。产品定价必须充分考虑所有影响因素，以使最终确定的价格在逻辑上是合理的，并且是市场可能接受的。在这一部分，风险投资者通常会问以下两个问题：该产品定价反映的是不是竞争条件下的价格走势？高定价能否抵御来自竞品降价的压力？对此，创业者要有所准备。

（3）产品或服务的独特性方面。企业的独特性既可以体现在管理队伍上，也可以体现在产品或服务上，还可以体现在融资上。总之，是因为独特性的存在才使风险投资者放弃其他投资机会转而投资本企业。因此，在商业计划书摘要或商业计划书中可以单独列出一部分，对本企业的独特性进行描述。对这部分的描述也可以渗透到其他几个部分中，从不同角度阐述公司的独特性。

4）顾客或买主

这部分详细介绍产品的主要买主或顾客，内容包括：①什么人使用该产品？②使用目的是什么？为什么他们会购买本企业的产品或服务？③是因为价格还是出于其他方面的考虑？

在此部分，还需要列出本企业产品的前三名买主及其购买金额与本批购买量（这些内容也可以用表格形式来阐述）。当风险投资者对本企业表现出更加浓厚的兴趣时，也可以将全部顾客名单列出来。

10.3.5　行业和市场分析预测

据统计，在企业融资的过程中，创业者被拒绝的主要理由有17%是因为产品市场不够大，或不能创造足够的盈利。因此，创业者在对市场进行充分调研的基础上，要对自身产品或服务的市场前景进行合理的预测，并制定出相应的市场策略。如果自我评估的结果就不令人满意，那么企业是没有必要再发展下去的。在有光明的市场前景或一定的盈利潜力时，创业者才有必要为创立新的风险企业而努力，也才有可能获得风险投资者的资金支持。

俗话说："知己知彼，百战不殆。"创业者必须对市场竞争情况及自身的优劣势认识清楚、透彻分析，并制定出明确的竞争战略，创业才有可能获得成功。为此，创业者必须要对行业和市场进行分析。行业和市场分析主要是指对企业所在行业的基本情况、企业的产品或服务的现有市场情况及未来市场前景进行分析，使投资者对产品或服务的市场销售状况有所了解。这是投资者关注的重点之一。行业分析主要是分析行业发展趋势、行业发展中存在的问题、国家有关政策、市场容量、市场竞争情况、行业主要盈利模式、市场策略等。市场分析主要是分析已有的市场用户情况、新产品或者服务的市场前景等。介绍已有的市场用户情况时，要分析公司在以往经营过程中拥有的用户情况、市场占有率、市场竞争情况，以及是否建立了完整的市场营销渠道等。

进行市场前景预测时，首先要对需求进行预测，包括市场是否存在对这种产品的需求，需求程度是否可以给企业带来所期望的利益，新的市场规模有多大，需求发展趋势及状态如何，需求的影响因素有哪些，新产品的潜在目标顾客和目标市场有哪些等。市场前景预测还要介绍市场竞争情况，即对企业所面对的竞争格局进行分析：市场中主要的竞争者有哪些，是否存在有利于本企业产品的市场空档，本企业预计的市场占有率是多少，本企业进入市场后会引起竞争者怎样的反应，这些反应对企业会有什么影响等。

为此，企业首先应尽量扩大信息收集的范围，重视对环境的预测，并采用科学的预测手段和方法。其次要注意自己所假设的一些前提条件，特别是宏观经济发展趋势、消费者偏好、消费能力等应切合实际，并且要根据前提条件可能发生的变化对市场前景预测做出必要的调整，千万不能单凭想象做出不切实际的美好前景估计。

10.3.6　市场营销策略

1）市场调查

在编写商业计划书前，需要了解其技术和产品市场潜力的大小、增长速度，用户对产品的满意程度，产品的技术先进性及性能，行业和技术的发展趋势，行业的竞争程度及对手的竞争力和市场占有率，外部政策和法律环境是否有利于该技术及产品的发展，生产管理等方面会遇到什么问题，如所需原材料的价格、质量和供应渠道等。要做到这些，除了要收集到充足的技术资料以外，还应该对市场做全面细致的调查研究，以确定计划的可行性。市场调查的目标主要包括两个方面：一是调查行业、技术状况；二是调查消费者对某产品或技术的满意程度及市场潜力。市场调查的方法主要分为两种：一是直接调研；二是间接调研。直接调研是通过亲身实地的调查，直接与调查对象接触，以收集、了解第一手资料，并将其整理、归纳成有关信息的方法。这种方法具有较强的针对性和可信度，但费时、费钱，财力不足的小公司很难承受。间接调研是指收集别人已经加工整理好的二手资料，然后将其整理、归纳成有关信息。与直接调研相反，间接调研具有调研速度快、费用节省的优点，不足之处是收集到的一些信息和数据可能无法辨识其可信度。从参与者的角度来看，市场调查的方法又可分为两种：亲自调研和委托调研。亲自调研是指调查者亲自参与市场调查活动，这种方法受参与者时间、调研知识和精力的限制。委托专业的市场调研公司进行调查是获取信息的另一种方法。这种方法专业化程度和效率较高，但需要支付一定的费用。

2）市场分析

市场分析需要花相当多的时间和精力去完成，商业计划书的编制者必须对目标市场及其顾客和竞争者、如何开展市场竞争、潜在销售额和市场份额做到全面掌握。对于目标市场，主要是对产品的销售额、增长率和总需求等做出有充分依据的判断。目标市场是企业的"经营之箭"将产品送达的目的地，而市场细分是对企业的定位。企业应该细分各个目标市场，并且讨论到底想从那里获得多少销售收入、市场份额和利润，同时评估产品真正具有的潜力。

（1）对目标市场的阐述应解决以下问题：①你的细分市场有哪些？②你的目标顾客群是谁？③你的5年生产计划是怎样的？收入和利润分别是多少？④你拥有多大的市场？你的目标市场份额有多大？⑤你的营销策略是什么？

（2）行业分析应该回答以下问题：①该行业发展程度如何？②现在的发展动态如何？③该行业的总销售额有多少？总收入有多少？发展趋势怎样？④经济发展对该行业的影响程度如何？⑤政府是如何影响该行业的？⑥什么因素决定行业的发展？⑦竞争的本质是什么？你采取什么样的战略？⑧进入该行业的障碍有哪些？你将如何克服？

（3）竞争分析主要回答如下问题：①你的主要竞争对手是谁？②你的竞争对手所占的市场份额有多大？市场策略是什么？③竞争可能会出现什么样的新变化？你的应对策略是什么？④在竞争中你的经营优势和市场优势各是什么？⑤你能否承受竞争所带来的压力？⑥产品的价格、性能、质量在市场竞争中具有怎样的优势？

3）市场营销

市场营销是风险投资者十分关心的问题，在商业计划书中，对市场营销策略的阐述一定要详尽。风险投资者对一个项目有投资意向后，其最关心的问题就是产品或者服务未来的市场营销策略。通俗点来说，就是如何将产品或者服务顺利地销售出去。市场营销策略设计得好坏充分显示了创业者的能力。此时，投资者希望知道的是产品从生产到进入用户手中的全过程。所以，制定出切实可行的市场营销策略非常必要。

在商业计划书的写作过程中，要把握好产品的定位。许多现代企业的营销策略遇到的首要问题就是"产品"问题。人们通常理解的产品是指具有某种特定物质形状和用途的物体，如认为毛巾、衣服、冰箱等都是产品，这是传统生产理念的看法，是对产品的狭义理解。从市场观念来看，产品的概念应包括更广泛的内容。广义的产品指的是一种服务，这种服务是可以满足人们的需求的。它既可以是物质产品，也可以是非物质的服务。物质产品可以满足人们对使用价值的需要；非物质形态的产品也就是服务可以满足顾客的心理需求，实现利益与心理上的满足。

在商业计划书中，产品定价是一项很重要的工作，而且对企业来说极具风险。价格常会影响一种产品被市场接受的程度以及竞争对手的经营战略与行动，还影响销售者的销售收入和利润。初创企业通常是高投入、高风险的，技术和市场的不确定性使定价时不可把控的因素增多，从而难度大增，因此研究定价策略对初创企业而言相当重要。

在商业计划书中描述分销渠道时，要注意影响企业分销渠道的因素有很多，如产品特点、细分市场和企业自身的条件都会对分销渠道的选择产生一定的影响。企业要根据自身的资金、声誉、销售力量的强弱等来选择分销渠道。

在商业计划书中，设计合理的促销方式对实现企业销售目标有很大的促进作用。选择促销方式时，应注意三个因素，即销售促进目标因素、产品因素和企业自身因素。销售促进目标因素注重的是工具，即为了达到预期的促销目标，必须选择合适的工具。产品因素首先要考虑的问题是产品类型以及产品所处的生命周期，进而选择不同的促销工具，且工具的选择一定要适合产品的生命周期。企业自身因素必须要符合企业的形象，在考虑企业的可利用资源以及自身的优劣势以后，必须要保证企业的形象不受损。

综上所述，在撰写商业计划书时，对创业者来说，由于消费者对产品和企业还不熟悉，企业自身还没有一个稳定的销售渠道，因此，企业要采取行之有效的营销策略来营销自己的产品和服务。例如，采用高成本、低效益的营销策略，上门推销，利用广告宣传等方式进行营销。对发展进程中的企业来说，既可以利用原来的销售渠道，又可以拓展新的销售渠道。所以，制定出一种切实可行的市场营销策略是十分必要的。企业的盈利和发展最终都要由市场来检验，营销成败直接决定了企业的命运。营销策略的内容应包括营销机构和营销队伍的建立、营销渠道的选择和营销网络的构建、广告策略、促销策略、价格策略、市场渗透与开拓计划、市场营销中意外情况的应急对策等。在介绍市场营销策略时，创业者要讨论不同营销渠道的利弊，要明确哪些企业主管专门负责销售，主要使用哪些促销工具，以及促销目标的实现和具体经费的支出等。一般来说，中小企业可选择的市场营销策略有以下三种：

（1）集中性营销策略，即企业只为单一的细分市场提供一种类型的产品（如汽车配件）。这种策略尤其适用于那些财力有限的小公司，或者在为某种特殊类型的顾客提供服务方面确实有一技之长的公司。

（2）差异性营销策略，即为不同的市场设计和提供不同类型的产品。这种策略大多被实力雄厚的大公司所采用。

（3）无差异性营销策略，即只向市场提供单一品种的产品，希望它能引起整体市场上全部顾客的兴趣。当人们的需求比较简单或者并不被人们认为很重要时，该策略较为适用。

10.3.7　生产计划

生产计划旨在使投资者了解产品的生产经营状况。这一部分应尽可能把新产品的生产制造及经营过程展示给投资者，主要内容如下：

（1）公司现有的生产技术能力，企业生产制造所需的厂房、设备情况。

（2）质量控制和改进能力。

（3）新产品的生产经营计划或将要购置的生产设备及其成本。

（4）现有的生产工艺流程、生产周期标准的制定及生产作业计划的编制。

（5）物资需求计划及其保证措施、供货者的前置期和资源的需求量。

（6）劳动力和雇员的有关情况。

同时，为了提高企业的评估价值，创业者应尽量使生产计划更加详细、可靠。

10.3.8　财务分析与预测

1）财务分析

财务是风险投资者最敏感的问题，提供清晰、明了的财务报表是对创业者最基本的要求。创业者应对资金需求的额度有足够的认识，必要时可以请教专业人士。这部分内容包括公司过去三年的财务状况分析、今后三年的发展预测以及详细的投资计划，旨在使投资者据此判断企业未来经营的财务状况，进而判断其投资能否获得理想的回报。

（1）过去三年的财务状况，包括过去三年的现金流量表、资产负债表，以及利润表和每年度的财务会计报告。如果公司刚刚成立，应该介绍创业者对财务管理重要性的认识。

（2）今后三年的发展预测，明确说明财务预测的依据、前提假设和预测方法，然后给出公司未来三年预计的资产负债表、损益表和现金流量表。

财务预测的依据、前提假设是投资者判断企业财务预测准确性和财务管理水平的标尺，也是投资者关注的焦点。其主要依据是对企业的经营计划、市场计划的各项分析和预测。也就是说，这部分要明确回答下述问题：①产品在每一个时期的销售量是多少？②什么时候开始产品线扩张？规模有多大？③每件产品的生产费用是多少？④每件产品的定价是多少？⑤使用何种分销渠道，预期成本和利润各是多少？⑥需要雇用哪几种类型的人员？雇用何时开始，工资预算是多少？

由于财务分析预测在公司经营管理中具有重要作用，因此企业需要花费较多的精力来做具体分析，必要时可以与专家、顾问进行商讨。对中小企业来说，财务预测既要为投资者描绘出美好的合作前景，又要使这种前景建立在坚实的基础之上；否则，会令投资者怀疑企业管理者的诚信或财务预测及管理能力。

2）财务预测

（1）损益预测表。其反映企业在一定时期内的盈利和亏损情况。损益预测能让所有者或管理者提前了解公司每月或每年的盈利情况，这些预测一般以每月的销售收入、成本和费用作为依据，涉及的主要指标见表10-1。

第一，销售收入。比较现实地估计一下，若按你所期望的价格销售，每月能卖出多少单位的产品或服务？期望的收益是多少？定价是否合理？是否会打折？

第二，销售成本。精确地计算你的销售成本，包括所有的产品和服务，以便计算净销售收入。如果涉及存货，千万别忘了运输费用和直接的劳动费用。

第三，毛利润。用净销售收入减去总销售成本，即毛利润。

第四，毛利率。毛利润除以总净销售收入，即毛利率。

第五，管理费用和财务费用。管理费用是指为组织和管理生产经营活动而发生的各项费用，如管理人员工资及福利费、业务招待费、租赁费、折旧费、无形资产摊销、咨询费、审计费、房产税、土地使用税、印花税等。

表 10-1　　　　　　　　　　　　　损益预测表

	第一年	第二年	第三年	第四年	第五年
销售收入					
销售成本					
销售费用					
销售税金及附加					
销售利润					
管理费用					
财务费用					
营业外其他收支					
利润总额					
所得税					
净利润					

财务费用指企业为筹集资金而发生的各项费用，包括贷款利息支出、金融机构手续费及其他财务费用。

第六，净利润（或净亏损）。税前利润：毛利润-总费用；税款：存货和销售税金、房产税等；税后利润：税前利润-税款。

（2）资产负债预测表。

第一，资产。列出企业拥有或控制的有价值的经济资源，这些资源可以在未来的经营中给企业带来经济效益。总资产包括流动资产和非流动资产。其中，资产的折旧和摊销（无形资产，如专利、版权等逐年减少）应当扣除。

流动资产主要包括货币资金、交易性金融资产、应收票据、应收账款、预付款项、应收利息、应收股利、其他应收款、存货等。

非流动资产是指流动资产以外的资产，主要包括长期股权投资、固定资产、在建工程、工程物资、无形资产等。

第二，负债。流动负债一般包括短期借款、应付票据、应付账款、预收账款、应付工资、应付福利费、应付股利、应交税金、其他暂收应付款项、预提费用和一年内到期的长期借款等。

长期负债主要包括长期借款和长期应付款。长期借款指一年以上的各种借款；长期应付款指除长期借款和应付债券以外的其他各种长期借款。

第三，净资产。它也被称作所有者权益，是企业主对企业资产的所有权。在独资企业或合伙企业中，股东原有投资加上企业留存收益即股东权益。对公司来说，净资产等于成立时的实收资本加上资本公积金、盈余公积金和未分配利润。

第四，总负债和净资产。负债加上所有者权益等于资产。

（3）现金流量预测表。它是三种基本的财务报表（资产负债表、利润表、现金流量表）之一，是反映公司在一段时间内现金流入与流出信息的报表。现金流量表有助于了解公司的变现能力和支付能力，进而有效把握公司的生存能力、发展能力和适应市场变化的能力。

对现金流量表的分析，既要掌握该表的结构及特点，分析其内部构成，又要结合利润表和资产负债表进行综合分析，以求全面、客观地评价企业的财务状况。

现金流量表分为主表和附表（即补充资料）两大部分。主表的各项目金额实际上就是每笔现金流入、流出的归属，而附表的各项目金额则是相应会计账户的当期发生额或期末与期初余额的差额。附表是现金流量表中不可或缺的一部分。一般情况下，附表项目可以直接取相应会计账户的发生额或余额。

10.3.9　融资计划

融资计划主要是指根据企业的经营方案提出的企业资金需求数量、融资方式和工具，投资者的权益、财务收益及其资金安全保证，投资退出方式等。它是对资金供求双方合作前景的计划分析。融资计划的主要内容如下：

（1）融资数额是多少？已经获得了哪些投资？希望向战略合伙人或风险投资者融资多少？计划采取哪种融资工具，是贷款、出售债券，还是以出售普通股、优先股的形式筹资？

（2）公司未来的资本结构如何安排？公司的债务情况如何？

（3）公司融资所提供的抵押、担保文件，包括以什么物品进行抵押或者质押，什么人或者机构提供担保？

（4）投资收益和未来再投资的安排如何？

（5）如果以股权形式投资，双方对公司股权、控制权、所有权的比例如何安排？

（6）投资者介入后，公司的经营管理体制如何设定？

（7）投资资金如何运作？投资的预期回报怎样？投资者如何监督、控制企业的运营等？

（8）对于风险投资，退出途径和方式有哪些，是企业回购、股份转让还是企业上市？

在融资计划部分，企业既要对融资需求、用途提出令人信服的理由，又要有令人心动的投资回报率和投资条件，同时也要注意维护企业自身的利益。融资计划的基础是企业的财务分析与预测。由于与投资者合作的模式可能有多种，因此还需设计几种备选方案，给出不同盈利模式下的资金需要量及资金投向。

创业者可以在普通股、优先股和可转换债权、债券以及认购股权证等融资工具中，向风险投资者提议一种。应该注意的是，要对有关发售这些金融工具的众多细节问题予以说明，以免风险投资者产生过多疑问。

（1）如果出售的是普通股，通常要说明：是否分配红利？红利是否可以累积？经过一段时间后，股份是否要求赎回，以便风险投资人撤回投资？发售价格是多少？该种股权是否有所限制？普通股持有人具有什么样的投票权和注册登记权（安排上市从而变为公众公司）？

（2）如果发售的是优先股，则需要说明：支付何种股利？股利是否可以累积？对优先股有何回购安排？优先股是否可以转换为普通股？如果是可转换优先股，那么转换价格是多少？对优先股权有何限制？优先股股东是否有投票权？是否在董事会具有控制权？优先股具有哪些优先权？

（3）如果发售的是可转换债，也需要对相关条款做出说明，包括：债券期限是5年还是10年？债券利率以多高为宜？是固定利率还是变动利率？该债券可以转换为普通股还是优先股？如果上述条款还可以协商，那么也应该在此加以说明。

（4）如果是按上述条款发售股票期权，需要对风险投资者必须支付的期权购买价格做出说明；同时，还要考虑风险投资者兑付期权时的执行价格和购股数量，并说明期权的期限是多长。

10.3.10　风险分析

风险分析这部分主要是向投资者介绍企业可能面临的各种风险隐患、风险的大小，以及融资者将采取何种措施来降低或防范风险、增加收益等。其主要包括以下几个方面的内容：①企业自身各方面所受到的限制，如资源限制、管理经验的限制和生产条件的限制等；②创业者自身的不足，包括技术、经验或者管理能力上的欠缺等；③市场的不确定性；④技术、产品开发的不确定性；⑤财务收益的不确定性；⑥针对可能存在的风险，企业进行风险控制与防范的对策或措施。

对于企业可能面临的各种风险，融资者最好采取客观、实事求是的态度，不能因为其产生的可能性小而忽略不计，也不能为了增加获得投资的机会而故意隐瞒风险因素；应该对企业所面临的各种风险认真地加以分析，并针对每一种可能发生的风险制定出相应的防范措施，这样才能取得投资者的信任，也有利于引入投资后双方的合作。

1）风险评估

风险存在于整个运营过程中，并不单单存在于某一个特定的环节，而且它是客观存在的。融资者要在商业计划书中对经营过程中可能遇到的风险一一分析。其可能遇到的风险大概分为以下几种：

（1）技术风险。对企业来说，技术风险主要是技术寿命风险。在高新技术快速发展的今天，企业所选择的技术可能会在很短的时间内就被更高级的技术所取代，技术存活时间的长短无法预知。如果旧的生产技术在很短的时间内被新的生产技术所取代，将使得投资风险大大增加。

（2）市场风险。它是新技术产业化过程受阻或者失败的主要风险。这种风险的起因是新产品不适应市场需求以及新产品的产量远远大于市场容量。初创企业的产品都是相对新颖的，如果没有做好前期的宣传工作，顾客对其不了解，就会导致顾客对这些新产品持一种观望的态度，从而直接影响市场对这种新产品的接受程度。

如今，在经济发展、社会进步和人们文化水平越来越高的情况下，新产品的市场接受周期普遍变短。但是，有的产品从被研发出来到人们意识到其功用而普遍接受之间的时滞比较长，这会影响企业的资金回笼，对初创企业来说是致命的，会导致企业的生产经营陷入停顿状态甚至难以维持。

（3）财务风险。当企业发展到一定程度之后，由于规模随之扩大，加之新技术的研发资金呈几何式增长，所以企业对资金的需求也会迅猛增长。此时，能否及时获得资金的支持，将会直接影响企业的扩张以及成长。如果无法在一定时间内获得发展所需要的资金，企业的发展将很难维持，甚至倒闭。这就要求融资者在描述风险种类时要提出几个备用的融资方案。

（4）管理风险。它是投资的核心风险之一，由于管理原因而造成投资失败，对风险投资者来说是最不可原谅的。所以风险投资者在阅读商业计划书时，会对这部分内容投入更多的精力。现代企业管理不再像过去一样重在新产品项目的创新，而在于经营，而经营的重点在于决策。如果企业为了追求短期效益而将大部分精力放在潮流产品的创新上，过度忽视管理、制度等方面的问题，忽视构筑企业文化，就会大大增加管理风险。高新技术企业一般是风险投资的客体，众所周知，高新技术发展速度很快，产品更新换代也快，如果因为管理的原因而去盲目追求和发展新技术，当新技术被研发出来之后，有可能很快就会被淘汰，不言而喻，这样的决策必然会使企业失败。

2）风险防范

在商业领域，风险是客观存在的，它并不可怕，只要在每一条风险后面有相应的解决方案，让风险投资者放心，说明融资者有能力、有办法控制风险，投资者就有信心投资。

（1）针对行业风险的一般对策。在商业计划书的编写过程中，要找寻企业自身的优势，如生产技术、科研管理水平、产品质量优势等，尽量保持产品的先进性，使产品的竞争力在一段时间内处于优势地位；逐渐扩大生产规模，发挥生产的集约化优势，强调采用质优价廉的方针，不会为了降低成本而粗制滥造，用具有先进性、质优价廉的产品来增强其在同类产品中的竞争力，从而提高产品的市场占有率。

（2）市场风险对策。在加强产品销售的同时，需要在企业的盈利能力上下功夫，这就需要制定合理的价格，建立完善的信息体制，加快产品的研发速度，增强企业的市场应变能力，及时调整经营方案，生产符合市场需求的产品；同时，加大企业的产品研发力度，提高产品质量，努力降低成本，以高质量、低成本的产品吸引客户，提高产品的竞争力；实行品牌化战略，稳定客户群。

（3）管理风险对策。降低管理风险，就要加强企业的组织机构建设，打造优秀的管理团队，使其在管理过程中发挥巨大的作用；要建立相应的激励以及制约机制，使其发挥出最大效用；减少企业对个别主要领导的过分依赖，加强对管理者的培训，培养创新意识。

（4）技术风险对策。这部分要说明本企业的技术在国际或国内市场上的领先地位，并且要列举出各种措施，保证技术的先进性，将技术的领先地位一直保持下去；

还要加快科技转化的速度，使产品迅速占领市场，且与同类产品相比，具有领先优势；要时刻关注国内外的最新科技发展趋势，并随之调整企业的科技研究方向以及产品战略。

综上所述，在撰写商业计划书的过程中，风险分析的目的就是要说明初创企业在运营过程中所面临的潜在风险，向投资者展示针对风险所采取的规避措施。针对提出的各种风险，必须在风险对策部分附上与之相对应的应对策略。对投资者而言，风险并不可怕，因为，无论哪个商业领域，在创业的过程中都会存在这样或那样的风险，可怕的是对风险的盲目乐观和忽视与低估风险的存在。所以，有针对风险的行之有效的措施十分重要。

10.3.11　附件和备查资料

附件主要是对商业计划书中涉及的一些问题的细节和相关的证书、图表进行描述或证明，包括企业的营业执照、公司章程、验资报告、审计报告、高新技术企业项目证书、专利证书、鉴定报告、市场调查数据、主要供货商及经销商名单、主要客户名单、场地租用证明、公司及其产品的宣传资料、工艺流程图、各种财务报表及财务预估表、专业术语说明等。它与商业计划书主体部分一起装订成册。

备查资料只需列出清单，供投资者有投资意向时查询。

10.4　商业计划书的检查

在商业计划书完成之后，创业者最好检查一遍，看一下该计划书是否能准确回答投资者的疑问，使投资者对本企业抱有信心。通常，可以从以下几个方面对计划书加以检查：

（1）商业计划书是否能显示出你具有管理公司的经验，如果你没有能力去管理公司，那么一定要明确说明你已经雇用了一位"经营大师"来管理公司。

（2）你的商业计划书是否显示出你有能力偿还借款，要保证给预期的投资者提供一份完整的比率分析。

（3）你的商业计划书是否显示出你已进行过准确的市场分析，要让投资者坚信你在计划书中阐明的产品需求量是真实的。

（4）你的商业计划书是否容易被投资者所领会。商业计划书应该备有索引和目录，以便投资者可以较容易地查阅各个章节。此外，还应保证目录中的信息是有逻辑性的和现实的。

（5）你的商业计划书中是否有计划摘要并放在了最前面。计划摘要相当于公司商业计划书的封面，投资者首先会看它。为了引发投资者的兴趣，计划摘要应写得引人入胜。

（6）你的商业计划书是否在文法上全部正确。计划书的拼写和排印错误可能很快就使创业者的融资机会丧失。

（7）你的商业计划书能否打消投资者对产品/服务的疑虑。如果需要，你可以准备一件产品模型。

商业计划书中的各个部分都会对融资的成功与否产生影响。因此，如果对自己的商业计划书缺乏信心，最好去查阅一下计划书编写指南或向专门的顾问请教。

10.5 商业计划书的包装

10.5.1 图表的处理

在编制商业计划书的过程中，有很多部分是文字叙述，同时也会使用一定的图表。这样创业者可以更简洁、客观地反映企业的运营状况，可以让投资者在较短的时间内充分了解企业的实力。图表一般有两类：一类是与描述的内容关系密切且自身内容较少的。对于这样的图表，编制者可以将其直接插入相关正文中。另一类要么是自身内容较多，放在正文中会影响整个计划书的连贯性，要么在计划书中起到的是备查作用，如企业的三大预测报表就属于后一类。对于这样的图表，可以将其集中列在附录中，一方面可以减少计划书正文的内容，另一方面也便于投资者查询和使用。

许多软件系统，包括常用的棋盘式对照表和文字处理系统，都可以用来列表。切记，一定要用高质量的打印机来打印图表。

10.5.2 保密协议

保密是个重要问题。商业计划书因涉及公司的发展战略，签订保密协议尤其关键。因为商业计划的暴露，有时会给企业带来致命的打击。当把商业计划的一部分信息提供给对方时，一定要与对方签订保密协议。保密协议要严格声明：对方有可能接触到商业机密，因此要承诺在未经允许的情况下不得使用或泄露机密。其做法有以下三种：

（1）要求对方在一份保密协议上签字。

（2）在文件中添加一段，对投资者提出保密约束。

（3）尽量不把敏感性信息写进文件中（但是文件中必须包括充足的内容才能令人信服）。

另外，还有一些常规做法，如在商谈过程中，商业计划书的封面打上"机密和专利"字样。这样，一旦对方违反了保密协议，就可以用法律手段保护自己。

保密协议的多寡和复杂程度视情况而异。如果保密协议属于商业计划书本身的一部分，那么应该把它放在首页并且说明：收件人一旦接受该文件，即视同收件人同意接受本协议的约束。需要注意的是，为执行保密协议条款而采取法律行动的相当罕见，而且费用昂贵，对小型企业而言将是一个较重的负担。

10.5.3 封页

封页是商业计划书的门面，尽管很少有人在看过封页之后再回头看一遍，但封页给人的第一印象也是比较重要的。因此，一定要精心设计封页，并且使其符合整个计划书的风格。

封页上必须有公司的名称、地址、电话号码以及其他联系方式，另外还要标注计划书拟定的日期。上述这些信息一定要用黑体字清楚地书写，要将这些信息置于封页上方，如果愿意，还可以附加计划书的接收人以及联系方式。如果你拥有一个引人注目的、设计上乘的广告标识，也可以将它置于封页上；也可以为公司设计一个口号，当然这个口号一定要能够显示出公司的特色，并且能够达到交流与沟通的目的。有些计划书还将一些机密通知或是未公开的要求置于封页之上，目的是便于搜寻。如果计划书有类似的敏感信息，最好控制一下计划书副本的数量，并在封页上予以编号。以下是商业计划书封页的一般格式：

公司或者项目名称：

商业计划书

编制日期：××××年××月

指定联系人：×××

职务：

电话号码：

传真：

电子邮件：

地址：

国家、城市：

邮政编码：

网址：

保密协议

本商业计划书的内容涉及本公司商业秘密，所有权属于本公司，仅对有投资意向的投资者公开。
本公司要求投资公司项目经理收到本商业计划书时做出以下承诺：

1.妥善保管本商业计划书。

2.未经本公司同意，不得向第三方公开本商业计划书涉及的本公司的商业秘密。收件人不得将本计划书全部/或部分复制、影印、传递、泄露或散布给他人。

3.本商业计划书不可用作销售报价，也不可用作购买时的报价。

商业计划书编号：   收方：

公司：   签字：

                                          日期：

10.5.4 自荐信

如果有必要，还需要附上一封自荐信。自荐信可以被看作商业计划书的序言，它应该对你与收信人联系的原因进行简短的介绍。自荐信提供了一个向收信人展示交往愿望的舞台，在争取投资者的路上前进了一步。此外，自荐信还可以详述一下你呈递计划书的条件，如果需要限期答复，或者强调由于这份计划的机密性需要返还，或者希望计划书接收人将其转交给其他对此感兴趣的人，你都可以在自荐信中指出。

10.6 商业计划书的评估

潜在投资者决定对拟建项目投资之前，通常会对商业计划书进行全面、系统、科学、严谨的评估。商业计划书是否能够顺利通过评估，是能否获得投资的关键。

10.6.1 主要评估标准

评估的关键标准是拟建项目及其依托的企业是否处于适当的发展阶段，是否有良好的市场机会，是否拥有令人满意的管理团队，以及能否制订和实施一份稳健的商业计划。

10.6.2 对商业计划书的一般要求

（1）编写格式是否规范，是否包含足够信息。

（2）是否对项目可能面临的各种风险及项目的可行性进行了全面、系统、深入的分析。

（3）数据的真实性和分析的逻辑性。要评估商业计划书中采用的数据是否真实可靠，市场分析结论是否令人信服，财务分析方法是否恰当，结论是否可信，各种逻辑推理是否合理。

10.6.3 关键环节的评估要点

（1）进入时机是否恰当。对风险投资而言，种子期（研发阶段）和成长期（中试阶段）为最佳投资期；对产业投资而言，推广期（小批量生产）和成熟期（已经成功进入市场）为最佳投资期。

（2）市场前景及营销策略。投资者需要清晰界定目标市场和有吸引力的细分市场的规模、竞争对手的市场占有率，并重点评估对市场预测的逻辑是否合理，企业经营存在哪些市场风险；评估企业对目标市场的界定是否合理，目标客户群的规模及增长前景；评估市场竞争状况，分析对企业核心竞争力的界定是否恰当；市场营销计划是否完善，主要竞争优势及中长期竞争策略是否恰当；分析竞争对手对企业市场进入/增长的可能反应；评估本企业是行业业务发展模式的塑造者还是适应者；分析企业如何培育在行业中的核心竞争力，如何有效进入市场；分析项目产品最早的目标消费人群。

（3）项目管理团队。重点评估董事长、总经理、首席执行官以及技术开发、市场营销、财务管理等关键职位是否已有胜任人选，管理团队的最终组建方案。评估关键职位负责人的技能和经验，了解其担任过的高级管理职位或其他业绩。如负责运营的副总裁应有在相关领域一流企业工作的经历，具有丰富的经营管理经验。此外，还要对拟建项目的财务计划进行详细评估，包括投资总额及其构成、项目建设周期及投资进度、收入及成本费用预测的依据、盈亏平衡和利润等情况。

（4）治理结构。评估是否有控制和管理企业运作的制度安排，治理结构能否有效解决管理层的激励问题，各利益相关主体的权利、义务和责任是否明确，能否确保投资者的资产得到应有的保护和获得合理的投资回报，企业治理结构能否按照国际通行的规则进行安排。

（5）项目获利途径和投资回报。重点评估业务模型的选择情况、所确定的经营模式及企业盈利目标；评估项目可能的收入来源、影响项目成功的关键因素，分析业务模型的潜在回报是否具有吸引力；评估产品的价值定位，分析产品能给客户带来何种服务和市场价值；对拟建项目的财务计划进行详细评估，包括投资总额及其构成、项目建设周期及投资进度、收入及成本费用预测的依据、盈亏平衡和利润等情况。

（6）技术及其研发。评估所采用的技术的成熟程度，是否经过中试阶段，与同类技术相比所具有的领先地位；评估拟建项目的主要创新点，分析向消费者提供比市场上现有产品/服务功能更强的产品/服务的途径和方式；评估所需资源的可获得性，能否控制非己所有的资源。

（7）投资者的股权安排。评估投资者所承担的风险能否与所获得的回报相匹配，股权结构安排是否合理，投资者的退出机制及撤资方式是否可行。

（8）商业计划执行的可信度。其要求商业计划书的相关部分结构清晰、目标明确、计划合理、数据翔实，确保该商业计划书能够作为未来企业推进拟建项目的行动指南，并予以贯彻实施。

■ 复习与思考

1. 撰写商业计划书的目的是什么？
2. 商业计划书主要有哪些作用？
3. 商业计划书的基本结构是什么样的？
4. 商业计划书的核心内容包括哪些？
5. 撰写商业计划书的技巧有哪些？

第 11 章

精益创业

■■ 知识目标

知识目标

（1）系统掌握精益创业方法论。

（2）了解精益创业的时代背景，以及精益创业与传统创业模式的联系和区别。

（3）了解精益创业的内涵、特征、主要框架和实施步骤等。

素养目标

培养学生的家国情怀，树立科技自信、文化自信。

案例导入　　　亚马逊稳扎稳打进军生鲜杂货领域

精益创业模式最基本的前提是认为用户的痛点和解决方案在本质上都是未知的，创业者不知道也无法准确地去预测用户的痛点是什么，也无法完美地设计出一个解决方案。

亚马逊在 2007 年进入了在线生鲜杂货行业。作为全美最大的在线零售商，以它的体量，完全可以快速地复制过去成功的经验，大规模地铺设供货网络乃至整个仓储系统，但是亚马逊没有这么做。它选择了对新的科技、新的生活方式接受度最高的城市——西雅图，从西雅图单点切入，进入生鲜杂货行业。亚马逊一开始并没有覆盖西雅图的所有居民，仅仅是几个居住密度较大的高端小区，以减少配送压力。

在西雅图，亚马逊花了 5 年时间不断测试这个生鲜零售的模型并调整参数，直到 2012 年才切入第二个城市洛杉矶。尽管洛杉矶对新事物的接受程度也比较高，但是亚马逊依然仅选择几个居住密度较大的小区切入。而今天在线生鲜杂货商很少去大规模地铺设仓储系统，而是将精力放在最后一公里，即配送上面。

这里需要特别关注两个信息：（1）亚马逊试水的是一项非常复杂的新业务，采用单点突破的战略，选择的地区非常集中。（2）在这些小区里，这项服务也不是针对所有人的。亚马逊先用缴纳 299 美元年费的方式过滤出天使用户，这些天使用户在购物环节上有着极大的痛点，因此对亚马逊提供的这项服务有极高的需求。

尽管这部分用户非常少，但是他们的黏度非常高，亚马逊从这群用户开始了整个验证和测试。

资料来源　龚焱. 2年烧12亿美金，美国生鲜电商沉重启示录［EB/OL］. ［2015-06-16］. https://mp.weixin.qq.com/s?__biz=MzA5NTc4MTIwOA==&mid=206942216&idx=1&sn=d502ae1bb8de 50563015d0b918a54636&chksm=191b383f2e6cb1294e3954b0444aaf1e4559315076e92ebae4853a8dd7 87f47d06822a6ea41e&scene=27.有删减.

【思考与讨论】

（1）亚马逊的精益创业模式具有普适性吗？

（2）精益创业模式的作用是什么？

精益创业的基本假设在于，它认为基本参数很难度量，未来不可预测，用户的痛点和解决方案具有极高的不确定性，需要不断迭代并不断积累认知，从而逼近真实的用户痛点和设计出有效的解决方案。

著名哲学大师卡尔·波普尔说："假设并不是科学的，任何假设都只是假设，只有经过验证或者说可证伪的假设才是科学的。"精益创业事实上不是关于假设或者计划的一门科学，而是关于如何在创业过程中用科学试错的方式来积累认知，如何提出假设并用科学试错的方式来验证假设的一门科学，这是精益创业的核心。

11.1　从传统创业思维到精益创业思维

11.1.1　传统的新产品导入模式

在20世纪，每个即将上市的新产品都会采用某种产品导入模式进入市场，如图11-1所示。这种以产品为中心的导入模式出现于20世纪初期，这种模式贯穿了整个制造业的发展史。

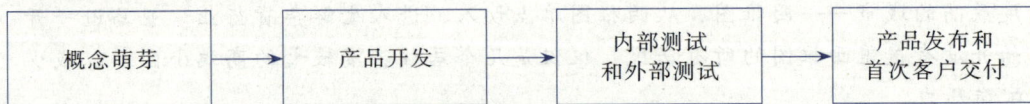

概念萌芽 → 产品开发 → 内部测试和外部测试 → 产品发布和首次客户交付

图11-1　传统的新产品导入模式

采用这种产品导入模式的企业往往会忽略一个非常重要的前提，就是这种模式适合那些已经明确了客户群体、产品特征、市场范围和竞争对手的成熟企业。在一般传统的企业计划执行模式中，先通过商业计划产生基本的产品概念，接下来导入资源、组建团队、开发产品并在内部与外部进行产品测试，通过测试后的产品得以发布，进入市场。

这种产品导入模式有个明显的缺陷，就是所有的市场信息都来得太迟。当然，制订商业计划都会做一些市场调研，但调研的对象很少是真正的用户，真正的用户一般在最后环节才会参与进来。也就是说，只有产品的研发结束，在产品测试环节，团队才真正开始学习和认知。所以即使很多产品导入模式看上去很完美，但却会导致初创公司失败。因为创业最关键的不一定是产品或服务，而是认知，即用户的反馈要始终结合在整个创业过程中。

在传统的新产品导入模式中，有两个假设，即假设能够确定用户的痛点和解决方案。而我们要说的精益创业，不存在这两个假设，因为无论多么完美的商业计划也禁不住与客户进行亲密接触。

1）概念萌芽阶段

第一个阶段是概念萌芽阶段。所谓概念萌芽，就是企业的创始人产生创意，并把创意转化为理念，而后据此制订商业计划。

此时应该明确以下几个问题：产品或服务的理念、产品特征和价值、产品开发的可行性、有没有必要进行进一步的技术研发、客户群体是谁、如何找到客户、市场信息的统计和客户评论是否能推进问题评估和商业规划等。

在此阶段还可以对一些假设进行讨论，如可能出现的竞争对手及其差异性、销售渠道情况和成本问题等。创业者可以通过制定定位表向风险投资者介绍公司的情况及产品可能带来的收益。注意商业规划要说明市场规模、自己的竞争优势、财务分析，并附上收支预测表。

1997年，刚刚成立没多久的Webvan公司（美国的一家网上杂货零售商）很出色地完成了以上这些工作，拥有丰富管理经验的创始人制订了非常诱人的商业计划，从风险投资者手中筹到了1 000万美元的启动资金，并在接下来的2年里累计获得了3.93亿美元的私募投资。

2）产品开发阶段

第二个阶段是产品开发阶段。当公司的各个部门相继成立后，就开始由各个团队来进行产品的开发。商业计划书中确定的市场规模由营销部门来负责，并对初始用户进行定位。同时，产品开发团队进行产品特征的明确和产品开发。产品开发一般会扩展为"瀑布式"相互关联的几个步骤，每一步都强调最小化，以明确产品特性，而且开发流程一旦启动就不能停止，即使产品有问题、有了新的创意等也不能停下来（如图11-2所示）。这个流程会连续进行18～24个月，有的甚至要持续更久。

| 需求 | → | 设计 | → | 实施 | → | 验证 | → | 维护 |

图11-2　"瀑布式"产品开发模型

3）内部测试和外部测试阶段

第三个阶段是内部和外部测试阶段。产品开发团队以首次客户交付日期为目标，继续进行"瀑布式"的产品开发。在外部测试阶段，邀请一些外部用户对产品进行测试，通过测试来验证产品是否满足设计要求。营销部门进行营销方案的制订，建设企业网站，为销售人员准备相关的支持材料，以开展演示活动。公关部门对定位进行调整，与媒体、知名博主等取得联系，开始进行品牌的打造。

4）产品发布和首次客户交付阶段

第四个阶段是产品发布和首次交付给客户的阶段。当产品进入运营阶段后，需要大量资金来保证销售渠道的畅通，以支持营销活动，尤其是那些无法在早期就能够变现的企业，需要想办法筹集更多的用来保证运营的资金。

Webvan公司在1999年6月推出了第一个地区级网店，网店上线前只进行了1个月的外部测试，就在两个月后申请IPO。在IPO当天公司就获得了4亿美元的投资，市值达85亿美元，比当时美国的三大杂货零售连锁品牌的市值加在一起都要高。可谁都想不到，这家公司后来会那么短命。

11.1.2　精益创业思维

经过对以往的创业思维和"火箭发射式"创业模式的反思，近年来，硅谷开启了一股精益创业（Lean Startup）的热潮。精益创业的核心思想是，先把一个极简的原型产品投放到市场中，经过客户的反馈后，不断地学习，不断地对产品快速迭代优化，以适应市场。其实这种理念最早出现在软件行业，叫作敏捷开发模式，我们可以把精益创业理解为敏捷开发模式的一种延续。

成熟的大公司与初创公司最大的区别就是前者商业模式的已知性。成熟的大公司的商业模式已经得到了验证，而初创公司则没有。所以更多的时候，大公司是在对经过验证的商业模式进行运营和执行，而初创公司则是对未知的商业模式进行探索。

部分初创公司的失败，主要是由于其混淆了商业模式探索和执行。Webvan公司最大的问题之一是它匆忙在多个城市复制的商业模式根本就没有得到验证，而最终的结果就是没有任何一个城市能够取得成功。所以，如果一个没有经过验证的商业模式被过早地执行，就会因为混淆了探索和执行导致初创公司的失败。所以初创公司需要精益创业这个工具帮助自己取得成功。精益创业主要包括三部分：

第一部分，基本的商业计划。我们需要知道的是，在精益创业的框架中，不管如何完美的商业计划都只是前提和假设。

第二部分，客户开发。它可与产品开发同时进行，有必要的话还可以把客户开发放在产品开发之前。这是与"火箭发射式"模式正好相反的地方，后者是先进行产品开发后导入客户。精益创业的重点是客户开发，而不是产品开发，客户在精益创业的框架中占据核心地位，而产品是根据客户的需求来开发的。

第三部分，精益研发。所谓精益研发，就是在产品或服务进入市场后，采用以精益为目标的研发方式，高速迭代、科学试错。换句话说，将商业计划作为前提和假设，在一开始就把客户导入创业过程中，通过高速迭代和科学试错的方式来获得认知。

11.2　精益创业的基本框架

11.2.1　精益创业的理念

初创企业一般会经历以下四个阶段：

第一个阶段是发散式的探索，有极高的不确定性，要不断、快速地探索多个方向，不停地试错。

第二个阶段是聚焦式探索。经过第一个阶段后初步确定了方向，在几个备选商业模式中选择最佳的一个。

第三个阶段是商业模式的确立及放大阶段。

第四个阶段是商业模式的正常运行。

传统商学院的MBA教育主要集中在第三和第四个阶段上，而第一和第二个阶段几乎不涉及。所以，精益创业能够对传统商学院的创业教育起到补充的作用。

大多数情况下，第一和第二个阶段的现金流是负的，企业要想存活，就必须在这两个阶段进行快速迭代，并在资金耗尽之前确立商业模式。度过这两个阶段，初创公司确立了了商业模式后，CEO可以和董事会汇报公司未来的发展方向，投资人也可据以确认这是一家具备一定价值的公司了。

精益创业聚焦的这两个阶段，阐释的是如何从0到1的过程。商业模式的第三个阶段是放大，即从1到100，这是传统商学院MBA教育所涉及的部分。

图11-3为史蒂夫·布兰克提出的基于精益创业理念的四步创业法，分为两阶段四个步骤。

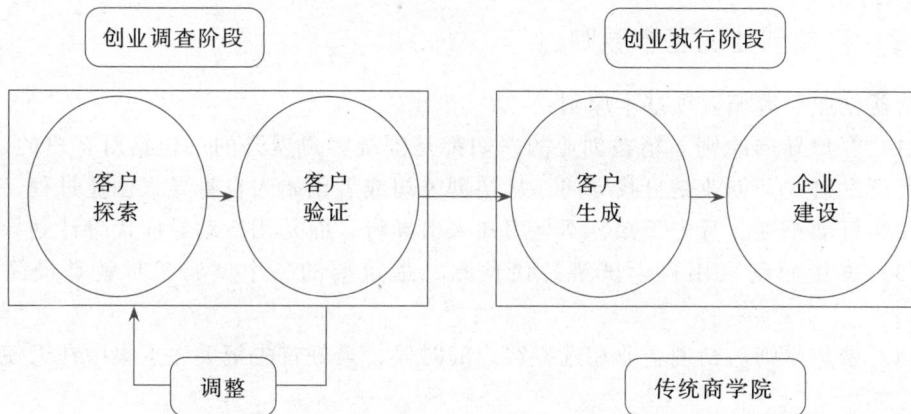

图11-3 基于精益创业理念的四步创业法

第一阶段：创业调查阶段。该阶段没有成立公司的必要，这一阶段的工作就是验证，即验证自己的价值主张和商业模式能否成立。

定义基本假设：客户痛点假设和解决方案假设。

第一步，客户探索。在探索阶段，要学会观察与倾听客户的需求，在和客户沟通的时候，不要急于提出自己的解决方案。

不断探索并积累认知：通过持续的探索和快速迭代，找到用户的真正痛点。

第二步，客户验证。开发"最简可行"产品，并对其假设进行验证，如果无法通过验证，迅速转到第一步。

验证基本假设：客户痛点假设和解决方案假设。

验证商业模式：是否可以重复和规模化。

寻找早期支持者：与天使客户展开互动，如果很难找到客户，就"轴转"到创业调查阶段的第一步。

商业模式得到验证的标志：成单，即这些最简可行产品有人来埋单。

"轴转"是客户开发的核心反馈机制，通过不断的循环，持续获得并更新关于产品和市场的认知，减少市场风险。轴转最重要的就是速度，要迅速把握住时机。有非常多的初创企业最后以失败而告终，并不是因为它的产品或者商业模式存在严重问题，而是因为这些企业等不到完成商业模式验证的那一天。所以，"轴转"的过程必须要迅速，越迅速就越能够保持对现金流更少的需求。

第二阶段：创业执行阶段。这个阶段包括客户生成和企业建设两个步骤。

第三步，客户生成。开始投入营销资源，拓展渠道。

第四步，企业建设。这一步就可以成立公司了，并应建立自己的组织架构。

产品的迭代过程应用于创业执行阶段：强化产品的价值主张，设立竞争门槛，拓展新客户。

如果产品的价值主张与商业模式还没有通过验证，一定不要把营销资源投入市场中，也不要强行拉动客户增长，这很容易导致创业的失败。如果产品的价值主张和商业模式通过了验证，可以把营销资源逐渐导入市场中，一边导入资源一边对效果进行反馈并调整与改进，进行高速循环迭代，不断总结和积累"验证式的认知"。

11.2.2 精益创业的基本原则

精益创业要遵循五项基本原则：

（1）客户导向原则。精益创业的一切都是围绕客户展开的，包括对客户的认知。而"火箭发射式"创业是自我导向，从初创公司或者创始人自身导入创业过程。

（2）行动原则。行先于知，不是用知来引导行，而是用行动导向代替计划导向。

（3）试错原则。用科学试错替代预测，最重要的一个试错工具就是最简可行产品。

（4）聚焦原则。初创企业在选择客户的时候，最好首先把关注点集中在天使客户身上。

（5）迭代原则。从"火箭发射式"创业中假设能完美执行自己的计划转变为精益创业的高速迭代。

精益创业从行动开始，是行动导向，通过科学试错来获得认知，这是学习的第一个循环。而收获的认知又聚焦到行动上，由知而行，这是学习的第二个循环。不断重复整个过程，实现认知的更新，行动也随时进行调整，这就是精益创业在思维上的基本模式。

11.2.3 精益创业的适用范围

精益创业源自互联网行业（软件开发一般采用这种模式），之后在多个行业内得到应用。例如，很多人喜欢看美剧，美剧在拍摄时，先会拍摄并制作出一段几十分钟的先导片，把主要人物关系交代清楚，还有主要矛盾冲突、故事背景等，然后剧组会请几十名观众参加一个小型试映会，再根据现场观众的反馈对剧情做相应的修改，如演员的调整，然后决定是否投拍。当一季结束后，制作方会根据收视率和观众的反馈，决定是否要拍摄下一季。这就是我们说的周拍季播模式，这种模式最大的优势就是把决策权交给观众，能够把制作方的风险降到最低，是典型的精益创业模式。

精益创业更适合那些客户不断改变自己的需求，同时开发难度不算高的领域，包括软件、电影电视、金融服务业等。在我国，我们熟悉的大众点评网等平台就是采用这种小步试错的模式进行产品开发的；而在传统行业，如中信银行信用卡中心也采用了精益创业模式，对信用卡产品及服务不断进行创新。

由于精益创业需要大量的客户验证信息，所以这种模式不适合客户验证成本高、技术难度大的领域。比如，主要客户是一些特殊人群（运动员），不容易和他们频繁地接触并获得反馈。再如航天工程，客户需求明确，但技术实现的难度非常高。

11.3 最简可行产品

11.3.1 最简可行产品的定义

精益创业的核心是最简可行产品（Minimum Viable Product，MVP）。所谓最简可行产品，就是产品的雏形。初创企业通常会把最简可行产品小规模投入市场，根据客户的反馈进行调整和改进。例如，在建筑行业，如果打算盖一栋楼房，就要先制作一个楼房的模型，这个模型就是最简可行产品。

在目标市场无法确定的情况下，需要通过科学的设计实验，以检测产品或者方向是否行得通。如果验证了自己的假设，就可以扩大规模正式进入市场；要是没通过验证，此次实验就是一次试错，要尽快调整方向。

可以说，绝大多数初创企业的发展都偏离了原有的计划，并没有依据原计划发展，因为这些企业尤其是最终取得成功的企业，都是不断地从客户的反馈中学习、调整并改进自己最初的计划和方案的。

典型的例子是汽车行业，厂家先推出概念车，收集市场的反馈，那么要如何来获取客户的反馈呢？首先，要尽快把自己的产品和理念传递给客户来获取反馈；其次，为了有效传递信息，需要清楚自己的目标市场在哪；最后，要保证所传递信息的真实性。

案例讨论11-1   **最简可行产品验证案例**

现在很多人拥有不止一台电脑，这就需要解决一个"同步"问题。Dropbox是一个提供同步本地文件的网络存储在线应用，支持在多台电脑多种操作中自动同步，并可当作大容量的网络硬盘使用。但Dropbox创始团队最初拿着创意方案去找风投时，遭到了风投的拒绝。当时团队还拿不出一个成形的产品，风投根本没有耐心听取团队的创意阐述。Dropbox团队灵机一动，做了一个3分钟的动画视频，将产品的功能、特点以动画的形式演示出来，然后将视频放到网上。结果，一天之内有3万多人给予反馈，表示对这个产品充满期待。当产品尚处概念阶段时，Dropbox创业团队就将概念与潜在客户进行了分享。在之后的运营中，团队也不断根据客户的反馈来改进产品。如今，Dropbox已成为同类产品的翘楚。

公司在测试客户反馈时，可以充分利用现有平台。硅谷有一家名为 Pebble Technology 的创业公司，这家公司研制出了一款兼容 IOS 和 Android 系统的 Pebble 智能手表，用户可以直接通过 Pebble 手表查看 IOS 设备中的 iMessage 短信，可以显示来电信息，也可以浏览网页，并实时提醒邮件、短信和社交网络信息。为了测试市场反馈，Pebble Technology 公司将对 Pebble 智能手表的描述放到了一个叫 Kickstarter 的网站上。这个网站专门为创业公司提供产品测试服务，任何新产品，哪怕只有一个概念，都可以放到这个平台上做展示。Pebble Technology 公司随即收到了 7 万多客户的预订，并且在很短的时间内赚到了 1 000 万美元。

有一些产品是在经历了最初大而全的设计失败后，又回归到"最小可行性"，从而取得市场成功的，如团购网站 Groupon。团购网站最风光的日子已经过去，但当年 Groupon 的出现，的确带起一股团购风潮。这个网站最初名为 The Point，是一个大而全的网站，创始人试图将具有相似想法和需求的人汇聚到一起，然后凭借群体的力量，让事情进展得更顺利。无论你喜欢养猫养狗、旅行，还是有购买某个产品的需求，都可以在这个网站上找到同类。但是，直到创始人将网站改为聚焦于"团购"的 Groupon，经营才开始走入正轨。

《精益创业》的作者埃里克·莱斯说过：最简可行产品针对的是早期天使用户，天使用户的特点是对新产品有更高的容忍度，并有能力看到产品的未来发展趋势，会主动参与产品的改进。而在产品的功能上，埃里克·莱斯建议要把规划中的产品功能减半再减半，只有这样才能让产品实现最佳功能组合。由此可见，最简可行产品从用户的选择到产品的设计都选择了最小的切入点。

以美国鞋类电商网站 Zappos 为例，它是美国最大的鞋类电商平台，在最初创建的时候有这样一个假设：有人愿意通过网站来买鞋。所以创始人在设计最简可行产品的时候，并没有购买大量鞋子和建设网站，而是采用了最简单的方式，即在鞋店里拍几张鞋的照片放到自己的网站上，如果有人来买，他就去鞋店把鞋买回来并原价邮寄给客户。

虽然他每销售一双鞋不但不挣钱，反而会赔上邮费，但他正是通过这一微不足道的代价来验证了他的假设。

我们现在用的微信最初也是最简可行产品。其针对消费者的痛点就是传统运营商收取的短信费和信息不能群发，为此，公司推出了微信 1.0，这个版本的微信只有发免费信息和群发功能。取得很好的反馈后，公司又在 2.0 版本里加上了照片分享功能，并在后续的版本中加入其他功能（如摇一摇、语音等）。

在我们国家的发展进程中，其实也有最简可行产品的影子。比如，改革开放就是从一个小岛蛇口开始的，经过验证后，进行商业模式的放大，最后进入商业模式的运行阶段。

最简可行产品验证两个关键点的过程可以分为三步：①针对天使用户设计最简可行产品；②对最简可行产品进行测试，把收集上来的反馈信息与预设指标进行比对；③快速获取认知，把无助于认知的功能删掉。

埃里克·莱斯提出了一个"开发—测量—认知"的反馈循环（如图 11-4 所示）。

执行过程：遵循构建、度量、学习的循
环原则
1. 从概念出发构建最小产品
2. 对产品进行度量得出数据
3. 验证概念或发现新概念
4. 进入下一循环

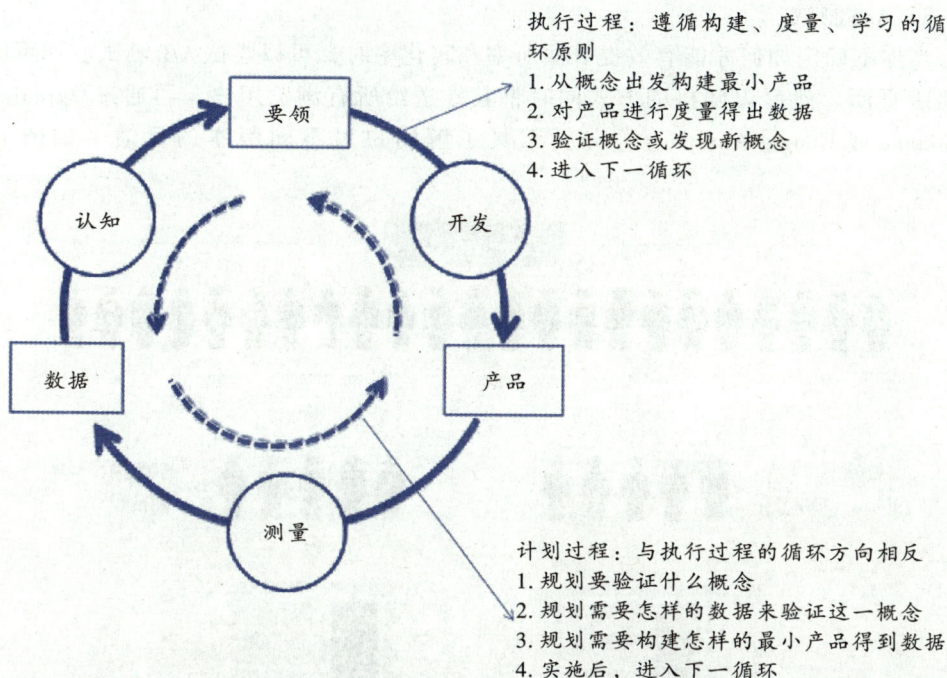

计划过程：与执行过程的循环方向相反
1. 规划要验证什么概念
2. 规划需要怎样的数据来验证这一概念
3. 规划需要构建怎样的最小产品得到数据
4. 实施后，进入下一循环

图11-4　"开发—测量—认知"的反馈循环

需要注意的是，在用最简可行产品验证假设的时候，要保证速度足够快，要快速获取认知，放弃对认知无用的功能。

资料来源 作者根据相关资料整理.

11.3.2　如何验证最简可行产品

验证最简可行产品有15种方法：

1）用户访谈

创业没有严格的定理，只有各种不同的意见和假设。而验证各种观点是否正确的重要途径就是与真实的用户进行沟通，向用户解释你的产品能满足他的什么需求，然后询问他对产品不同部分的重要性是如何排序的。根据收集到的信息对产品进行调整。需要注意的是，用户访谈应该着眼于发现和解决问题，而不是向受访者推销产品。

2）登录页

登录页是访客或潜在用户了解你的产品的门户，是介绍产品特性的一个重要载体，你可以据此了解产品到底能不能达到市场的预期。

很多网站的登录页只是要求用户填写E-mail，但实际上登录页还可以有更多的拓展，如增加一个单独的页面来显示价目表，向访客展示可选的价格套餐。用户的点击不仅显示了他们对产品的兴趣，还显示了什么样的定价策略更能获得市场的认可。

为了达到预期效果，登录页需要在合适的时机给消费者展现合适的内容。同时，为了准确了解用户的行为，开发者也应该区分利用 Google Analytics、KISSmetrics、Crazy Egg、百度统计等工具统计分析用户的行为。

3）A/B测试

当你不确定如何才能有效提升注册率和转化率时，可以尝试A/B测试。你可以开发两版页面，然后以随机的方式同时将其推送给所有浏览用户，再通过Optimizely、Unbounce或Google Analytics等分析工具了解用户对不同版本的反馈（如图11-5所示）。

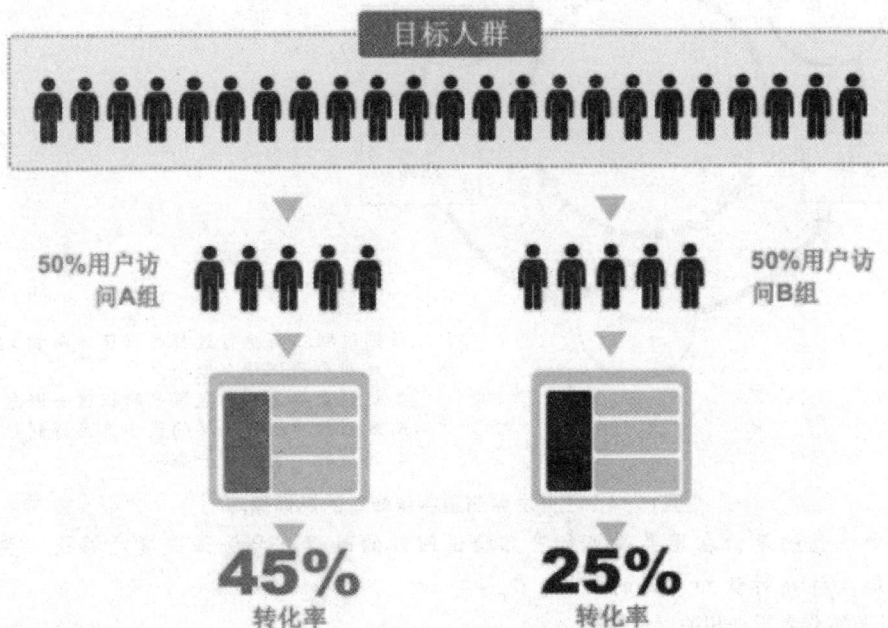

图11-5　A/B测试

4）投放广告

这一点可能和传统的观点相悖，但实际上，投放广告是验证市场对产品反应的有效方法。你可以通过Google、Facebook、百度及抖音等平台将广告投放给特定人群，看看访客对你的早期产品有何反馈，到底哪些功能最吸引他们。你可以通过网站监测工具收集点击率、转化率等数据，并与A/B测试结合起来。但是请注意，搜索广告位的竞争非常激烈，所以，为MVP投放广告的主要目的在于验证市场对产品的态度，不要一味地追求曝光量，用户对产品真实的反馈才是无价的。

5）筹款

Kickstarter、Indiegogo、京东众筹以及造点新货（原淘宝众筹）等众筹网站为创业者测试MVP提供了很好的平台。创业者可以发起众筹，然后根据人们的支持率判断其对产品的态度。此外，众筹还可以帮助创业者接触到一群对产品十分感兴趣的早期用户，他们的口口相传以及持续的意见反馈对产品的成功至关重要。

Kickstarter上已经有了许多成功范例，如电子纸手表（如图11-6所示）Pebble和游戏主机提供商Ouya。两家公司在产品开发出来之前就筹得了上百万美元，并且取得了巨大的反响。当然，如果想在众筹网站上取得良好的效果，就需要有说服力的文字介绍、高质量的产品介绍视频以及充满诱惑力的回报说明。

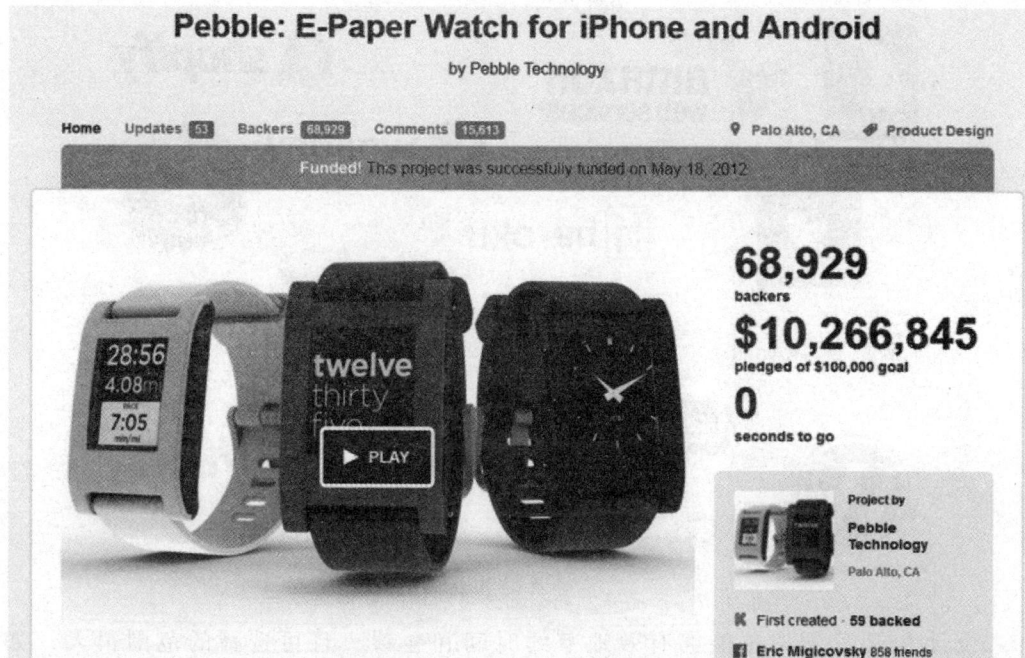

图11-6　电子纸手表众筹

6）产品介绍视频

如果说一张好的产品图片胜过千言万语的话，那么一段高质量的介绍视频的价值则不可估量，最著名的例子就是 Dropbox 验证 MVP 时所发布的视频了。这段视频介绍了 Dropbox 的各项功能，注册用户一夜之间从 5 000 暴增到 75 000，当时的 Dropbox 甚至连实际产品都还没有。当你开发的产品解决的是一个用户自己都没有发现的问题时，你很难接触到目标消费群体。在这方面，Dropbox 的介绍视频取得了良好的效果。假如 Dropbox 在介绍时只是说"无缝的文件同步软件"，绝对不可能取得同样的效果。视频让潜在消费者充分了解到这款产品将如何帮到他们，最终触发消费者付费的意愿。

7）碎片化的 MVP

所谓碎片化的 MVP，是指利用现成的工具和服务进行产品的功能演示，而不是完全自己开发。在团购网站 Groupon 成立的早期，创始人使用了 WordPress、Apple Mail 和 AppleScript 等工具，将网站收到的订单手动生成 PDF 发给用户。自己花时间和金钱搭建各种基础设施，远不如利用现成的服务和平台。通过这些方式，开发者可以更高效地利用有限的资源。

8）SaaS & PaaS

在产品开发初期，不要在服务器方面投入太多，可以利用的工具非常丰富，如 Heroku、Symfony、Google Apps、Drupal 等。利用这些服务和平台（如图11-7所示）能够加快你的开发进程，尽快将你的 MVP 推向市场。

图11-7　产品开发初期部分可利用的软件和平台

设计和开发框架也能够有效地节约时间和金钱，且可选择的范围很大，如Twitter Bootstrap，ZURB Foundation，Ruby on Rails，Django，bootstrap.js，node.js等。这些框架或目录提供大量文档，能够帮助你很快地搭建起MVP，并将其推向市场。此外，很多开发者感到棘手的浏览器兼容性、移动端界面设计、代码优化等问题也能够轻松解决。你需要做的就是集中注意力开发产品。

9）博客

利用博客可以很容易地在目标群体中验证自己的想法，通过双向交流可以在MVP开发过程中及时收集用户的反馈意见。《精益创业》的作者埃里克·莱斯就是先在博客上与读者有了一定的交流，后来才开始写作的。通过博客可以了解受众的观点，并刺激他们将来买书的欲望。

10）虚构的MVP

在产品开发的早期，除了制作视频和搭建代码框架外，你还可以利用虚构的MVP（在产品开发出来之前）人工模拟真实的产品或服务，让消费者感觉他们在体验真实的产品，但是实际上产品背后的工作都是手工完成的。

鞋类电商Zappos刚起步时，创始人Nick Swinmurn把本地商店鞋子的照片放在网站上，来分析人们在线购买鞋子的需求和可能性。当有人下单时，他再去把鞋买回来。这种方法虽然很笨，但是能让你在产品设计的关键阶段与消费者保持良好的沟通，了解消费者使用网站时的一手信息，更快捷地发现和解决现实交易中消费者遇到的问题。对消费者来说，只要产品够好，谁在乎企业运作方式。Zappos运营得非常成功，在2009年以12亿美元的价格被亚马逊收购。

11）贵宾式MVP

贵宾式MVP和虚构的MVP类似，只不过不是虚构一种产品，而是向特定用户提供高度定制化产品。

服装租赁服务商 Rent the Runway 在测试它们的商业模式时，为在校女大学生提供面对面服务，每个人在租裙子之前都可以试穿。Rent the Runway 通过这种方式收集到大量顾客的真实反馈以及付费的意愿信息（如图 11-8 所示）。

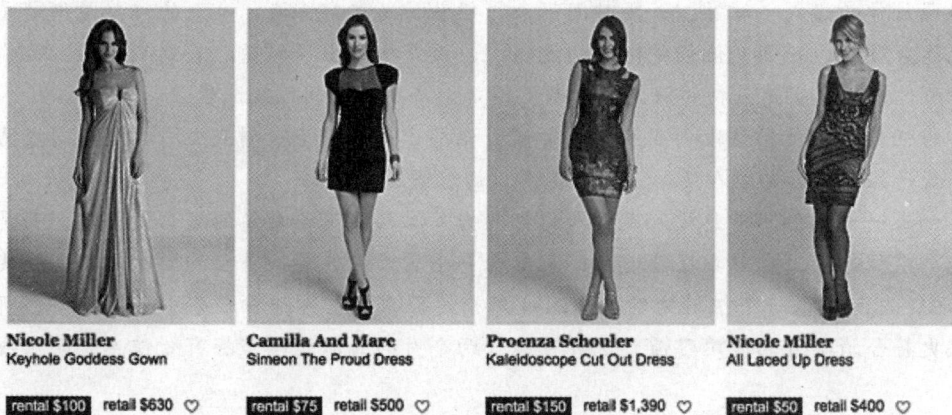

RENTTHERUNWAY love. wear. return.

Nicole Miller
Keyhole Goddess Gown
rental $100   retail $630 ♡

Camilla And Marc
Simeon The Proud Dress
rental $75   retail $500 ♡

Proenza Schouler
Kaleidoscope Cut Out Dress
rental $150   retail $1,390 ♡

Nicole Miller
All Laced Up Dress
rental $50   retail $400 ♡

图11-8　Rent the Runway 网站页面

12）数码原型

实物模型、线框以及原型可以展示产品的功能，模拟实际的使用情况。这些原型既可以是低保真度的框架，也可以是实际用户体验截图。

13）纸质原型

纸质原型与数码原型类似，既可以是剪切画，也可以是在纸上手绘的框架，用来展示用户使用产品的体验。纸质原型的优势在于，不论是产品经理还是设计师，抑或是投资者、最终用户，都可以利用，而且不需要太多的解释，因为它给你的就是实际产品的缩影。对手机、椅子等实体产品的开发来说，这种方法是非常有价值的。

14）单一功能的 MVP

在做最简可行产品时，专注某个单一功能会更节约开发时间和精力，避免用户的注意力被分散，让他们关注到产品的主要功能。Foursquare（手机服务网站）在上线之初只是为了让用户可以在社交媒体上签到。其第一版 App 也仅有这一个简单的功能。Buffer 最初就是定时发 Twitter，每个用户只能绑定一个 Twitter 账号。这种限制会帮助你缩小早期用户的范围，让你关注更重要的问题，如测试产品是否适应市场等，而不必担心乱七八糟的事情。

15）预售

预售与众筹类似，能帮你找到潜在客户，甚至在你的产品开发出来之前就吸引他们购买。如 Oculus Rift（一款为电子游戏设计的头戴式显示器）这款 VR 设备，在开发者版本投产之前就发布了预售页面。此外，很多在 Kickstarter 上众筹的项目也以预售的形式进行。通过预售，你可以了解到人们对产品的需求到底有多大，然后考虑是否要继续推行该项目。预售所面临的挑战在于能否如约发货。没有人喜欢虚无缥缈的东西，消费者给了你信念和资金上的支持，你必须对他们负责，不能辜负了他们。

　　　　　　　　　　　　　　　　今夜酒店特价

　　今夜酒店特价的创始人任鑫准备上马这个项目的初期，更多参考的是国外同类产品的模式，重点面向商旅人士，在一个城市寻找几家深度合作的酒店，建立线上支付体系，采用预付费的模式。结果，一段时间下来，经营状况非常惨淡，每天的订单量掰着手指头就能数过来。一开始他们觉得方向没错，应该是执行出了问题。直到半年后，他们终于清醒过来，其实是最初的假设有问题，但是大半年的时间已经浪费了。

　　当任鑫后来反思这段创业经历的时候，他得出一个结论：创业公司尽全公司之力做了一款产品，最后却没人使用，这才是真正的浪费。

　　如果一开始他不着急投入大量人力、物力，深入线下与大量的酒店谈合作，而是把艺龙、携程等线上房源数据签过来，集中在一个页面上，哪怕自己掏腰包对每间房优惠100元，也可以做一个很好的实验，测试用户是否需要这样一种服务；如果需要，哪种模式更符合消费者的使用习惯。这样可能一两个月的时间就能掌握有效信息，而且成本极低。

　　资料来源　王晓芳．最小化可行性产品（MVP）的思维和实践［EB/OL］．［2019-11-13］．https：//baijiahao.baidu.com/s？id=1650086864434623098&wfr=spider&for=pc.有删减．

　　　　　　　　　　　　　　　　大众点评网

　　大众点评网的创始人张涛最初花了3天时间做出了网站的雏形，一开始他羞于给别人看这张图，因为太简陋了，但是后来，他觉得这张最简陋的网页图就是MVP。当时他没有跟饭店签任何协议，而是将旅游手册里的1 000多家饭店录入网站系统。他就想验证一件事，网友在一家饭馆吃完饭，是否愿意进行点评？这个认知的获得是大众点评网商业模式运营最重要的起点。

　　当然，那时候他们还是无意识地做MVP，现在他们已经主动选择这样的产品策略了。例如，大众点评想切入餐馆订位服务，市场上有很多解决方案，如电话预订。在经过一番研究之后，他们想到一种声讯电话模式。简单地说，就是用户在手机上提交预订请求，然后用技术把文本转为语音，之后通过声讯电话服务商把用户的要求发送给相应的餐馆，餐馆可以简单地通过按1或者2来选择是否接受预订，最后大众点评网把预订结果以短信形式通知用户。

　　这个解决方案听起来很漂亮，但是，开发这套系统至少需要3个月时间，而且他们不确定用户是否愿意通过这种方式来预订餐位。MVP的概念再次帮了张涛的忙，他做了一个极为"性感"的试验：一开始根本不用语音转化技术和声讯电话服务，而是后台有两位客服人员人工接收信息，然后打电话给餐馆，再回复用户。换句话说，只是假装成声讯电话的样子。最后验证这一需求和解决方案是可行的，他们才投入大量资源来开发该系统。目前，这一服务已经成功在各大城市铺开。

　　创业要解决两件事：第一，你要知道用户的需求是什么；第二，你能为这样的需求提供什么样的解决方案。本质上这些问题都是未知的。假如在一切未知的情况下贸然确定方向并全力以赴，很可能会出现像今夜酒店特价一开始遇到的情况。

资料来源 佚名.创业需要MVP［EB/OL］.［2022-09-07］.http://www.91yunying.com/124.html.有删减.

11.4　精益创业画布

《精益创业实战》的作者Ash Maurya对亚历山大·奥斯特瓦德的"商业模式画布"进行了改良，提出了精益创业画布。精益创业画布是初创团队开发创业思路的有力工具。

11.4.1　精益创业画布的基本框架

精益创业画布的基本框架见表11-1。

表11-1　　　　　　　　　　　　精益创业画布的基本框架

问题1 最需要解决的三个问题	解决方案4 产品最重要的三个功能	独特卖点3 用一句简明扼要并能够引起人们注意的话来阐述清楚，你的产品和别人的产品相比有什么不一样的地方，并值得购买	门槛优势9 很难被竞争对手复制的竞争优势	客户群体分类2 目标客户
	关键指标8 应该考核哪些东西		渠道5 如何找到目标客户	
成本分析7 获得客户的成本 销售产品的成本 网站建设的成本 人力资源成本等		收入分析6 盈利模式 客户终身价值 收入 毛利		
产品		市场		

精益创业画布有以下三个优点：

（1）制作迅速。一般情况下，制作一份商业计划书要消耗大量时间，从几周到几个月不等；而绘制精益创业画布通常只需要不到一天的时间，就能够描绘出几种不同的商业模式。

（2）内容紧凑。精益创业画布能够帮助你尽量把内容做到简明扼要，这样就能用最短的时间帮助你吸引投资人的注意力。

（3）方便携带。只需一张白纸就可以展现你的精益创业画布并与他人分享和讨论。

11.4.2　精益创业画布的制作步骤

精益创业画布的一般制作顺序见表11-1中的相关数字。

在 Ash Maurya 精益创业画布的基础上，我们结合中国的创业实践，对精益创业画布又做了进一步的优化和完善（见表11-2）。

表11-2　　　　　　　　结合中国创业实践的精益创业画布

和谁合作	解决方案的主要功能	独特卖点	用户的特点	要服务的人群
1. 非竞争战略联盟 2.竞争战略联盟 3.业务合作互补型 4. 长期供应关系型 获得什么 1.商业模式优化 2.降低成本 3. 降低风险 4. 获取特定资源	1.创业早期功能一定要少，不能超过3个 2. 功能要直击用户痛点 3.思考如何开发对应的最简可行产品 **现有解决方案** 如果痛点存在，那一定会有解决方案，关键是现有方案的缺点是什么？价格高不高？体验好不好等	用一句话来描述最有价值的地方，可以从以下三个方面入手： 1.颠覆什么 2.专注什么 3. 把什么做到极致	1.如果问题被准确地描述，问题已经有一半被解决 2.痛点的程度（1~5） 1：无法接受 ↓ 5：稍有不爽 3.痛点是否经过验证	1.创业一定要从客户部分开始 2.列出具体特征，如收入、年龄、工作性质等 **市场规模** 用户决定了市场规模，规模过大很难执行，规模太小很难做大，更高级的服务是为会员提供市场数据分析工具
团队介绍	**主要度量指标（1~2个）**	**项目门槛**	**你做过哪些产品探索性试验**	**天使用户的定义和渠道**
1.创始人是否全职 2.团队人数 3.缺失的主要能力 4.团队能力	1.初创公司只能关注1~2个关键指标 2.初创公司需要快速成长 3. 寻找自己的增长引擎	1.已有门槛 2.可以建立的门槛	1.访谈过多少人验证痛点 2.是否愿意为痛点使用你的解决方案 3.是否愿意花钱解决问题 4.是否开发过最简可行产品 5.是否已经有产品，有多少日活跃用户	1.你如何定义天使用户 2.你如何找到天使用户
	成本分析	**时间窗**	**收入分析**	
固定成本 1.…… 2.…… 3.…… 4.……	可变成本 1.获取客户的成本 2.…… 3.…… 4.……	1.整个画布对应的周期 2.大致的计划	1.没有收入就没有商业模式 2.要具体到收入和频率 3.要根据用户痛点来定价，而不是根据成本来定价 4.要估算用户会使用的时间，是1天、1个月还是1年 5.早期定价模型要简单 6.对于免费模式，建议从收费环节开始验证，把免费作为渠道	

精益创业画布模块具体分解如下：

（1）产品名称：一定要给产品起一个简单容易记住的名称，让人一看到这个名称就能够联想到你的产品或者涉及的行业、服务的客户群体、产品的形态等。

（2）服务人群：创业的起点是用户，因此要对用户进行细分，具体包括用户的收入、年龄、工作、行业等，并要对用户的规模进行评估。规模既不能太大，太大很难执行到位；也不能太小，太小没有吸引力，也很难把企业做大。

（3）用户痛点：如果一个问题能够被清楚准确地描述，那么这个问题已经解决了一半，所以能够发现并准确描述问题是一种非常重要的能力。同时，还要评估这个痛点的级别，如果级别不一样，解决方案也不一样。另外，需要注意的是，不能想当然地自认为这是用户的痛点，一定要与用户沟通并进行小规模的实验，科学验证痛点的存在。

（4）解决方案：初创期受资源、人力、能力和资金等的限制，产品功能要少，最好不要超过3个。创业者要把自己的资源集中在最重要的功能上。功能要直击用户痛点，创业者要以最快的速度把最简可行产品发布出来。一般情况下，最简可行产品给用户带来的体验不会太好，因为功能不够完善，但创业者还是应尽快把它发布出来，通过早期用户的使用获得反馈。

（5）天使用户：只要创业的方向没问题，就一定会找到用户。这些用户在产品还存在缺陷的时候就愿意参与产品的开发和改进过程，与开发者讨论，并愿意花钱购买产品。

（6）探索性实验：创业初期，有个很重要的事情，是通过最简可行产品做一些探索性实验。最简可行产品涉及假设、用户和度量三个要素，即针对商业模式做出一个假设，产品能够有效传递到用户手中并取得有效反馈，然后对用户反馈进行可量化的度量，以此评估假设。

（7）度量指标：关于产品的主要功能，要设定度量指标，需要注意的是不要有虚荣指标。所谓虚荣指标，如App的装机量，只要肯花钱，通过推广就能获得可观的装机量；再如公众号的粉丝数，粉丝数多不代表阅读量高，花了钱就可以买粉丝，但粉丝的质量可能会很差。所以一定要选择那些能够反映真实情况的关键指标。

（8）团队介绍：投资人在考察初创企业管理团队的时候，团队负责人如果不是全职的话，投资人一般是不会考虑投资的。另外，团队人数也是一个重要指标，团队人少，意味着你连创业伙伴都不能说服，要么是你的人品问题，要么是能力问题，要么是项目问题。总之，团队人员越多，意味着创始人越具备吸引人才的能力，估值越高。

（9）项目门槛：包括两类，第一类是先天性门槛，就是团队先天就具备而别人没有的资源，如某项专利，或其他独一无二的资源优势；第二类是后天设立的门槛，一般包括产品的开发、公司在发展过程中逐渐建立的优势，这些优势可以弥补先天的不足，如社交类产品的用户黏性、逐渐培养出来的使用习惯等。

（10）和谁合作：创业者要清楚非竞争战略联盟、竞争战略联盟、业务合作互补型、长期供应关系型等不同类型的合作者。因为不同类型的合作方式与策略是不同的，这一点创业者一定要清楚。此外，创业者还要清楚自己真正的需求和能够从对方获得的价值。

（11）时间窗：每个计划都有时间窗，特别是早期项目，整个计划的时间持续不要超过1年，控制在6个月以内为最佳。

（12）成本结构：有了时间窗，成本结构和收入才能够有效制定和预估。成本包括两部分：固定成本和可变成本。比如，租赁办公室的费用就是固定成本，而员工的加班费是变动成本。

（13）预计收入：创业者准备创业的时候要对自己的盈利模式进行思考，并选择合适的方法去验证自己的盈利模式。

（14）独特卖点：用最简短的一句话来描述，这样才能在最短的时间内抓住用户的注意力。

案例讨论 11-4　　　　　　　　　精益创业画布案例——共享单车项目

案例背景：下面以某共享单车项目为例，使用精益创业画布拆解其商业模式，帮助产品经理快速找到分析方法，并将想法落地，形成商业计划书。

1）用户痛点

分析一款产品，首先要知道它解决了什么痛点。创业者至少要提出三个该产品解决的核心用户痛点，从而形成商业目标。

共享单车主要解决的就是现代都市生活中人们近距离的通行问题，如打车贵、开车堵、走路又远，自己骑自行车维护管理又比较麻烦（如图11-9所示）。

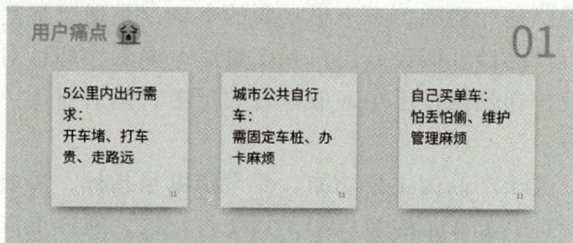

图11-9　精益创业画布用户痛点解析

2）客户细分

好的产品并不等于是万能的产品，只有精准把握用户群体，才能有针对性地解决用户的痛点问题，而共享单车的主要目标人群是学生、上班族等（如图11-10所示）。

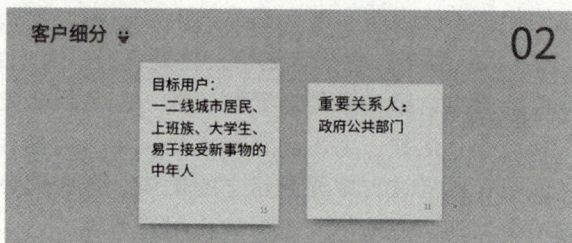

图11-10　精益创业画布客户细分解析

3）独特卖点

分析产品卖点时，我们可以从两方面来思考：一是在竞品基础上分析，在存在同类产品的情况下，该产品的优势在哪？二是从用户角度看，该产品解决了怎样的棘手问题？如某共享单车独一无二的外形设计，以及即停即走、App扫码便捷使用就是它的独特卖点（如图11-11所示）。

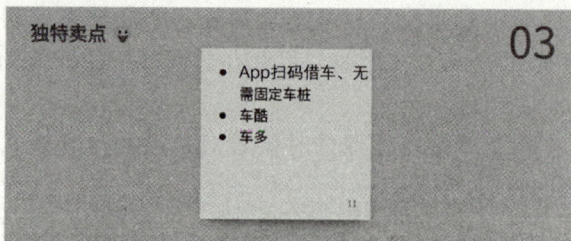

图11-11　精益创业画布独特卖点解析

4）解决方案

在找到用户痛点、产品卖点的基础上，我们就能获得产品解决方案的思路了。比如，某共享单车可以通过自主研发的手机App控制智能锁，并实时定位；不需要固定车桩还车，便于用户借车、还车（如图11-12所示）。

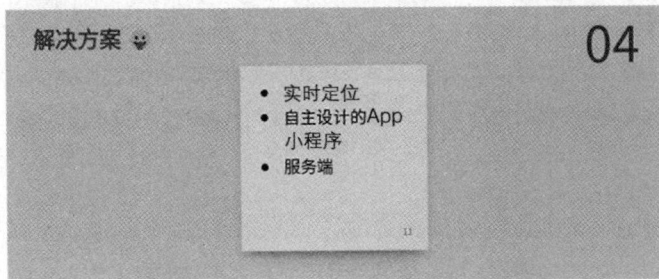

图11-12　精益创业画布解决方案解析

5）渠道分析

最直接的宣传渠道就是共享单车本身，在市区投放车辆时，独特的车身外形非常抢眼。同时，通过App优惠活动、用户传播，吸引更多的人加入该共享单车骑行的行列中（如图11-13所示）。

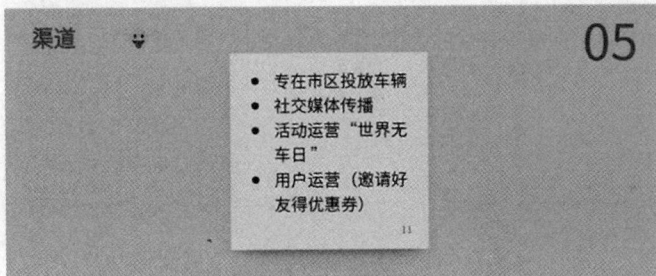

图11-13　精益创业画布渠道部分解析

6）关键指标

一款产品上线后的运行情况，需要一定的指标进行衡量。如共享单车投放量、活跃用户数、单车使用率、单车故障率、退押金人数等，都是帮助共享单车项目进行产品修正的关键指标，以便实时了解车辆的供求情况（如图11-14所示）。

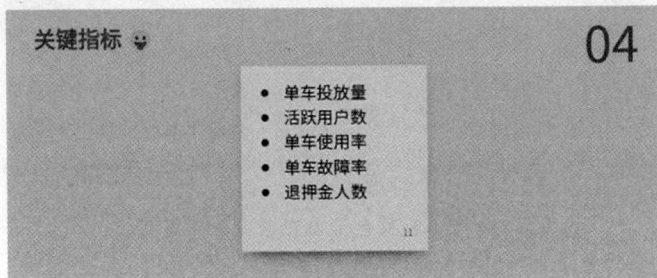

图11-14　精益创业画布关键指标解析

7）竞争壁垒

一款产品想要在一段时间内不被模仿和超越，就要形成自己的壁垒。如该共享单车的智能锁专利以及背后有创新工场、腾讯等的支持，在专利和资本流量上拥有绝对优势，对其他竞争对手来说技术难度大、资金成本高，短期内难以超越（如图11-15所示）。

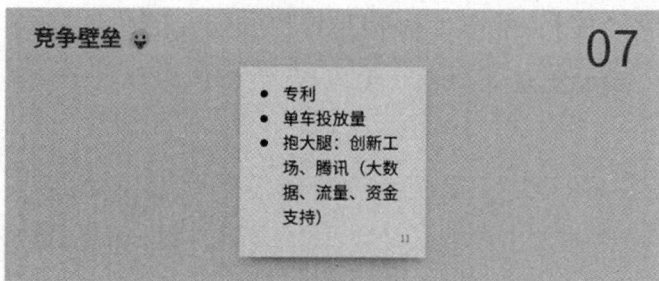

图11-15　精益创业画布竞争壁垒解析

8）成本分析

硬件成本、运营成本、人力成本都是产品在运营推广期间要考虑的问题。初期，要通过降低成本的方法，验证产品是否被用户所需要，以便用低成本的方式快速推进（如图11-16所示）。

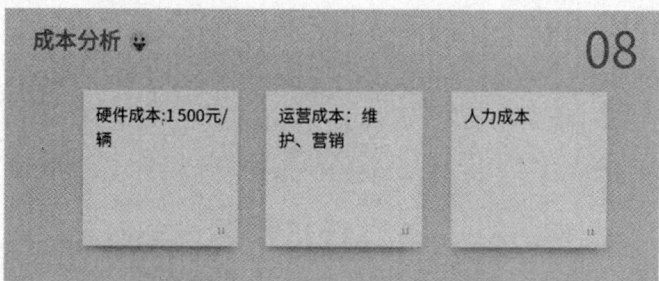

图11-16　精益创业画布成本解析

9）收入来源

在运营稳定并有了一定的用户基础上，创业者开始要考虑盈利模式。例如，共享单车的盈利模式有押金、预付金资金池、租车费以及车身广告等（如图11-17所示）。

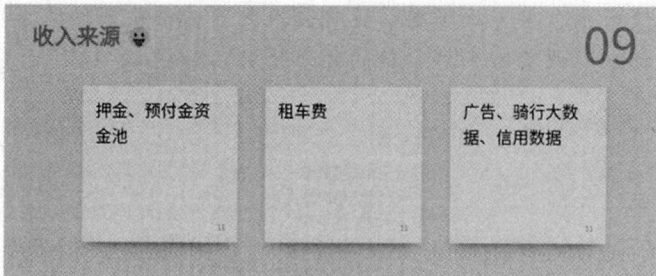

图11-17　精益创业画布收入来源解析

通过使用精益创业画布对共享单车项目进行详细分析，我们能够快速找到共享单车项目的核心问题。完成9个部分的深入分析，对创业者新产品项目的启动能起到正向思考的作用，在分析产品问题时能从系统角度出发，形成科学的应用逻辑，从而打造出具有持续竞争力的商业模式。

思考与讨论：（1）对于共享单车精益创业画布内容，你觉得还有哪些方面可以进一步改进和完善？

（2）请参照共享单车项目的精益创业画布，选择你熟悉的一家本地创业企业，画出精益创业画布并与其他同学讨论。

■ 复习与思考

1. 为什么近几年精益创业方法论开始引起重视并流行起来？这种模式和传统创业模式有什么区别与联系？

2. 精益创业的基本框架和过程是怎么样的？

3. 精益创业有哪些基本原则？

4. 最简可行产品有哪些作用？如何验证？

5. 精益创业画布如何使用？

参 考 文 献

［1］德鲁克. 创新与企业家精神［M］. 蔡文燕，译. 北京：机械工业出版社，2018.

［2］格林伯格，斯威特，威尔逊. 新型创业领导者：培养塑造社会和经济机会的领导者［M］. 吴文华，林晓松，曹明，译. 北京：北京大学出版社，2020.

［3］施莱辛格，基弗，布朗. 创业：行动胜于一切［M］. 郭霖，译. 北京：北京大学出版社，2017.

［4］陈文华，陈占葵. 大学生创业思维与能力训练教程［M］. 北京：现代教育出版社，2018.

［5］邓立治，商业计划书：原理、演示与案例［M］. 2版. 北京：机械工业出版社，2018.

［6］黄新华，余康发，郭瞻. 筑梦未来：大学生职业生涯规划（应用型本科）［M］. 上海：上海交通大学出版社，2019.

［7］李俊. 创业实践：做中学创业［M］. 北京：北京师范大学出版社，2018.

［8］吴晶鑫，凌邦如. 大学生创新创业基础［M］. 北京：国家行政学院出版社，2018.

［9］吴满琳，刘秋吟，李琴. 大学生创业基础：知行合一学创业［M］. 上海：复旦大学出版社，2018.

［10］吴晓波. 激荡三十年：中国企业 1978—2008［M］. 北京：中信出版社，2017.

［11］张玉利，薛洪志，陈寒松，等. 创业管理［M］. 4版. 北京：机械工业出版社，2017.

［12］朱恒源，余佳. 创业八讲［M］. 北京：机械工业出版社，2016.

［13］张涛，陈瑶，姚安荻. 创业管理［M］. 北京：清华大学出版社，2023.